跨越区隔

——中国边疆学的学术自觉

罗 静 著

南开大学出版社

NANKAI UNIVERSITY PRESS

天 津

图书在版编目(CIP)数据

跨越区隔：中国边疆学的学术自觉 / 罗静著. —
天津：南开大学出版社，2023.6
　ISBN 978-7-310-06441-0

　Ⅰ. ①跨… Ⅱ. ①罗… Ⅲ. ①疆界－研究－中国
Ⅳ. ①K928.1

中国国家版本馆 CIP 数据核字(2023)第 100501 号

跨越区隔——中国边疆学的学术自觉
KUAYUE QUGE——ZHONGGUO BIANJIANGXUE DE XUESHU ZIJUE

南开大学出版社出版发行
出版人：刘文华
地址：天津市南开区卫津路 94 号　　邮政编码：300071
营销部电话：(022)23508339　营销部传真：(022)23508542
https://nkup.nankai.edu.cn

天津创先河普业印刷有限公司印刷　全国各地新华书店经销
2023 年 6 月第 1 版　　2023 年 6 月第 1 次印刷
240×170 毫米　16 开本　17.75 印张　2 插页　295 千字
定价：88.00 元

如遇图书印装质量问题,请与本社营销部联系调换,电话：(022)23508339

实践是中国边疆学存在的最高价值（代序言）

　　从事有关边疆的研究迄今已经是第 37 个年头了，其间出版和发表的论著不仅承载着我的研究心得，而且持续地观察这些论著也能够从中看出我在不同时期研究聚焦点的变化，以及在同一问题上认识不断深化的轨迹。对某个问题的关注，不要仅仅停留在头脑和口头的思辨阶段，而要将思辨落实到文字上，并争取发表，这是我这些年在编辑之余能够有这些论著发表的直接原因。因为自感这是正确的做法，有助于研究的深入并对一些问题形成自己的看法，所以我屡屡建议年轻的同仁们在参与讨论的基础上再思考并将其形成文字，争取发表。不少年轻朋友会顾及自己认识的不完善。实际上形成文字的过程，既是对讨论的总结，同时也是对自己观点的进一步深入思考，而形成文字后得以发表则既是对已有研究的记录，同时也是观点在这一时期形成的标志。罗静的《跨越区隔——中国边疆学的学术自觉》即将出版，让我写个序，理由是受到了我上述建议的影响，而书稿主题恰恰也和建设中的中国边疆学"三大体系"有关，是中国边疆研究面临的最大最紧迫的任务，推辞未果，只好写下几点粗浅的认识，权作序言并借此机会将该书推荐给学界同仁。

　　一、中国边疆学的学科定位是应该给予关注的首要问题

　　罗静的书稿以"跨越区隔——中国边疆学的学术自觉"为题，其"跨越区隔"实际上已经对中国边疆学学科定位给出了答案。以往在有关中国边疆研究归属问题上存在较大争议，马大正先生最早提出了"边缘学科"的定位，其后"中国边疆政治学""中国边疆社会学""一般边疆学"等提法则多是从中国边疆研究的对象与方法等方面定位中国边疆学，但建立一个国家承认的一级学科则是中国社会科学院中国边疆研究所几代同事共同的愿望。近年来，新文科建设成为哲学社会科学的主导，而有学者认为新文科具有"要服务国家应对当今错综复杂的国际国内形势，

增强我国在国际社会的话语表达能力"等的战略性;"要通过新的学科增长点,对传统学科进行转型、改造和升级,寻求我国在人文社会科学领域新的突破,实现理论创新、机制创新、模式创新"的创新性;"涵盖了人文社会科学领域内多个学科的交叉、融合、渗透或拓展,也可以是人文社会科学与自然科学交叉融合形成的文理交叉、文医交叉、文工交叉等新兴领域"的融合性;"需要在实践过程中不断探索调整、日臻完善"的发展性。我则认为新文科建设所具有的战略性、创新性、融合性与发展性特征也恰恰是中国边疆学研究已经具备和应该具备的发展方向,且更加突出,尤其是融合性。

按照学界对中国边疆的界定,中国边疆包括陆地边疆和海疆。中国边疆学不仅涵盖范围辽阔,而且有着独特的自然和人文特征,需要多学科学者的参与,这也是边缘学科、交叉学科定位的主要特征。但是,经过数十年的发展,多学科学者参与虽然推动了中国边疆学研究的深入发展,就目前的结果而言也出现了显著的弊端。一个明显的问题即由于视角、理论和方法的差异,不同学科背景的学者不仅对中国边疆概念与性质的定位呈现巨大差异,而且对中国边疆学学科定位及建设走向的认识也呈现各说各话的态势,在此情况下中国边疆学作为一个学科的建构努力反而面临着被解构的风险。基于此,我认为强调中国边疆学的融合性尤其重要,提倡"跨越区隔"的表述异曲同工。

作为内涵十分丰富的中国边疆研究,需要历史学、地理学、政治学、民族学、社会学、法学、宗教学、军事学以及国际关系学等诸多学科学者的参与,但提倡多学科学者的参与,并不是要将中国边疆学研究分解到某一学科之下,成为其学科的一个组成部分。诸如,中国边疆学学科下的中国边疆历史研究,需要历史学学者从历史学的视角,应用历史学的理论与方法进行研究,其研究虽然既属于历史学研究,也属于中国边疆学研究,但和一般的历史学研究还存在一定差异,体现着中国边疆历史的特征。中国边疆学提倡从民族学、社会学、政治学、地理学等学科的视角,运用各学科的理论与方法进行的研究和中国边疆历史的研究一样,其研究虽然与这些学科关系密切,但更多的则是强调中国边疆的特点,并非是将中国边疆的研究等同于这些学科的一般研究。也就是说,虽然中国边疆也是这些学科的研究对象，但其将中国边疆视为一般研究对象的研究并不是中国边疆学所需要的，中国边疆学需要的是从不同学科视角，运用不同学科理论和方法对中国边疆进行整体研究。中国边疆学研究的这一特点，也对当下的中国边疆学研究者提出了更高的要求。一方面，要求研究者摆脱已有的学科视域和壁垒，不要将中国边疆视为已有背景学科一般性的研究对象，要充分照顾中国边疆的特点；另一方面，则需要掌握更多学科的理论与方法，将中国边疆作为一个研究整体，从不同学科的视角，运用不同学科的理论与方法进行研究，只有这样研究结果才会呈现多学科融合性或称之为融通性研究的特点。我理解罗静书稿名称中的"跨越区隔"即此意，"一是中国边疆研究要跨越学科的区隔，对边疆的研究需要不同的学科和视角的关照；二是要跨越研究问题的区隔，尽管边疆研究需要多学科多视角的切入，但并不意味着边疆研究被学科'瓜分'得只剩下一地鸡毛，中国边疆学就是要在边疆研究诸多问题之间建立有机关联，也是中国边疆学的学术自觉之路"。我是非常认同这一认识的。

二、中国边疆学的学科建设路径是学科定位之后应该给予回答的问题

罗静在书稿的导论中对中国边疆学的学科建设路径有如下表述："中国边疆学的自主知识体系构建的范式是中国边疆治理的实践逻辑，而不是什么完美理论的建构逻辑，这是理解和解释今天之中国边疆和历史之中国边疆的思维钥匙。"这是罗静对中国边疆学自主知识体系建设给出的明确定位。这里面涉及两个重要问题，一是"中国边疆学的自主知识体系建设"，一是如何建设"中国边疆学的自主知识体系"，都和中国边疆学的学科建设密切相关。

"自主知识体系"是习近平总书记在考察中国人民大学时提出的，应该说总书记的讲话为中国哲学社会科学的发展指明了方向。罗静在导论中开宗明义提出"中国边疆学的自主知识体系构建"，我的理解，这应该是罗静撰写此书的指导思想和目的，也是她对中国边疆学"三大体系"建设的思考。我之前一直从事汉唐边疆历史的研究，关注点最初是两汉时期的边政与边吏，后发展到汉唐两朝和边疆政权之间的使者来往，总

结性的成果是《汉唐藩属体制研究》（中国社会科学出版社，2006 年）。其后 20 余年的研究则围绕多民族国家疆域理论和中华民族的形成与发展两大主题展开，代表性成果是《从"天下"到"中国"：多民族国家疆域理论解构》（人民出版社，2015 年）和《政权与族群：中国边疆学基础理论研究》（人民出版社，2021 年）。我在研究过程中，越来越感觉到在边疆治理方面中国历代王朝有着独具特色且延续发展的思想和制度，而有些西方学者的研究影响着我们对边疆历史和现实的正确认识。在当前的边疆研究中，消除"去中国化"的影响自然是十分重要的，而"中国边疆学的自主知识体系构建"则更加重要。罗静能够认识到中国边疆学研究中存在的核心问题是"自主知识体系"建设，并将其用于指导自己的研究，是值得充分肯定的。

如何建设"中国边疆学的自主知识体系"，罗静给出的结论是"实践"，而"不是什么完美理论的建构逻辑"。这一认识是值得认真思考的。出于所学专业为考古学的缘故，我一直不认同在研究中提倡所谓"范式"，因为考古学中的"范"往往指称能够批量生产的工具——模子，如"钱范"等。"范式"是否具有批量复制的含义没有做过研究，不宜做进一步的讨论，但从中国边疆学存在的基础是一个"完美理论"还是"实践逻辑"这一角度，罗静要表达的意思我是完全赞同的，即"中国边疆学的自主知识体系"建设不能仅仅是一个"完美的理论"，更应该注重"实践"，是源自实践，用于指导实践。这一认识自然是十分重要的，也是正确的。中国作为多民族国家，走出了一条不同于世界其他地区尤其是欧洲的道路，中国边疆的历史和现实也和世界上其他地区有着截然不同的特点。遗憾的是，尽管浩如烟海的古籍和连绵不绝的中华文明是国人引以为自豪的，且在先秦时期就有了"边疆"一词，民国时期更是有了"边疆学"的说法，1992 年还有学者撰文明确提出"中国边疆学"并对学科研究对象、研究内容等进行系统阐述，但近年来"何为边疆""何以中国"依然是政治学、民族学、社会学、历史学乃至军事学等不同学科热衷讨论的问题。就是对"边疆"概念而言也出现了"领土边疆""文化边疆""空疆""底土边疆""战略边疆""利益边疆""网络边疆"等诸多不同用法和诠释，对于学科的称呼更是歧义丛生，"中国边疆学""中国边疆政治学""中国边疆社会学""一般边疆学""边疆研究"等都有学者在进行着论证，这些学者的做法应该即是罗静书稿中所言的试图在构建一个"完美理论"。实际上，不管如何定位今天中国的边疆，都无法回避今天的边疆有着长期的发展历史，既是历代王朝对其长期经营的结果，也是生息繁衍在边疆地区的人群努力开发形成的。我们今天建设中国边疆学当然是以解决中国边疆的现实问题为主要目的，但很多现实问题有着很深的历史原因，问题的解决既需要通过长时段的考察现实问题出现的根源，更需要充分总结前人实践活动以资借鉴。因此，总结历代王朝治边"实践"，为今天中国边疆的治理实践提供借鉴，似乎是中国边疆学存在的最高价值。也就是说，从数千年的边疆治理实践中总结经验，进而指导当今边疆治理，应该是中国边疆学的最高价值和应有的学术追求。

尤其值得给予关注的是，罗静认为"中国边疆学的研究要跨越中国漫长的历史，在古今之间找到联结，今日之边疆与历史之边疆并不是对立的关系"。对于一个从事中国边疆现实问题研究的学者而言，有此认识是正常的，但书稿用了一章的篇幅对此进行讨论则属于意料之外。因为我不止一次从将自己定位为现实研究的学者口中听到要将中国边疆学从"史坑"中拉出来，这虽然属于一种调侃，但似乎也显示了对中国边疆"漫长的历史"的不重视，甚至是一种蔑视。中国边疆的研究中忽视历史的认识和做法很难说是客观的，不仅不利于中国边疆学的发展，更是观点持有者知识储备短板的充分体现。罗静书稿对中国边疆历史的关注和叙述，不仅体现着作者开始努力在"今日之边疆"与"历史之边疆"之间搭建有机联系，也是其研究方法努力"跨越区隔"的具体体现，这种做法可以说为不同学科学者积极参与中国边疆研究做出了榜样。

三、提出了一些值得不同学科学者认真思考的问题

中国边疆学"自主知识体系"的建设既需要关注"今日之边疆"，也需要关注"历史之边疆"，这是罗静书稿中明确提出的观点，也是从事中国边疆研究的学者应该高度关注的问题。受学科背景的限制，我不能对罗静书稿中涉及的所有问题做出评论，但仅仅在导论中就可以发现其提出的以下观点颇具有启发意义：

"中国边疆学的学术自觉之路来自中国边疆治理的实践……而不是

空洞理论的演绎建构……正是中国边疆学自主知识体系的内在逻辑。"

"只有中国边疆拥有这样历史悠久、民族众多、地域广阔的特征，因此从中国边疆特有的历史地理现象和经验中提取理论，构建中国边疆学的自主知识体系，解答中国之问、世界之问、人民之问、时代之问，开展国际对话，需要各个学科共同的努力，否则对中国边疆的研究将落入盲人摸象的局面。"

"中国边疆学的问题就在中国边疆面临的现实困惑中。只有以中国边疆的现实困惑为研究起点，在纷繁复杂的边疆问题背后找到总的钥匙，才能构建独立自主的中国边疆学学科体系、学术体系和话语体系。"

尤其是要提及的是，书稿在第二章中专门列有一节阐述"西方对中国历史边疆的解读谬误"，指出拉铁摩尔以及"新清史"等对中国历史的歪曲解读，这是值得肯定的，且进一步分析其出现的原因是我完全没有想到的。罗静认为"从中国的历史经验看，在中国两千多年的王朝历史进程中，尽管历经朝代更迭，但是每个入主中原的中央王权都存在着超越具体王朝的对于中国的认同，并不因为主政族群的更迭而改变。这个历史现象不是近代的西方理论所能解释的"，"每个入主中原的中央王权都存在着超越具体王朝的对于中国的认同"。此处的"中国"如果是指"大一统"王朝国家体制，那么这个认识无疑是十分准确的，我个人认为这是正确理解中华文明延续发展数千年和中华大地上众多人群共同缔造多民族国家历史的钥匙，也是我近年来努力在论证的一个话题。

《跨越区隔——中国边疆学的学术自觉》是从社会学视角对中国边疆学建设给出的建议，虽然有些认识有待完善，但值得不同学科有志于中国边疆研究的学者参考，以共同推进中国边疆学自主知识体系的建设！

李大龙

2023 年 3 月 21 日

目　录

导　论

　　中国边疆学的自主知识体系构建的范式是中国边疆治理的实践逻辑，而不是什么完美理论的建构逻辑，这是理解和解释今天之中国边疆和历史之中国边疆的思维钥匙，也是中国边疆学为什么要坚持学术自觉的原因。

　　必须承认，理解和解释今日之中国边疆和历史之中国边疆都是充满挑战的，学者们必须在充满张力的理论和碎片化的事实之间建立有机的联系，这也是本书书名"跨越区隔——中国边疆学的学术自觉"的确立缘由。这里的"跨越"有两重含义，一是中国边疆学要跨越学科的区隔，对中国边疆的研究需要不同的学科和视角的关照；二是中国边疆学要跨越研究问题的区隔。尽管中国边疆研究需要多学科多视角的切入，但并不意味着边疆研究被学科"瓜分"得只剩下一地鸡毛，中国边疆学就是要在中国边疆研究诸多问题之间、历史与现实之间、国界线之内与国界线之外建立有机关联，这也是中国边疆学的学术自觉之路。

　　首先，中国边疆学要跨越学科领域的研究区隔。关于研究区隔问题，马戎在一篇文章中介绍说：密执安大学的萨尼教授在回顾美国的苏联研究时特别指出，"在那些研究俄国主体（Russian proper）的学者和研究非俄罗斯群体（Non-Russian groups）的学者之间存在着一个断层（chasm），彼此极少跨越"。换言之，西方的苏联研究学者分为研究作为苏联主体的俄罗斯社会和研究少数民族社会这两大群体，彼此间既不相互沟通也不关心别人的研究成果。这种以研究对象划分的"二元区隔"导致了"盲人摸象"的结果，使人们无法对苏联社会的内在矛盾进行整体的、科学的分析。之所以出现这种情况，很可能是美国学者们受到苏联同行"研究区隔"的误导。[①]实际上，不管是有意或无意，现代社会的

------

① 马戎：《另一种二元结构》，《北京大学学报》2010年第3期。

学科设置使得研究区隔的存在成为客观现实，尤其是对中国边疆这样复杂的客体。中国的边疆不仅仅是地理概念，而且是一个多维度的复杂概念，学术界有很多词汇用来描述边疆：民族的、多元文化的、边缘区域的、事关国家安全的等。从世界范围来看，只有中国边疆拥有这样历史悠久、民族众多、地域广阔的特征，因此从中国边疆特有的历史地理现象和经验中提取理论，构建中国边疆学的自主知识体系，解答中国之问、世界之问、人民之问、时代之问，开展国际对话，需要各个学科的共同努力，否则对中国边疆的研究将落入盲人摸象的局面。

其次，中国边疆学要跨越诸多问题之间的区隔，避免说起边疆问题一地鸡毛，构建边疆学却无从谈起。每个时代都有属于它自己的问题，学者的使命是准确地把握时代问题，并提出有说服力的解答。马克思说过："一个时代所提出的问题和任何在内容上是正当的因而也是合理的问题，有着共同的命运；主要的困难不是答案，而是问题。"①毫无疑问，中国边疆学作为新兴的交叉学科，只有提出问题并解答问题，才能将中国边疆学研究向前推进一步。提出问题如此重要，那么时代问题从哪里透视？"一切有价值、有意义的文艺创作和学术研究，都应该反映现实、观照现实，都应该有利于解决现实问题、回答现实课题。"②因此，中国边疆学的问题就在中国边疆面临的现实困惑中。只有以中国边疆的现实困惑为研究起点，在纷繁复杂的边疆问题背后找到总的钥匙，才能构建独立自主的中国边疆学学科体系、学术体系和话语体系。

本书除了绪论部分以外共有八章。绪论部分论述了中国边疆学构建所面临的困境及应对困境之举，试图从中国边疆学的学术自觉、学术自觉的内在逻辑和问题意识三个方面化解中国边疆学的构建困境。

第一章论述了从社会学研究边疆的角度思考中国边疆学的发生学，希冀从社会学百年边疆研究的学术回顾中管窥中国边疆学的学术自觉之路。清末民初社会学传入中国后一直有边疆研究的传统，不论是民国时

---

① 中共中央马克思恩格斯列宁斯大林著作编译局：《马克思恩格斯选集》（第40卷），人民出版社，1982，第289-290页。

② 2019年3月4日，习近平在参加全国政协十三届二次会议文化艺术界、社会科学界委员联组会时的讲话。

期对边疆地区的民族社会考察还是建国初期的民族识别工作，一直到改革开放后的边区建设研究，都有社会学家的参与和推动。社会学在中国边疆的泥土中发现边疆的研究传统为今日中国边疆学的构建提供了他山之石，社会学研究中国边疆背后体现出来的实践逻辑也是中国边疆学的发生学基础。

第二章论述了中国边疆学的理论幅度要足够广阔。因为中国边疆的研究要跨越中国漫长的历史，在古今之间找到联结，今日之边疆与历史之边疆并不是对立的关系，中国边疆学要解释清楚历史与现实之间的关系；中国边疆学还要跨越中国巨大的边疆地理版图，在边疆的多样性和异质性中找寻出其联结的核心逻辑，所有纷繁复杂的问题都有其存在的合法性，边疆学只有在承认既有问题合法性的基础上才能诞生真正的、有生命力的学术。

第三章论述了近代中国的大转型所带来的边疆治理思想的巨变，以及边疆治理的实践逻辑历史性改变。从社会学研究边疆的轨迹可以看出，研究中国边疆包括中国边疆学构建的逻辑是中国的实践，在千年未有之大转型的历史节点，没有任何理论预设和完美模式，是中国自己走出了历史，因此近代中国所经历的千年未有之大变局便是中国边疆学思考的起点。

第四章论述了中国边疆作为中国边疆学的研究对象所体现出来的"边疆性"。本章通过透视精准扶贫和乡村振兴战略在边疆的实施过程，探究这些全国政策在边疆所体现出来的"边疆性"，即同样的问题在边疆与在其他地区所体现出的不同面向，有时候甚至演化为不同的问题，其直接的后果是解答问题的思路也不一样。本章最后梳理了新时代以来中央政府为克服"边疆性"所做的努力。

第五章论述了新时代以来中国边疆正在发生的三个历史性的定位转向。中国边疆的新定位直接冲击了中国边疆学的概念体系，即中国边疆学理论既要能够理解和解释"新"的边疆，又要能够涵盖"旧"的边疆。当前，由于国际格局与国家发展战略和发展理念的转变，边疆从拱卫中央的边缘地带转变为对外开放的前沿、国家的生态屏障和全国共同富裕的重点区域。

　　第六章、第七章和第八章分别以第五章中国边疆的历史新定位为基础探讨边疆治理的实践，以及边疆治理实践背后的理论反思，从中思考中国边疆学如何应对新时代的挑战。

　　第六章论述了边疆对外开放的历程，以及对边疆对外开放的反思和展望。边疆全方位对外开放是中国历史的飞跃，理解这样的历史飞跃是中国边疆学必须要完成的功课。

　　第七章论述了生态与气候变化对于中国边疆的特殊影响。这两个问题是随着时代和技术发展而来的，在中国历史上从未出现在边疆治理中，因此中国边疆学的理论要对上述两个问题做出回应，才能对现实边疆有足够的解释力。

　　第八章论述了中国边疆学要跨越微观边疆和宏观边疆之间的鸿沟，在边疆微观个体和国家宏观政策之间建立理解。

　　总而言之，中国边疆学的学术自觉来自中国边疆治理的实践，中国边疆的实践是现实的行动智慧，也就是说，中国边疆治理之路是自己走出来的，中国边疆学的自主知识体系构建也要走自己的路，而不是空洞理论的演绎建构。跨越学科分歧，跨越历史与现实的鸿沟，在"一地鸡毛"的研究之上找到中国边疆研究的自主性，正是中国边疆学学术自觉的内在逻辑。

绪论
以问题为导向：中国边疆学的学术自觉

中国边疆学的诞生是时代的产物。在学科日益分化的今天，中国边疆学作为初创学科要在诸多古老成熟学科中确立自身的学术地位面临巨大的挑战。中国边疆学的构建不是学者们的一时兴起，而是历经两个世纪追寻的结果。毫无疑问，中国边疆学有着深厚的积淀，但是其学术地位的确立须依赖于学术自觉的确立和明确的问题意识。学术自觉要求中国边疆学立足于中国自身的历史文化和国情，"阐旧邦以辅新命""为国之大者而谋"是中国边疆学基本的问题意识。中国边疆学的学术自觉是以接续中国漫长的历史、弥合中国巨大的地理疆域规模带来的差异性和多样性、反思和承接近代中国的大转型以及归纳当代中国边疆治理的实践为核心逻辑。中国边疆学只有明确问题意识和学术自觉，才能树立其作为一个独立学科的学术主体性，只有确立了学术主体性，方能以独立的姿态屹立于当代人文社会科学之林。

近代以来的世界人文社会科学学科体系中，一个新的学科和学术体系成功构建的标准是获得学术界广泛的承认，做到这一点不仅仅是因为从事这项研究的学者们广泛呼吁（自说自话），而是因为这个学科因应了时代的需求，解答了时代的问题。正如习近平总书记所说："哲学社会科学的特色、风格、气派，是发展到一定阶段的产物，是成熟的标志，是实力的象征，也是自信的体现。"毫无疑问，中国边疆学便是这样的时代产物。

第一节　中国边疆学的构建困境——学科分化和西方理论霸权

中国边疆学并不是随着时代发展自然形成的，实际上从边疆研究到真正构建中国边疆学的过程是困难的，当前甚至目前众多呼吁构建中国边疆学的学者们对于"边疆"的定义及其概念界限尚难达成有效的共识①。那么当前构建中国边疆学的困难来自哪里？从学术进化史的角度分析，中国边疆学构建的困难和挑战主要来自两个方面：

第一，由于现代社会分工的专业化程度越来越高，当前社会科学研究也日益分化、细化、专业化，以适应现代社会结构的复杂化、社会分工的多样性要求。但是学科的过度分化阻碍了对社会本质以及丰富性的揭示，这个由学科设置所带来的结构性困境是当前所有人文社会学科都面临的问题，正在构建中的中国边疆学也无法避免，但是学科过度分化所带来的负面效果在中国边疆研究中尤其突出。中国边疆地区地域广阔，从地理属性的角度来看中国几乎所有学科的研究都涉及中国的边疆区域，但是不能因此认为但凡对中国边疆地区进行的研究都是中国边疆学。这个问题的模糊，意味着中国边疆学的学术主体性的缺位。

第二，近代以来西方世界的崛起及形成的世界霸权同时也造就了西方理论的霸权，具体表现是西方依据自身经验归纳的理论对世界上其他国家的经验和历史形成了解释的惯性，并形成了文化霸权，近代中国也不例外。也就是说，西方习惯了用西方理论解释中国，背后是以西方的霸权作背书。西方知识界诸多关于中国的研究，出于各种主观或者客观的原因，都是把中国的经验材料剪裁以后直接放进西方理论中去解释，正如余英时所说："你可以用任何方式，拿任何一个西方的理论，将中国的材料堆放在一起，然后把自己需要的材料挑出来，套进这个理论模式

---

① 最近几年对于边疆概念的理解有诸多认识，甚至有诸如"高边疆""利益边疆""信息边疆""文化边疆""战略边疆"等诸多概念，这些纷繁的边疆概念也促使学者们争论中国边疆到底是"建构"的还是"实在"的，有关争论内容参见杨明洪：《反"边疆建构论"：一个关于"边疆实在论"的理论解说》，《新疆师范大学学报》（哲学社会科学版）2018 年第 1 期。诸多"边疆"概念的争论也从一个侧面反映了构建中国边疆学的困难。

里面去，不管这些材料跟其他部分有无矛盾。这就是我们研究中国史学——特别是在'五四'以后——所遭遇到的最大困难。"①余英时所讲的学术现象不仅体现在中国史学研究中，在发源于西方的诸多现代学科中亦是如此，比如经济学、社会学、政治学等学科比中国史学更甚。而西方理论霸权对中国边疆历史的扭曲解读与其他传统学科相较，给中国带来的危害性更甚，这也是中国边疆学成立的时代迫切性。

中国边疆学作为一个新构建的学科，只有成功破解上述两大困境，方能以独立的姿态自立于众学科之林。中国边疆学的学术主体性在于独立的问题意识和学术自觉，具体而言有以下路径：首先，中国边疆学要在众多现存学科和学术理论里确立学术边界；其次，中国边疆学要在中国的历史脉络和现实国情中寻找自己的学术范式（解释路径）；最后，中国边疆学要确立自己的学术问题意识。中国边疆学做到以上三点，方可认为确立了自身的学术主体性。

第二节　中国边疆学构建困境的化解之路——学术自觉

中国边疆学作为一个独立学科，与其他学科的界限在哪里？是否所有涉及中国边疆的研究都是中国边疆学？中国边疆学作为一个学科是否有专有的研究对象和研究方法？中国边疆学与西方研究中国边疆的学术理论分野在哪里？这是中国边疆学确立学术主体性首先要回答的问题，而中国边疆学在回答上述问题的过程中也便确立了自身的主体性。

一、中国边疆学的研究对象和研究方法

中国边疆学作为一个新兴学科，注定是一个交叉学科，学者在这个问题上是没有异议的。有学者主张中国边疆学以研究对象和研究方法来区别于其他学科②。实际上中国边疆学作为交叉学科，很难以研究对象和研究方法区别于其他学科。

---

① 余英时、邵东方：《史学研究经验谈》，上海文艺出版社，2010，第2-3页。
② 孙勇：《边疆学学科构建的困境及其指向》，《云南师范大学学报》（哲学社会科学版）2016年第2期。

第一,"中国边疆"作为中国边疆学的研究对象,不能作为区别于其他学科的界限。中国边疆从现有的定义而言是指有国境线经过的省份,字面上看首先包含的第一层含义是地理和政治的意义。中国边疆的面积占国土面积的 60%多,因此仅仅从研究对象来看,众多的成熟学科都在从事与"中国边疆"有关的研究,比如历史学、民族学、政治学、社会学、国际关系等诸多学科的研究对象都涉及边疆地区。那么中国边疆学如何与这些研究中国边疆的学科区分开来?细究起来,在这些研究中国边疆的学科中,"边疆"仅仅是作为一个国家行政区划的面貌和身份被研究,因此对于"中国边疆"的研究与对其他任何一个省份的研究并无二致。这些学科对于中国边疆的研究是从本学科的问题意识出发,研究边疆也是为了回答本学科的问题,因此边疆在其他学科那里的出现仅仅是"happen to be there"(碰巧出现在那里),不能泛泛地认为所有对"中国边疆"的研究都是中国边疆学。在以对象来确立中国边疆学主体性这个问题上,不论是从事中国边疆的历史研究还是现实研究都是一样的,这里尤其具有迷惑性的是对于中国历史边疆的诸多研究,由于中国历史疆域的变动,每个历史朝代的疆域范围是不同的,如果不加区分地认为所有对中国历史疆域的研究都是中国边疆学,恐怕中国历史研究的相当大部分都要被纳入其中,而中国边疆学将永远迷失在历史迷雾中而失去主体性。

第二,以"边疆"作为研究对象来界定中国边疆学,无意中会形成"边疆—中心"二分法,从而把边疆与中心在学理上对立起来,这显然不是中国边疆学构建的初衷,从长期看对中国边疆学的学科建设和学术发展也是不利的。比如,有学者主张以"边疆"为中心来讨论问题①,这种分析框架的提出无疑具有创新性,但是必须承认以"边疆"为中心研究问题的思路仍然属于"边疆—中心"二元论的视角,在这样的思路下,边疆的存在是由于有发达的"中心",边疆相对于中心形成了相对落后的标签。"边疆—中心"的分析框架,从表面上看是突出了边疆在既有研究中的地位,但是边疆却从逻辑意义上成为"中心"的依附。不论是以"中

① 周建新:《边疆中心视角下的理论与实践探索》,《广西民族研究》2015 年第 6 期。

心"抑或"边疆"来探讨问题，最后都将以中国边疆学丧失理论主体性为代价。

第三，中国边疆学作为一门学科，是否存在着专有的研究方法以区别于其他学科？这个问题的答案从近现代世界人文社会科学的发展历程来看是否定的，当然不排除今后可能出现方法层面的重大创新。实际上当前任何一门成熟人文社会学科，都不存在可以区别于其他学科的专门方法。比如，历史学是专注于研究人类社会以往发生过的社会现象和社会过程的学科，研究方法是通过对历史上的文字记录或者实物遗存进行研究，即文献查阅法和考古研究的方法。文献研究法在历史政治学、历史社会学乃至历史人类学中也广泛应用，这些学科根据文献材料的梳理，以确定今天的社会状况和社会事件的根源和先驱，寻找这些历史社会事实的规律，然后回答政治学、社会学和人类学的学科问题，因此历史在这些学科里的呈现仅仅是作为方法。再比如统计分析的方法，这是来源于数学的方法，二战以后随着计算机技术的发展而在人文社会科学研究中普遍应用，尤其是在经济学和社会学中的应用非常普遍，甚至成为当前经济学研究的主流，有经济学家自嘲如果数学没有学好，是没有办法从事经济学研究的。统计分析法通过大量数字化信息对社会现象和社会过程进行计量分析，用数字模型揭示社会经济现象之间的联系。随着统计软件技术应用的创新，计量历史学也成为历史学新的研究方法，历史学家通过对历史记录的数据化整理和分析，整体呈现历史事件之间的关联性。这方面最有名的研究案例是中国地震界对"旱震关系"的发现，该理论已经成为世界地震预测中的重要理论。中国是唯一有着不间断历史记录的文明古国，中国学者将中国历史文献记载中的地震和干旱事件进行数字化处理，通过统计分析发现干旱和地震之间存在统计意义的相关性。还有个案的经验研究方法，现在也不再是人类学的专属，个案研究在社会学、经济学乃至政治学中都有广泛应用。因此，中国边疆学作为一门新兴的交叉学科，其学术主体性的确立不是要同其他社会科学隔绝开来，中国边疆学在研究过程中甚至不可避免会用到一些自然科学方法，如生物学、地理学，甚至数学等，当前生物学的基因测序研究方法，也为中国边疆历史上的各族人民交流、交往、交融提供了最有力的证明。

实际上，研究方法是中性的，是研究的工具，可以服务于不同的研究需求，所有人文社会科学可以共享研究方法。中国边疆学在构建之初应该对研究方法抱有开放的态度，而不是以方法画地为牢。

二、中国边疆学的理论形态与西方理论

中国边疆学的理论形态是什么样的？这个问题一直困扰学界同仁。有学者提出应该有个一般边疆学，可以解释全世界的边疆问题[①]，类似于政治学、经济学、社会学那样的理论形态。中国边疆学的构建以否定的姿态回应了这个问题。近现代的社会科学诸多学科在其形成初期，都并未意图构建一个可以囊括全世界经验的理论，而是试图理解和归纳局部世界的经验，以解决当下的困惑。因此，一个现代的社会科学学科存在的合法性基础，首要的是解释特定时间和空间范围内发生的问题。客观的情况是，世界上并不存在一个普遍的边疆问题，每个国家的边疆都有自己独特的问题，因此也就不存在一般边疆学的合法性基础。

首先，并不是所有的国家都有边疆的问题和概念，比如四周是海洋的岛屿国家，就没有陆地边疆的问题，因而也不存在相应的边疆研究。

其次，不同国家的边疆内涵差异极大，甚至很难归类。世界上不同国家的历史和地理差异极大，因此不同国家的边疆研究要解决不同的问题。比如，边疆作为一个概念在美国有着特殊的意味，边疆对于美国而言并不是指国境线经过的地区，而是指美国的地理腹地——西部地区。在美国的历史语境中，"边疆"是来自欧洲的定居者所没有征服的土地，因此美国的边疆是逐渐消失的，现在美国没有边疆。此外，美国的历史语境中的"边疆"更多的是指美国的国家品格，因为美国作为一个年轻的移民国家，是在驯服边疆的过程中实现国家独立的。国境线意义的边疆对于美国不同地区也有不同内涵，比如美国和墨西哥之间的边疆跟美国与加拿大之间的边疆是完全不同的问题。对于欧洲而言，欧洲大陆国

---

① 孙勇：《边疆学学科构建的困境及其指向》，《云南师范大学学报》（哲学社会科学版）2016 年第 2 期；孙勇：《关于建构边疆学体系的体系思考——代〈边疆学导论〉之绪论》，《华西边疆评论（第5 辑）》，民族出版社，2018。

家和殖民地国家的边疆，更加是不同的问题①。这些国家所面临的边疆问题是复杂的政治问题，甚至没有学术对话的空间，更别提普遍性的边疆理论了。

对于中国的边疆问题，西方学者也认为中国与欧洲、北美等国家在语境上对于"边疆"有不同的理解：欧洲学术和政治传统强调不同国家之间固定边界的产生（如法国边疆）；北美传统则意指多元文化互动下的广阔地区。对于中国而言，现代汉语中的边疆一词包含上述两种含义，"边"指地区方位，"疆"指隔离的边界②。在欧洲学术界，欧洲边疆是一个"过时"的学术概念，今天早已无人问津，更少有研究。在欧洲学术传统里，边疆指的是在边界被清楚地划定之前，不同政治势力争夺的区域。今天，现代国家的概念里决定边界的是主权，历史上欧洲那种主权归属尚未最终认定的边疆地区，在今天的欧洲是不存在的。③

从上述美国和欧洲的边疆研究来看，中国边疆学构建有自身的独特性。因此从纯粹的知识学角度来看，基于中国边疆历史和现实的理论很难放到世界知识层面去解释和推论，作为解释性理论也很难有世界范围的共享。中国边疆学将以一个独特的、整体的知识学面貌，以人类文明进程和知识积累的一部分被世界知识界共享。

最后，西方世界对中国"边疆"一词的含义和认知与中国的历史事实大相径庭，甚至南辕北辙。西方学术界虽然热衷于对中国历史和社会的研究，但由于学术研究的初心不同，以及长久以来的研究所形成的路径依赖，西方学术界形成了"欧洲中心论"或"西方中心主义"的惯性思维方式，这使得他们对中国的历史和文化研究必然产生偏差，甚至故意扭曲、误导，从而不断试图从学理上解构历史上的中国及其边疆形态，挑战中国统一多民族国家形成与发展的理论体系，并从所谓的"民族主

---

① 参见以下著作：周伟洲《论中国与西方之中国边疆研究》，《民族研究》2015 年第 1 期；于沛等《全球化境遇中的西方边疆理论研究》，中国社会科学出版社，2008；张世明等《空间、法律与学术话语：西方边疆理论经典文献》，黑龙江教育出版社，2014。

② 濮德培：《比较视野下的帝国与国家：18 世纪中国的边疆管辖》，牛贯杰译，《史学集刊》2014 年第 4 期。

③ 范可：《边疆：告别他者形象》，《中国社会科学报》2010 年 11 月 16 日，第 11 版。

义""全球史""新清史""征服王朝论""内陆亚洲论"等视角构建西方学术话语体系下的中国边疆，所以说，西方对中国边疆所建构的"多元边疆"论是不可取的①。西方的社会科学理论是从西方历史和经验基础上提炼出来的理论，用西方的理论来解释中国的实践，尤其是对中国古代王朝的表述与认知②，从理论上瓦解中国统一多民族国家的历史进程，是中国学人要警惕的理论陷阱。中国边疆学理论构建的基本出发点是将中国视为"历史上统一多民族国家"，它包含历史上所有汉族和少数民族所建的王朝（政权），有统一的王朝（如秦、汉、隋、唐、元、明、清等），也包括由统一王朝分裂后所建立的割据王朝。中国边疆学只有独立于西方建构的理论体系，才会有自己的理论自信和学术主体性。③正是从这个意义上讲，中国边疆学具有其他任何一门学科无法替代的特殊价值。

在中国边疆研究所成立伊始，彼时还是中国边疆史地研究中心的时候，边疆所的研究前辈就将中国边疆学的构建目标定义为：研究中国边疆及其发展规律，进而全面揭示中国统一多民族国家形成、发展的规律④。对中国边疆学的定位放到 40 年后的今天来看仍然不过时，这也证明了中国边疆学的研究旨向经受住了时代的考验。

第三节　中国边疆学学术自觉的线索

中国边疆学学术自觉的内在逻辑是什么？这是摆在从事中国边疆学研究的众多学人面前的首要问题，从中国独特的历史、现实和地理来看，中国边疆学的学术自觉有几个思考起点，分别是中国漫长的历史和中国巨大的地理疆域规模、近代中国的大转型和当代中国边疆新的历史定位

---

① 周伟洲：《论中国与西方之中国边疆研究》，《民族研究》2015 年第 1 期。

② 这方面西方学术界比较有代表性的有以下几种著作。拉铁摩尔：《中国的亚洲内陆边疆》，唐晓峰译，江苏人民出版社，2010；巴菲尔德：《危险的边疆：游牧帝国与中国》，袁剑译，江苏人民出版社，2011；狄宇宙《古代中国与其强邻：东亚历史上游牧力量的兴起》，贺严、高书文译，中国社会科学出版社，2013。

③ 马大正：《"边疆政治"与西方话语》，《中国图书评论》2012 年第 5 期。

④ 马大正、刘逖：《二十世纪的中国边疆研究——一门发展中的边缘学科的演进历程》，黑龙江教育出版社，1987，第 278 页。

以及治理的实践。对以上几个维度的关照，便是中国边疆学学术的内在逻辑和实现路径。

一、中国漫长的历史和巨大的地理疆域规模

中国边疆学的构建基础是中国历史。中国是有五千年历史的文明古国，中国的先辈为今人留下了两项举世瞩目、无与伦比的历史遗产：幅员辽阔的统一多民族国家和人口众多、多元一体的中华民族，这也是中国不同于世界上任何一个国家的特殊国情①。中国边疆研究所的前辈将中国边疆研究的进程用"千年积累、百年探索"②两句话来概括，此语道出了中国边疆研究的艰辛和漫长，也可见历史在中国边疆学中占有重要的分量。实际上，近现代以来人文社会科学的学术体系、学科体系、话语体系的构建，都离不开对学术发展历史的熟悉，即便是中国现代哲学这样的学科，其学术创新也是要"接着讲"③，"接着讲"按照哲学家冯友兰先生的说法是研究要反映新的时代精神，从而有所发展，有所创新，"接着讲"所针对的"照着讲"，而人文学科的创新必须尊重学术经典和学术积累，又必须要能够反映新的时代，"照着讲"和"接着讲"在中国边疆研究领域的运用，意味着中国边疆形成的历史必然是中国边疆学构建的基础知识。

首先，中国与世界其他国家、地区相比较而言，最为独特的是中国是唯一的文字记录世代相继的、活着的古国，也是唯一的不间断的古代文明。因此中国边疆学学术自觉的思考起点必定是中国历史。中国传统的"二十五史"中，均有边疆四夷、藩部等专门的记录，其中保存了有关边疆地区民族、经济、文化的珍贵文献，这在世界其他国家历史上是绝无仅有的。这些珍贵的历史文献是中国边疆学知识体系的重要构成。

其次，中国边疆研究对于中国历史疆域的形成、发展有深厚的学术

---

① 马大正：《中国疆域的形成与发展》，《中国边疆史地研究》2004 年第 3 期。

② 马大正：《中国需要一门边疆学》，《南风窗》2009 年 8 月 12 号第 17 期。马大正：《关于中国边疆学构筑的几个问题》，《东北史地》2011 年第 6 期。

③ 汤一介：《中国现代哲学的三个"接着讲"》，《解放日报》2006 年 5 月 15 日，第 13 版。

积累，并形成了相当的共识①，这些研究使得我们可以准确把握中国统一多民族国家演进的规律。这些已有的历史研究都是构成中国边疆学的坚实的知识和理论基础。

最后，中国边疆大概是世界上最复杂的边疆，因此中国边疆学理论必须能够解释和覆盖中国边疆的复杂性，这是中国边疆学不同于其他研究中国边疆的学科的独特性所在。中国边疆的复杂性来源于其巨大的地理规模，这也是中国边疆与世界上其他国家的边疆最为显著的区别。因此中国边疆学的构建，其理论的幅度必须与中国边疆地理的"大规模"尺度相匹配，这样才能正确地理解中国边疆的多重面向。

理论构建的难度取决于其要解释的世界的大小，因为理论总有解释的边界。中国边疆的地理空间大尺度，意味着中国边疆学理论构建的难度很大。长期以来，地理规模尺度作为学术意义上的中国边疆的研究视角并不十分明显，这一方面是囿于勘测技术和地理知识，另一方面从边疆治理的角度来看，地理规模带来的挑战可以通过治理方式予以解决，在古代中国，中央政权实施直接治理的范围其实是有限的，对于广阔地域的蕃部和边疆地区多是采用间接治理的方式。但是地理规模带来的边疆治理困难在今天却凸显出来，中国边疆的巨大地理规模同时意味着文化和民族的多样性，而且是大规模的多样性，地理规模的巨大也导致近代以来边疆和其他地区经济发展和政治发展方向的不一致，比如近代中国在经济上的发展方向是"由边向内"，但是政治上是"由内向边"②。中国地理疆域巨大规模带来的治理挑战，是中国边疆学必须面对和解决的，也是中国边疆学学术自觉之所在。

二、近代中国的大转型

近代中国经历了千年未有之大变局，完成了具有历史意义的大转型，

---

① 主流观点是以白寿彝先生为代表的"现今说"和以谭其骧先生为代表的"标准说"，即认为"中国历史上的疆域"，应以现今中华人民共和国的疆域或 1840 年前清代强盛时的疆域为准，来认识和处理历史上的疆域，不能以历史上王朝的疆域（包括边疆）来作为历史上中国的疆域。参见白寿彝：《中国历史上的疆域问题》，《历史知识》1981 年第 4 期；谭其骧：《历史上的中国和中国历史疆域》，《中国边疆史地研究》1991 年第 1 期。

② 张永帅：《以空间视角解析近代中国经济变迁》，《中国社会科学报》2018 年 2 月 7 日，第 4 版。

今天中国面临的很多问题的起点都要追溯到这个历史大转型，中国边疆学的建构也不例外。从康熙二十八年（1689）中俄《尼布楚条约》的签订开始，中国开始了向近现代意义上主权国家的转变，国家的疆域边界逐渐清晰。从世界范围看，中国是较好地继承了王朝国家疆域遗产的国家，即中国传统的王朝国家疆域没有在向近现代国家转型的进程中被瓦解，如何理解和解释这个时代大转型是中国边疆学理论构建绕不过去的大问题，甚至是起点所在，对近代中国大转型问题的关怀也是构建中国边疆学的一个重要使命。从传统王朝国家向主权国家转变的视角也是构建中国历史话语体系的重要参考。①中国边疆学理论要能够帮助理解和解释中国从王朝国家转型到现代国家的过程中，其内部秩序是如何重新塑造的，又是如何发展到今天的。

三、当代中国边疆的新定位和治理实践

从中国边疆研究在过去两个世纪的起起落落中可以看出，中国学人对边疆研究的初心是被时代问题所激发，逐步形成了以中国古代疆域史、中国近代边界沿革史和中国边疆治理史三大系列为重点的研究格局。当代以来的中国边疆研究也逐步突破了原有的边疆史地研究的范围，将中国边疆历史与现状相结合，以回应国家和时代的重大问题。

新中国成立以后，中国共产党带领全国人民所进行的社会主义建设，是人类历史上的伟大创举。新中国的边疆治理不断在实践和理论上进行探索，中国共产党如何治理边疆，取得了什么经验，又有哪些教训，都需要学者进行总结和提炼，这也是中国边疆学知识体系的重要内容。

新时代以来，中国边疆的定位发生了历史性的转变，边疆从拱卫中央的边缘地带变为对外开放的前沿、祖国重要的生态屏障和全国共同富裕的重点地区。因此，从中国当代边疆治理实践中提炼理论是中国边疆学的应有之义，也是中国边疆学学术自觉的必经之路。

---

① 李大龙：《中国疆域诠释视角：从王朝国家到主权国家》，《中国社会科学》2020 年第 7 期。

第四节　中国边疆学的问题意识

中国边疆学对上述四个方面问题的探索，是中国边疆学走向学术自觉的必经之路。但是，中国边疆学要屹立于学科之林，仅仅有学术自觉是不完备的，真正使中国边疆学区别于其他学科、彰显学术主体性地位的，是中国边疆学独特的问题意识。

在中国学人致力于专门的边疆研究伊始，问题意识便始终隐藏在研究的背后。通过对学术史的梳理发现，其实中国边疆学的问题意识始终如一，从晚清以来中国边疆研究的三次高潮中便可寻绎。尽管两个世纪以来三次边疆研究高潮的内容不尽相同，从最初的西北史地研究到民国的边政学再到今天的中国边疆学，但是其背后的终极关怀是一致的，即都努力为巩固中国统一多民族国家做出学理解释，这同样也是今天构建中国边疆学的问题意识所在。

第一次边疆研究高潮适逢晚清以来西方帝国主义入侵中国，当时的清王朝对即将来临的千年之大变局毫无觉察，亦无准备。17 世纪以来，先后有荷兰殖民者占领台湾，葡萄牙殖民者占领澳门，俄罗斯入侵黑龙江。1840 年鸦片战争后，西方帝国主义殖民势力又先后侵入我国新疆、西藏、云南、广西的陆地边疆。清王朝的统治者完全没有经验应付这样的局面，于是相继割地赔款。当时部分有识之士，包括任职的官吏、文人学士，便从史地入手研究中国边疆，其背后有用学术保卫中国的初心和激情，力图通过对边疆历史地理的研究唤醒国人对国土的热爱。

第二次边疆研究高潮的标志是民国时期边政学的兴起。边政学的初衷是"要把边疆的情势尽量贡献给政府而请政府确立边疆政策，更要促进边疆人民和内地同胞合作开发的运动，并共同抵御野心国家的侵略"[①]。即边疆学的初衷是用学术捍卫国土的完整。新中国成立后，边政学不存在了，但是其学术追求的影响却是长远的。方国瑜负责编绘《中国历史地图集》西南部分时即讲："我们的任务是：要正确反映中华人民

[①] 顾颉刚：《发刊词》，《益世报·边疆周刊》第 1 期，1938 年 12 月 19 日，第 4 版。

共和国国土之内在历史上的沿革，要反映作整体发展的中国历史上的政治区域，要为当前的政治服务，而不是为历代王朝的政治服务，不能给帝国主义、修正主义和各国反动派以口实。"[①]边政学的学者们力图用学术研究为政府贡献智慧，用学术守卫国土安全。

第三次中国边疆研究的高潮便是今天，也是中国边疆学呼之欲出的时代。新中国经过 70 多年的社会主义建设，边疆地区取得了历史性的发展，边疆与其他地区之间的经济、社会、文化差异已经极大缩小，这意味着边疆治理又有了新的时代内涵。新发展阶段我国多数边疆地区的发展与治理仍然会面临两大问题，一是边疆地区如何实现与全国其他地区共同富裕，二是如何抵御敌对势力的分裂活动。

中国边疆学的发起人在 20 年前便提出边疆研究的终极关怀是国家利益[②]，维护国家统一、民族团结和社会稳定是中国边疆史地研究遵循的最高政治原则[③]。中国边疆学历经百年探索，学人们在深厚的历史知识积淀的基础上构建中国边疆学，在某种意义上是"阐旧邦以辅新命"，这里的"新命"便是接续前人的学术初心，在中华民族伟大复兴的重要历史时刻，为中国统一多民族国家的理论构建而努力。中国边疆学唯有不忘初心，以切实的研究呼应和解决重大时代问题，方能在众多成熟学科中彰显学术自觉，才能以独立的姿态屹立于学科之林。

---

① 方福祺：《方国瑜传》，云南大学出版社，2001，第169页。

② 马大正：《国家利益高于一切：新疆稳定问题的观察与思考》，新疆人民出版社，2003。

③ 马大正：《思考与行动——以边疆研究深化与边疆中心发展为中心》，《中国边疆史地研究》2001年第3期。

第一章 他山之石：社会学研究中国边疆
与中国边疆学的发生学

近代以来，随着中国国家形态的转变，中国边疆的概念发生了巨大变化，因此中国学人对边疆的理解也经历了很大的变迁，在学术研究层面伴随而来的是边疆研究的学科流变。就学术史来看，以历史学为代表的中国传统人文科学研究边疆有悠久的历史，直到近百余年来众多新兴的社会学科才加入中国边疆研究中。有学者梳理了边疆研究的学术史，发现近代以来兴起了三次中国边疆研究的高潮：第一次发生在 19 世纪中叶到末期，以西北边疆史地学的兴起为代表；第二次发生在 20 世纪 20 至 40 年代，中国学人提出了"边政学"；第三次是 20 世纪 80 年代以来至今，标志是学人们提出构建中国边疆学①。社会学从事中国边疆研究便是从 20 世纪 30 年代，即第二次边疆研究高潮时期开始的。社会学研究中国边疆至今有近百年的历史，与社会学传入中国的历史同样久远，从社会学研究中国边疆的问题意识、方法以及随着时代变迁而发生的研究主题的迭代中，可以管窥中国边疆学的学术自觉之路。

第一节 近代中国边疆之变与社会学的边疆研究

中国学术界边疆研究的第二次高潮正逢中华民国时期，彼时的中国仍然处于李鸿章所言的"数千年未有之变局"中。在此大变局中，中国学人对边疆的理解也经历了大转折。民国时期的中国边疆研究一方面沿

---

① 参见马大正：《当代中国边疆研究（1949－2014）》，中国社会科学出版社，2016。

袭和继承了中国传统对于边疆的认识①；另一方面又加入了对边界主权的主张，正如时人所言："中国的边疆，有两方面的意义：一则为国界的边疆，即与外国领土接壤的区域；一则为文化的边疆，即未尽开发的土地，其间为游牧经济的各宗族所散居，而其习俗、宗教生活、语文等与农业文化不同的区域。"按照民国时期对边疆的概念定义，在划分具体的边疆范围时继承了中国的历史认知，也承认了现代国家的领土概念，即中国边疆既有地域边界也包括文化边界，即"除了中国边缘的疆域，如辽、吉、黑、外蒙、新疆、西藏、西康、广西等省或地方而外，对于热、察、绥、甘、宁、青等位居腹地之省份，也称之为边疆"②。

民国时期对边疆的认知和认定与今天有很大差别，由以上对边疆范围的双重认定可以看出民国时期边疆问题的复杂性。彼时国家内部尚没有完成民族之间的文化整合，又面临外来的民族概念的挤压，民国就在内外双重压力下开始处理其边疆问题，也就是边政。因此民国时期的边政就从一般政治和文化视角来化解上述双重危机。而社会学亦于此时传入中国，其本身就承载着中国由传统向现代变迁的内在困难，③因此社会学在这样的历史背景下出现在中国边疆研究领域里，决定了其所背负的特殊历史使命。

20 世纪 30 到 40 年代中国学人提出了边政学的构想。社会学家吴文藻在 1942 年《边政公论》上发表《边政学发凡》一文，阐述了边政学的学科构建设想，他认为："在理论社会科学方面与边政学关系最深者，首推人类学、社会学、及政治学；其次，则为经济学、法学、及教育学，又其次，则为史学、地理学，以及其他国防的科学。欲使边政学的观点正确，方法精密，题材丰富，内容充实，就必须从这种种学科，随时吸收其精华。非如此不足以建立边政学的学术基础。"吴文藻作为社会学家，他对边政学的认识只是一家之言，但是总体来说，20 世纪 30 到 40 年代

---

① 中国是一个拥有几千年历史的文明古国，中国的边疆也是在长期的历史发展过程中形成的，它包括历史、地理、政治和文化等诸多层面的含义。

② 黄奋生：《泛论边疆教育》，《西北通讯》1947 年第 3 期，第 4 页。

③ 渠敬东：《破除"方法主义"迷信：中国学术自立的出路》，《文化纵横》2016 年第 4 期，第 81-87 页。

的中国边疆研究呈现出逐渐突破传统史学窠臼，向独立学科发展的基本趋势。[①]

近代以来，多学科研究中国边疆的趋势因应了边疆的复杂性。中国悠久的王朝历史和国家形态的转变使得中国边疆具有历史和现实的双重复杂性和特殊性，由此决定了边疆研究既不能无视中国的历史逻辑，也不能无视边疆的现实问题，于是社会学从"边疆社会"的视角为理解中国边疆提供了一把钥匙。社会学发端于西方，至今也只有不到200年的历史，传入中国的时间更是百年内的事情，社会学对中国边疆的研究一方面以边疆社会的经验研究为基础，另一方面是运用社会学的想象力和洞察力，其学术的终极关怀是通过理解边疆的社会结构和边疆社会变迁，更好地促进国家共同体的建设，巩固统一多民族的现代中国，这是社会学运用于中国边疆研究的出发点。

社会学研究中国边疆在以上两个基本关怀的基础上，致力于从边疆社会内部探索边疆社会，因为社会学者相信一个社会内部具有自己的驱动力和内在方向感，可以运用社会学调查研究的方法对边疆社会的结构进行深入的剖析，从而对边疆社会发展的方向有所把握，诚如社会学家费孝通所言，关于中国社会的知识只能来自对中国社会的调查。其实"调查研究"不仅仅是社会学的专属，调查研究作为归纳研究的重要方法还被大量运用于日常的各项工作实践中。比如在抗日战争时期，中国共产党通过对中国社会各阶级的深入调查，成功地制定了革命路线和方针，因此调查研究也是"共产党的传家宝"。十八大以来党中央号召在全党大兴调查研究之风，此时正是社会学进行中国边疆研究的大好时代。

第二节　社会学研究中国边疆的肇始与研究关怀

从民国时期的学科发展历史可以看出，社会学与中国边疆研究的结合是在各自的困惑中展开的。当时，无论是作为一个尚在寻求自身发展

---

① 段金生：《20世纪三四十年代的中国边疆研究及其发展趋势》，《中国边疆史地研究》2012年第1期，第126-137页。

方向的社会学，还是在内外交困中寻求突围的中国边疆研究，都面临着极大的不确定性。从这个意义上讲，社会学从事中国边疆研究充满想象空间和无限可能性。

社会学与边疆研究遇到的时代难题是一样的。在甲午战争后，中国的知识和社会精英都意识到清王朝的落后状况，于是纷纷投身到正在兴起的维新运动中，学习西方、对中国社会进行变法维新等，成为彼时全社会的共识。正是在这样的历史背景下，中国在 19 世纪末涌现出一批启蒙思想家，他们将西方的社会学介绍到中国，意图用社会学对中国社会进行改良。社会学自西方世界发端至今不过两百年时间，清末民初传入中国只有百余年历史，因此今天社会学以自己的视角融入中国边疆学构建，有必要理解社会学研究中国边疆研究最初的理路和关怀，为此要从梳理社会学传入中国后的发展路径开始。

社会学初传入中国有两种译名，一是群学。有学者考察，认为康有为早在 1891 年于广州长兴里万木草堂就讲授"群学"，此后康有为、梁启超、严复等一直使用"群学"一词。严复 1903 年翻译的《群学肄言》①在中国思想界产生了重要的影响，他在《原强》一文中说，"'群学'者何？荀卿子有言：'人之贵于禽兽者，以其能群也'"。二是社会学。社会学一词最初出现在 1896 年谭嗣同所著《仁学》一书中。章太炎于 1902年翻译日本学者岸本能武太的著作，便命名为《社会学》。此后百余年间，社会学译名一直沿用至今。

一、近代中国边疆研究的学术转型与社会学研究中国边疆的肇始

中国学术界对中国边疆问题的研究有着悠久的历史。在清末至民国的百余年间，随着中国的国家形态从古代王朝国家向现代民族国家转型，中国边疆研究也从中国传统边疆史地研究转向现代专门化的学术研究。

近代以来中国边疆研究的学术转型与中国的国家形态转变和社会大转型密不可分。在中国社会大转型的背景下，一大批具有忧患意识与爱

---

① 严复翻译的《群学肄言》，是英国早期社会学家斯宾塞 1873 年所著《社会学原理》的序言《社会学研究》，全书分 16 章：砭愚、倡学、喻术、知难、物蔽、智、情瞀、学、国拘、流梏、政惑、教辟、缮性、宪生、述神、成章。在这本书中，斯宾塞用进化论的观点阐释了社会的构成与变动。

国情怀的社会学（民族学、人类学）者们从不同的视角对中国边疆进行开拓性的研究，由此拉开了中国边疆问题研究领域内诸多学科与中国边疆研究的互动，并达到前所未有的深度与广度，这些都构成今天构建中国边疆学的历史逻辑基础，所以要理解今天的中国边疆学构建的学科内涵，一个不能回避的问题是需要厘清民国时期的边疆研究学术转型是怎么发生的。

近代中国边疆学术研究的转型，既继承了中国边疆研究的传统，也受到西方近代新兴社会学科特别是民族学、人类学及社会学等学术发展的影响，整体呈现出"研究历史的从历史的角度，学地理的用地理的知识，研究民族学的可以从民族学的理论来研究，搞人类学的可以用人类学的概念来研究"[①]。总体来讲，中国边疆研究的学术转型不仅仅是学科内容的丰富，其背后的学术研究体制及组织形态等方面也发生了实质性的变化。总之，从民国时期第二次中国边疆研究高潮以后，中国边疆研究进入了现代专门化的学术发展轨道，并成为现代学术体系的重要组成部分，产生了广泛的社会和政治影响，这一切都构成了今天构建中国边疆学的基础。

民国时期，中国边疆研究逐步转变为专门化的学术研究，研究范式也随之改变。中国人文学术研究的传统注重从文本中寻求知识，讲求思想源渊，在此学术脉络下，做学问的深浅主要是看概念的锤炼功夫，学问追求的是能否从已有的知识体系中发现新的微言大义，从而建立新的知识话语和观念符号，而民众日常生活的油盐酱醋茶、食衣住行等则属于形而下的末流，不是学者们关注的东西。在新的研究范式下，学者们对中国边疆的兴趣走向田野，并力图在形而下的边疆泥土中照应到国家的整体。社会学是一门从社会现象和社会事实寻找学问的学科，是以经验世界为基础，以获得有关人类行为的知识为基本目标，并努力使国家政策和制度建立在知识基础上的专门学科。社会学传入中国也为中国传统方法加入新的范式。中国的学者们发现原来解释具体社会现象、解

---

① 王利平等：《世纪上半叶的中国边疆和边政研究——李绍明先生访谈录》，《西南民族大学学报》2009 年第 12 期。

决具体社会问题的研究也是学问，学问也是可以来自对日常生活的观察的。[①]

二、近代中国国家形态的转变与社会学研究中国边疆的初始关怀

民国以来中国学者的治学方式和方向发生了某种程度的转变，他们是既要找寻自身历史的敬重感又要获得现实的经验感，因此社会学家们研究中国边疆是希望通过对中国社会的研究，对中国的过去、当下和未来之间的关系产生解释力，所以社会学家研究中国边疆背负双重责任：研究中国边疆既是爱国图存的一部分，又希望开启以严肃的学科态度进行中国边疆研究。

20 世纪 30 年代，中国正处于向现代民族国家转型的"千年未有之大变局"的历史转变过程中，中国社会和学界都兴起了"到边疆去"的热潮，因为大家普遍认为在中国的大变局中"边疆即民族，民族即边疆"，这样的观念在当时学者们的头脑中根深蒂固。这种观念的产生主要与中国国家历史疆域形成过程密切相关，中国在漫长的历史中形成了多民族融合的国家，非汉族群体主要集中在边疆地区居住，因此中国边疆地区作为"内部他者究竟能否对国家忠诚？"是当时不少边政学者所关心的[②]。民国时期"边疆热"的另一个原因是大转型时期的国家如何定义"国族"的大问题，那时候的民族国家理论认为需要一个"国族"，因为国族是中国作为一个现代"民族国家"的合法性基础。由此，中国疆域构成的客观历史和现实状况以及国家转型的时代背景，边疆热的兴起和"边政学"的发凡从一开始便与边疆的民族研究联系在一起。那时候社会学研究边疆很自然地便从研究民族入手。

社会学传入中国后的研究也致力于解决中国转型的时代大问题，20 世纪 30 年代进行社会学田野调研所强调的是"非汉族团的调查和研究对于我们国家前途的重要性"[③]。1936 年，吴文藻在社会学家费孝通的

---

① 李培林：《中国早期现代化：社会学思想与方法的导入》，《社会学研究》2000 年第 1 期，第 88-101 页。

② 范可：《边疆与民族的互构：历史过程与现实影响》，《民族研究》2017 年第 6 期，第 58-73+125 页。

③ 吴文藻：《〈花篮瑶社会组织〉序言》，载费孝通《六上瑶山》，群言出版社，2015，第 134 页。

田野调查报告《花篮瑶社会组织》一书序言中写到，民国虽已成立 25 年，而离"民族国家"建设完成之期尚远……"到边疆区"不是一件容易的事。最困难的一点，即是我们根本不明了非汉族团的生活实况。在没有相当了解以前，侈言"到边疆去""同化政策"……乃至"特种民族教育政策"，都是不切实际之谈。①

社会学从事中国边疆研究的初始关怀，一方面是要对中国边疆非汉族群体的社会状况进行调查研究，从而为国家的边疆治理提供实证基础；另一方面受过专业训练的社会学家们看到当时边疆热潮中涌现出众多质量不高的报道，想对这个现象加以扭转。当时"许多关于边疆的丛书与刊物，如果我们下番功夫审查它的内容，大都是人云亦云，辗转抄袭……我们看了这种丛书和刊物只承认它只能唤起一般民众注意边疆，而不能把它作为研究边事的材料。"②于是一些受过专业学术训练的学者组成一个团队，于 1942 年创办《边疆研究通讯》，该刊物中所列的名誉及通讯撰述人包括黄奋生、凌纯声、马长寿、芮逸夫、李安宅、吕叔湘、吴文藻、孙本文、任乃强、丁骕、陶云逵、胡焕庸、白寿彝、李景汉、李方桂等著名学者③，其中大部分为社会学家，他们决心"一方面撰述通俗之文字，以引起一般人的兴趣，一方面发表学术的研究，以奠定民族学之基础"④。

三、社会学的本土化与社会学研究中国边疆的问题意识

社会学在清末民初传入中国以后，一直致力于社会学的本土化转型。第一代社会学家的学术训练皆来自西方，但是他们反对中国学界将社会学原封照搬，而是致力于社会学本土化，以服务于当时战乱纷飞的国家

---

① 吴文藻：《〈花篮瑶社会组织〉序言》，载费孝通《六上瑶山》，群言出版社，2015，第 142-143 页。

② 陈祥麟：《研究边事的基本问题》，《边事研究》1934 年创刊号。

③ 《本刊名誉及通讯撰述人芳名》，《边疆研究通讯》1942 年第 1 卷第 1 号；1942 年第 1 卷第 2 号，转引自蒋正虎：《从边缘到中心：20 世纪 30-40 年代中国的边疆研究》，《中国边疆史地研究》2016 年 12 月，第 147-159 页。

④ 徐益棠：《十年来中国边疆民族研究之回顾与展望》，《边政公论》1942 年第 1 卷第 5、6 期合刊。

和社会。于是一百多年来，社会学对中国边疆的研究，既有社会学作为一个学科对社会运行规律探究的初始关切，又有服务于国家和社会建设的本土化学术诉求，并由此造就了社会学研究中国边疆的终极关怀和研究传统，至今未变。

20 世纪 30 年代初期是中国思想界较为活跃的时期，受过"五四"运动洗礼的青年学生不满足于"土包装的洋货"的西文书本，因为仅仅读了西文书本的学生对中国的国情依然一无所知，在这种情况下，社会学界出现了"社会学中国化"的要求。以吴文藻为代表的第一代社会学人认为"始而由外人用外国文字介绍，例证多用外国材料；继而由国人用外国文字讲述，且多讲外国材料者"，"民族学和社会学在知识文化市场上，仍不脱为一种变相的舶来物"。①全面抗战爆发后，吴文藻前往云南大学主持中英庚款人类学讲座课程，组织了燕大与云大"合作研究所"，与他的学生费孝通等学者一道，继续"社会学中国化"的追求。为躲避轰炸，合作研究所搬至呈贡"魁阁"，"魁阁"后来也就成了战时社会学、民族学的研究基地。他们在极其艰难的条件下，创造着一流的业绩，费正清说他们"艰苦的工作精神和青年人明确的工作目标，给人以深刻的印象"。1949 年新中国成立之后，1952 年全国高等学校院系调整，社会学作为一门学科被取消，直到 1979 年恢复重建。重建后的社会学延续了社会学中国化的传统，继续在中国泥土里培植中国的社会学。②。

社会学的本土化诉求即是用社会学理论指导本土的社会研究工作，并由中国的经验提炼中国本土的社会学理论。因此，社会学创始时期对于社会秩序和进化理论的追求决定了其社会改良的企图非常明显。20 世纪 30 年代，费孝通等社会学人便以"认识并改造社会""关注民生问题"作为社会学的学术取向。这一学术取向源于清末民初时中国农村经济和社会的衰败、乡土中国民不聊生的社会现实，以及"五四"新文化运动之后社会调查之风在中国的广泛兴起。③晚年的费孝通回忆：联系中国实际讲社会学和以社会学的研究来服务于中国社会的改革和建设，是"社

---

① 吴文藻：《吴文藻教授自传》，《晋阳学刊》1982 年第 6 期。

② 费孝通：《重建社会学又一阶段》，《社会》1986 年第 2 期，第 3-7 页。

③ 段塔丽：《20 世纪早期费孝通社会调查研究工作的学术取向》，《思想战线》2017 年第 1 期第 43 卷，第 17-22 页。

会学中国化"的主要内容。这是 20 世纪 30 年代中国社会学的共同趋向。这段时期的研究比较突出的有梁漱溟主持的乡村建设运动、晏阳初主持的平民教育促进会在定县的实验区、陈翰笙主持的中国农村经济研究会在无锡等地区的农村调查。有些研究不一定用社会学这个名义，但事实上都主张联系中国社会进行调查研究并以服务中国社会为目标。[①]

社会学研究中国边疆的问题意识与社会学本土化的诉求是一致的，社会学经世致用的研究关怀尤其体现在对中国的边疆研究中。抗日战争爆发后，中国的政界与学界对国家主权的关注与日俱增，于是"边疆"成为热点议题，社会学研究中国边疆便具有鲜明的保群保族、富国强国的实用目的[②]。社会学传入中国便是要解决中国的问题，而彼时中国的问题是所有的人文社会学科都奋力以赴的。中国学术界的研究在民国时期的问题意识都是一样的，比如王国维、陈寅恪这样的中国传统人文学科的学问家，他们与潘光旦、费孝通、李安宅这样西方学成归来的社会学家，尽管研究领域不同，但是他们抓住的都是大时代背景下中国社会变迁的核心问题，历史学家力图从历史的脉络中发现社会发展的本质，社会学家则从现实经验层面探究社会的本源。因此，尽管他们在学科意义上存在差别，但是并不妨碍他们对所处时代的基本问题意识是一样的，差别只是每个学科有自己的学科特点和独特的研究出发点和关怀。

社会学家费孝通先生认为，"社会科学是社会意识形态的一部分，世界上存在不同时代、不同制度的国家，社会科学所反映的实际是有界限的"，[③]社会学"如能适应国家及社会实际的急需，常能得到迅速发展的机会，所以实用性的研究是科学所不可忽视的"[④]。社会学是一门以经验材料为研究对象的社会科学，因此经世致用是社会学作为一个学科存在的初始关怀。社会学研究中国边疆亦是抱定了要服务中国社会的宗旨。

① 费孝通：《略谈中国的社会学》，《高等教育研究》，1993 年第 4 期，第 3-9 页。

② 李培林：《中国早期现代化：社会学思想与方法的导入》，《社会学研究》2000 年第 1 期，第 88-101 页。

③ 费孝通：《重建社会学的又一阶段》，《社会》1986 年第 2 期，第 3-7 页。

④ 吴文藻：《〈花篮瑶社会组织〉序言》，载费孝通《六上瑶山》，群言出版社，2015，第 142-143 页。

第三节　社会学研究的方法论与中国边疆研究范式

社会学存在着两种截然不同的方法论，代表着对"社会事实"认知的差异。方法本身并无高下对错之分，只是从不同的角度描述社会事实，其差异的背后是认识社会的哲学思想的不同。社会学发端于近代的西方社会，其基本思想源于16、17世纪西欧哲学中的经验主义传统。经验派哲学的代表人物、英国哲学家弗朗西斯·培根（Francis Bacon）认为：人类认识的基础和对象是自然界，关于自然界的一切知识都起源于感觉，感觉是经验的源泉，经验是知识的基础，而发现真理的道路是从感觉与特殊事物中把公理延伸出来，然后不断上升，最后达到普遍的公理。弗朗西斯·培根的哲学观念影响了一个时代，正是在这样的哲学传统下，18世纪随着启蒙运动及近代自然科学的兴起，西方很多思想家希望借鉴自然科学的研究方法来研究社会，其中以法国启蒙思想家孟德斯鸠（Charles de Secondat, Baron de Montesquieu, 1689—1755）、克劳德·昂利·圣西门（Claude-Henri de Rouvroy, Comte de Saint-Simon, 1760—1825）等为代表。在西方社会学的开创历程中，法国社会学传统中衍生出的实证社会学或结构功能主义学派就秉承了孟德斯鸠和圣西门的思想传统，后来经验主义的思想传统传承到奥古斯特·孔德（Isidore Marie Auguste François Xavier Comte, 1798—1857）之手，于是孔德开创了"社会学"这门学科。基于那个时代的思想先驱们所奠定的基础，所以他赋予了社会学"天生"的实证主义传统。社会学发端之后历经近200年的发展，在学科的发展过程中实证主义方法论与非实证主义一起主导着社会学的进展。

一、社会学的实证主义研究范式

随着16、17世纪自然科学一系列新的发现，社会科学逐渐摆脱神学的桎梏，18世纪末到19世纪的社会科学获得了学术独立。那时候很多人都怀有这样一种非常虔诚的想法，即他们认为社会现象和自然现象并无本质的区别，它们遵循着同样的方法论准则，认为社会科学家可以像自然科学家认识自然那样来认识社会，人类社会与自然界一样都是可以用普遍的因果律加以说明的。于是社会学首先兴起的是实证主义方法论，其中以孔德、斯宾塞等社会学创始者为代表，并经法国犹太裔社会学家爱米尔·涂尔干（法语：Émile Durkheim，1858－1917，又译迪尔凯姆、杜尔凯姆等）发展后日趋成熟。

孔德被认为是社会学这门学科的开山始祖，他在著作《论实证精神》里将社会学定义为一门"旨在以实证的科学方法来研究人类社会的科学"。对于"实证"这个概念，孔德是这样解释的：第一，"实证"意味着现实而不是幻想的；第二，研究目的是有用的而不是无用的；第三，研究是可靠的而不是可疑的；第四，研究结果是确切的而不是含糊的；第五，研究发现是肯定的而不是否定的[①]。在孔德提出实证主义思想以前，人们对社会的思考还大都停留在"神学"或"形而上学"的阶段，所以孔德实证主义命题的提出是社会科学史上的分水岭，从那之后思辨的社会哲学产生分化，当今盛行的各门社会科学纷纷独立出来，社会学即是其中之一[②]。

除对"实证"的概念进行解释之外，孔德还提出了实证主义的主要原则：第一，社会学研究的对象只能是可观察、可检验的经验事实，科学研究的任务旨在精确地找出经验事实之间的关系，努力发现支配事物运动变化的规律，从而做出合理的预测，第二，尽管社会现象变化多端，但社会现象总的来说还是像自然现象一样服从于一些特定的规律。

涂尔干是实证主义方法论的集大成者，他在 1895 年出版的《社会学方法的准则》一书中定义了社会研究方法论的细则："社会学这门学科只有在认识到把社会事实当作实在的物来研究时才能诞生。"[③]在涂尔干看来，社会习俗、信仰和社会制度等现象是外在于个人的客观的社会事实，个人对社会事实的反应就如同物质对外界刺激的反应一样，证明社会事实的存在方法就是"我一去反抗它，它就立即表现出来。如果我企图触犯法律，法律就对我做出反应"，"这类事实由存在于个人之身外，但又

---

① 奥古斯特·孔德：《论实证精神》，商务印书馆，1996。
② 袁方：《社会研究方法教程》，北京大学出版社，1997。
③ 迪尔凯姆：《社会学方法的准则》，商务印书馆，1995。

具有使个人不能不服从的强制力的行为方式、思维方式和感觉方式构成。……这样，它们就构成一个新种，只能用'社会的'一词来修饰它，即可名之为社会事实"①。因此，涂尔干认为对社会现象也可以采用自然科学的方法加以分析和解释。涂尔干的学说发展了孔德的实证主义，他的方法论主张在很长一段时期里成为社会学乃至整个社会科学研究方法的主流。实证主义的社会学"科学建构"依赖于把自然科学作为社会理论构造的模式，并强调社会学的精密性。由于对这种精密性的追求，许多社会学理论以数学和统计方法为主导。这标志着西方社会学研究方法已经从哲学方法论中分离出来，有了相对独立的方法论体系。

　　社会学实证研究的方法论传统不仅仅影响着社会学这一个学科，实际上近100年来对实证主义和定量方法的强调不仅是社会学，而且是整个西方社会科学发展的主要特征，比如经济学的数学模式、计量历史学、政治学和人类学的定量研究都是在这一时期发展起来的。社会科学的实证主义倾向反映了资本主义兴起后科学主义和工业主义的世界观，并得到了新技术革命和自然科学成果的有力促动。甚至在20世纪80年代，西方"社会学的数学化过程是一种科学趋势。社会学家如不懂数学和数理统计方法，已经无法进行研究"②。社会学实证主义方法论发展的巅峰是20世纪60年代的美国，由于技术水平的提高、电话的普及对居民信息的把握，美国社会学界大量利用电话抽样的方式进行问卷调查，了解民意，政府在此基础上制定政策。社会学家甚至利用问卷预测总统选举结果等。

二、社会学的反实证主义研究范式

　　实证主义方法论是社会学发展史上非常重要的一个传统，但是不可否认，在社会学的发展史上还有一个和实证主义背道而驰的研究理路，那就是"反实证主义"传统，亦称为"反自然主义"传统、"人文主义"传统、"现象学"传统等。这些研究方法论差异背后所体现的是哲学观念

---

① 迪尔凯姆：《社会学方法的准则》，商务印书馆，1995，第25页。
② 高树桥：《论统计分析方法在社会学研究中的地位与作用》，《社会科学战线》1981年第4期，第207-213页。

不同。

实证主义和反实证主义方法论思想同样发端于西方的启蒙运动。在法国第一批社会学家孔德、斯宾塞、涂尔干提倡实证主义精神与研究方法的同时，德国的哲学家威廉·狄尔泰（Wilhelm Dilthey，1833－1911）受黑格尔、康德以及歌德这些哲人的影响，明确提出了倡导生命哲学的反实证主义的观点和主张。在狄尔泰之后，德国哲学家文德尔班（Windelband Wilhelm，1848—1915）和李凯尔特（Rickert Heinrich，1863—1936）倡导新康德主义，李凯尔特还对自然科学和社会人文科学做了区分，并对自然科学的模式和实证主义进行了批判。在李凯尔特之后，德国社会学家斐迪南·滕尼斯（Ferdinand Tonnies，1855—1936）将英国经验主义、法国实证主义和德国思辨主义、历史主义和生命哲学结合起来，批判涂尔干把社会看作是外在于人的强制性，认为社会事实必须参照人的意志和态度才能够得到解释，所谓社会的东西都是从人的意志中生发出来，社会是从相互联系的意向及一种共处的意愿中产生出来的。滕尼斯为自己设定的研究任务就是深入这种意志的本质中去。他认为"社会是思想的产物。我们可以从外部来观察人的生活，但只有从内部才能够理解它"。①

在滕尼斯之后，德国社会学家格奥尔格·齐美尔（Georg Simmel，1858—1918）继承了德国历史主义、人文主义的精神传统，认为社会归根到底是人类活动的产物，社会的本质不是实体，而是一种过程，是组成社会的个人之间的某种互动的过程，所以不能不加区分地研究社会行动和自然客体。齐美尔在《社会学的基本问题》一文中，将社会学的知识领域划分为三个层次，即社会学、纯粹社会学和哲学社会学，他认为这三个层次相互关联，共同组成了完整的社会学知识体系，而"理解"是联系哲学社会学和形式社会学之间的纽带。齐美尔认为任何一种类型的活动都是可以"理解"的，理解具有普遍意义。同时，理解的活动为社会学提供了一种反思的工具②。与法国社会学家涂尔干同时代的德国

① 费迪南·滕尼斯：《共同体与社会》，商务印书馆，1999。
② 齐美尔：《社会是如何可能的——齐美尔社会学文选》，广西师范大学出版社，2002。

社会学家马克斯·韦伯，则以一种温和的方式对实证主义进行了批判，韦伯有关"社会行动"的理论著作《社会学的基础》和经验性研究成果《新教伦理与资本主义精神》至今仍是社会学的必读书目。

综上所述，反实证主义方法论和实证主义方法论的根本区别是对于"社会的本质"的认识不同。在对"社会的本质"的认识上，反实证主义社会学方法论认为，社会学与自然科学研究方法的区别至少有三个：第一，社会学研究发生在社会活动的现场，而非人为控制的实验室；第二，社会学的研究对象是作为"研究主体"的一方参加互动，研究者与他们一同实验，而非"指挥"他们的行为；第三，社会学研究者要识别和概括出"典型类型"，并把这种概括结果反馈给研究对象，做进一步修正，而非只依据自然科学实验的排除法，通过排除其他因素干扰而推导出"假设"的正确性。

20 世纪 70 年代以来西方社会学实证主义研究逐渐式微，其中最主要的原因在于作为实证主义传统代表的社会学结构功能主义不能对 20 世纪 60 年代世界各国的社会动荡和社会冲突做出有效解释。社会学实证主义的衰落反映了科学主义和理性主义的危机。二战以后尤其是 20 世纪 80 年代以来，世界各国的社会结构发生了巨大的变化，传统社会学的"实证主义正统共识"对于社会的解释力下降，社会学家们都致力于寻找新的解释概念和分析框架，比较有代表性的有马尔库塞（H. Marcsue）的"单面人"、哈贝马斯（J. Habermas）的"合法性危机"、亚力山大（J. Alexonder）的"计算机文化"等概念，他们都承认技术统治作为意识形态下的现代社会现实，认为对当代社会各种危机的认识需要结合对人类社会的历史境遇和文化世界的理解与洞察，于是以他们为代表，社会学家们开始更多地借鉴哲学和人文科学的方法，特别是释义学、现象学、语言学、文化人类学、语义哲学和认知理论的方法。

在实证主义方法论占据西方社会学主导地位的时期，对实证主义的批判也一直未曾间断，并且产生过很大影响。反实证主义者认为，实证主义方法论的问题在于否认人类社会有着不同于自然界的特殊性，他们认为社会不能分解成个体的简单相加，无法通过对单个个人的观察而了解社会整体，因为人有意识，有自由意志，个人的行为是无规律的，也是无法预测的——所以不能像自然科学那样通过对一个分子的观测就能推测全部物质的属性。其中德国社会学家韦伯（Max Weber，1864—1920）的"理解的社会学"方法论思想最有代表性，他认为"社会学是一门科学，其意图在于对社会行动进行诠释性的理解，并从而对社会行动的过程及结果予以因果性的解释"①，社会现象有其独特的性质和规律，绝不能盲目效仿自然科学方法来研究社会科学，而应确立自己独特的研究方法。因此，韦伯将社会学的任务规定为试图对社会行动做出解释性理解，并由此形成了人文的、理解的社会学研究传统。认为人们应该从日常的、平凡的事物出发，研究人类对社会现象做出的解释以及赋予它们的意义，而不是简单地还原于自然规律的水平。

自韦伯和涂尔干（即埃米尔·迪尔海姆）以后，许多社会学家也看到了社会学方法论上的这种内在的分裂与对立，并试图从各种不同角度来弥补两种方法论取向的不足。在方法论领域的重大进展应该归功于科学哲学家波普尔的"证伪"方法。在波普尔之前，人类知识和科学理论是从对经验事实的归纳得来。波普尔认为归纳过去发生的事情，虽然本身就是探索的过程，但这个过程中产生的理论却是不成熟的，因为单个观察事实足以证伪之前的归纳结论和理论陈述是不完全的。因此，波普尔认为人类知识和理论的前进就是在不断地证伪过程中实现的，他建议应该大胆地、试探性地提出理论，然后加以检验。在这里，波普尔强调了自由想象的重要性，认为研究者应该在发挥自由想象的基础上大胆假设，小心求证。1959年美国社会学家米尔斯在其名著《社会学的想象力》中进一步发挥了这个思想。书中米尔斯评价了社会学研究中三个总体的发展方向，每一个都容易遭扭曲甚至走火入魔，即便是40多年过去了，我们今天似乎仍然没有逃出米尔斯的担心②。

1962年，托马斯·塞缪尔·库恩（Thomas Sammual Kuhn，1922—

---

① 马克斯·韦伯：《社会科学方法论》，华夏出版社，1999。

② 第一个趋势：倾向于一种历史理论。例如在孔德以及马克思、斯宾塞和韦伯那里，社会学是一种百科全书式的尝试，关注人类社会生活的全部……这很容易偏向于使人类历史的材料被强迫套入超越历史的紧身衣，而从这紧身衣中又跑出来对未来的先知性的观点；第二个趋势：倾向于关于人与社会的本质的系统性理论……这太容易成为一种精致而毫无生气的形式主义，对概念的分解和无休止的中心组和成为这样的形式主义努力的中心点；第三个趋势：倾向于对当代社会事实和问题的经验研究……很容易变成对一定环境中各个互不相关也不大重要的事实的罗列。赖特·米尔斯：《社会学的想象力》，生活·读书·新知三联书店，2001。

1996）在《科学革命的结构》中提出"范式"的概念。库恩开篇便讲"范式一改变，这世界本身也随之改变了"。库恩认为每一个科学发展阶段都有特殊的内在结构，而体现这种结构的模型即"范式"（PARADIGM）①。范式通过一个具体的科学理论为范例，表示一个科学发展阶段的模式，如亚里士多德的物理学之于古代科学、托勒密天文学之于中世纪科学、伽利略的动力学之于近代科学的初级阶段、微粒光学之于近代科学的发达时期、爱因斯坦的相对论之于当代科学。范式具有实用主义的倾向，它保证在一个特定的历史时期内某些问题具有特定的解答。社会学家认识到社会学是一门多范式的学科，社会科学方法论是不断发展的，不存在任何凌驾于科学实践之上的放之四海皆准的理论。

　　由以上的简略社会学思想发展历程考察可以看出，社会学方法论层面的争论主要是自然主义与反自然主义争论，他们的核心差异在于社会学研究对象和研究目的分歧：社会研究是探求不以人类意志为转移的普遍规律，还是仅仅概括在社会行动中表现出来的经验规则？在上述分歧的背后，与社会学方法论相对应的更深一层的探究，来自社会学研究方法和社会现实之间的复杂联系。研究方法是技术手段，它可以在科学领域中独立发展，如统计方法、数学方法等，但是将哪些研究手段运用于具体的研究，则取决于方法论倾向和社会需要，这种倾向或社会需要，最终又会对研究方法的发展有很大促进作用。因此，从结构化理论的视角来讲，社会学方法论的发展既受到社会现实的制约，又会改变人们对社会现实的认识。在中国边疆学建构中，如何将自然科学方法与人文释义学方法很好地整合起来，如何在边疆宏观研究与微观研究上将不同的方法协调起来，对于从事中国边疆研究的社会学者来说仍然是一个巨大的挑战，这个挑战来自边疆社会与社会学内部的双重"复杂性"。

三、社会学、人类学、民族学与历史学研究中国边疆的融合

　　中国边疆本身充满异质性和复杂性，这样的现实也说明了对于中国边疆的研究不是一个学科可以胜任的，需要多学科的联手，中国边疆学

---

① 托马斯·库恩：《科学革命的结构》，金吾伦、胡新和译，北京大学出版社，2003。

作为一个新兴的交叉学科便是对现实和理论的复杂性的回应。人类学和民族学尽管在学科划分上与社会学分属不同学科，但是由西方传入中国以后，在中国边疆研究领域存在诸多重合，很多时候难以厘清其中学科的分野，这也是中国边疆研究中一个独特的学术传统。

中国的民族学、人类学研究自 20 世纪 30 年代传入中国，其学术传承与英国人类学中的功能学派一脉相承，主要是从由英国学成归来的费孝通在广西和云南做的一系列少数民族社会调研开始。英国人类学的功能学派以英国的马林诺夫斯基（B. Malinowski，1884—1942）和美国的布朗（A. R. Rodcliffe-Brown，1881-1955）为代表，功能学派认为人类的文化承担着特定的功能，文化的功能是与人类的物质生产和人类自身的生产相联系的，因此构成社会文化的一切因素都是相互联系、相互影响的。在这派理论的引导下，费孝通曾经发展出中国的民族社会学，对中国少数民族进行社会调查，就是民族社会学的研究任务。其实，民族社会学同社会学一样，学科属性和定义都还存在不少争论。但不管如何定义，它的研究对象是中国的少数民族，研究的方法原则跟普通社会学无异。因此，中国的民族研究是社会学与中国边疆研究最早的渊源。

费孝通在《学历自述》中说："我一向认为社会学和社会人类学（亦即我国的民族学）是不应当分的，它们都是研究人类社会的学科，在国外之所以分成两门学科，实在是出于它们的特殊的历史原因，在我们中国没有分科的必要。在我个人来说，我所想进行的民族研究也就是在民族地区进行社会学的研究。"1981 年底，费孝通在一篇题为"民族社会学调查尝试"的演讲中，对我国社会学与民族学密不可分的关系又做了进一步的阐明："民族学主要是搞少数民族地区的社会调查，所以在中国社会学和民族学在学术上分科上说可是合而为一的。"从这个意义上说，这两门学科"合而为一"地有机结合，既是我国国情和多民族"族情"实际需要的必然结果，也是广大民族地区社会经济综合发展的客观需要。学者们从事社会科学研究的目的，用费孝通的话来说，就是"面向中国人民的生活"。综上所述，社会学、民族学和人类学都是着眼于处理现实经验材料的学科，尽管它们的理论侧重点有所不同，但是研究对象和研究方法却是高度重合的。

就学术史而言，中国边疆研究中历史最悠久的传统学科是历史学和历史地理学。历史学的研究是以历史文本为研究对象，与来自现实的经验材料保持一定距离，但是在中国边疆研究中，哪怕是以现实经验为基础的研究也离不开历史的关照，因为离开了中国历史逻辑的中国边疆研究也就失去了现实解释力和学术生命力。中国第一代社会学家吴文藻在引进西方社会学后就一直主张社会学的中国化，对于中国边疆研究中社会学与历史学的关系，他认为："根据实地观察的社会学研究法与根据文献档案的历史研究法，二者是相成的。有重大的科学价值的社会学研究，必须是一个时间上的研究。因为可由观察得到的一切社会现象，总是历史上演变而来的结果。例如我们研究眼前中国某一区内的亲族制度，我们绝不能忽略了这制度在过去数千年来发展的大势，也不能漠视这制度在社区内有关历史地理背景的题材。又如欲实地考察民风礼俗之时，我们必须参考一切有关礼仪习俗的历史文件，以资比较。所以我们认为历史的与功能的两种研究，应该相辅而行。"[1]这一观点在长期从事边疆社会学研究的费孝通先生那里也得到支持，费氏认为，微型社区里进行田野工作的社会人类学者应当尽可能地注重历史背景，最好的方法是和历史学家合作，使社区研究，不论研究是哪层次的社区都须具有时间发展的观点，而不只为将来留下一点历史资料[2]。费孝通先生在20世纪30年代于广西省从事少数民族社会调查时说："边境社区的研究材料本身是认识中国文化的一部分极重要的材料。现在遗留在边境上的非汉族团，他们的文化结构并不是和我们汉族本部文化毫不相关的。他们不但保存着我们历史的人民和文化，而且，即在目前，在族团的接触中相互发生极深刻的影响。这里供给着不单是民族学的材料，亦是社会史的一个门径。至于这些材料对于实际边疆问题的重要性，更不待我们申说了。"[3]费孝通的这段论述说明，民族学、社会学乃至历史学的研究在这

---

① 吴文藻：《〈花篮瑶社会组织〉序言》，载费孝通《六上瑶山》，群言出版社，2015，第140页。

② 费孝通：《重读〈江村经济〉序言》，载费孝通《论人类学与文化自觉》，华夏出版社，2004，第100页。

③ 费孝通：《〈花篮瑶社会组织〉编后记》，载费孝通《六上瑶山》，群言出版社，2015，第130页。

里开始结合了①。费孝通于 1988 年撰写的著名论作《中华民族的多元一体格局》，就是从当代中国民族关系现状和大局出发来探讨中国各民族交融交往的历史过程。这篇文章以当代"民族-国家"的政治理论为参照框架，结合中国各族群的历史情形，阐述了中华民族的形成和发展过程。费氏的这项研究成果是在中国历史逻辑的基础上结合经验现实而进行阐发的最好研究例证。

纵观西方学术史，其实社会学与历史学的关系历来很密切，早期的经典社会学家都十分重视社会现象的历时性，但是后来主流社会学对脱离经验研究的宏观洞察进行了批判②，因此所谓宏观的历时性研究受到那个时期主流社会学研究的排斥，以至于社会学后来发展的理论流派偏重于静态社会结构的剖析，比如结构功能主义只强调系统分析和静态分析，微观社会学派则强调情境分析和语义分析，它们都把社会结构和文化规则当作"既定的"现实，即使有变化，也仅仅是结构的分化和情境（或语境）的差异。它们都忽视了结构变迁和文化变迁所导致的社会基本特征的变化，忽视了社会结构的历史性。20 世纪 80 年代以来，社会学家们重新发现历史，力图在社会研究中超越共时性与历时性的对立，并在两者之间保持一种新的张力，比较著名的是英国社会学家吉登斯的新时空观与"结构化理论"，他主张在不同的时空环境中考察社会结构的产生与再生产。

从历史学的角度来看，近代社会的进步主要体现在历史观的改变，当代的历史学家们认为："历史不是由帝王将相决定的，历史是由人民群众、物质资料生产者决定的。"③法国的著名年鉴学派历史学家布罗代尔（Fernand Braudel）也是从大众生活变迁的视角来透视历史发展的进程。与历史学的这个视角相似，社会学研究当下复杂的现实生活，从纷繁复杂的经验世界中提炼理论认识，力图发现社会变迁的一般规律。在这个

---

① 罗东山：《民族社会学的研究方法与课题》，《中南民族大学学报》（人文社会科学版）1987 年第 4 期，第 85-90+7 页。

② 社会学这项研究转向发生在二战后，主要是二战后世界重建时期，社会学家们面对新世界感到局促，对历史经验所能提供的帮助感到失望。

③ 刘大年：《论康熙》，《历史研究》1961 年第 3 期，第 5-21 页。

意义上，社会学与历史学的研究关怀是重合的。

第四节 社会学研究中国边疆的方法

社会学是一种具有"科学"和"人文"双重性格的学科。[①]社会学的研究方法是为了解释当代社会生活中存在的现象，并获取对社会现象和社会过程意义的理解。社会学的研究方法众多，任何单一的方法都不足以全面、有效地研究中国的边疆。其实作为研究工具的研究方法在某种程度上依附于研究问题，即研究方法的选择取决于问题，研究者需要根据研究问题选择合适的研究方法。而研究问题表达的是时代之声，时代不同则研究问题不同。因此如何客观认识边疆社会，如何准确把握边疆社会的发展，是社会学选取研究中国边疆的方法的依据。

一、社会学收集经验资料的方法

对中国边疆社会的现实经验世界进行描述、分析、解释和预测是社会学研究边疆的重点。社会学的研究要求研究者进入具体的情境中，运用社会学的研究实践，把经验世界转换成一系列的概念化表象，例如定性研究的概念表象有个案研究、个人经验、内省、生活史、访谈、器物、文化文本及产品、观察文本、历史文本、互动文本和视觉文本等等[②]，概念化表象的呈现形式可以是田野笔记、对话、照片、录音、便笺，最近十几年的技术进步使得大量的文字材料转化为数字，从而可以进行大规模的定量研究。当前，随着中国社会的发展，社会生活变得前所未有的丰富，因此社会学研究的素材也变得日益庞杂，研究方法跟随时代的进步而有新的发展，除了传统的参与观察、深度访谈、专题小组访谈之外，会话、交谈、电视、广播、档案、日记、叙事、自传等社会过程中自然产生的素材，甚至社会学理论本身也开始进入定性分析的视野当中。所

---

① 费孝通：《试谈扩展社会学的传统界限》，《思想战线》2004 年第 5 期，第 1-9 页。

② Denzin, Norman K.& Yvonna S. Lincoln 2000," Introduction: The Discipline and Practice ofQualitative Research." In N. K. Denzin& Y. S. Lincoln(eds.), Handbook of QualitativeResearch. Thousand Oaks, Calif.:Sage Publications.

有这些资料，不仅可以以文本的格式存储，而且新型的多媒体介质如图像、声音和视频，作为原始的分析素材也日益成为研究的新宠。

（一）定性研究方法（质性研究）

定性研究的英文是 Qualitive Research，有时候也会翻译成质的研究、质化研究、质性研究等。很多场合下定性研究被认为等同于质的研究，但是有些学者认为，所谓的定性研究和质的研究之间还是有区别的，虽然它们的英文叫法一样。"定性研究"是一个比较宽泛的概念，"定性研究"与"质的研究"有类似之处，例如都强调对意义的理解和解释，但又有很大不同。简单说来，"质的研究"更加强调研究的过程性、情境性和具体性，而"定性研究"比较倾向研究的结论性、抽象性、概括性[①]。本章将它们等同视之。

定性研究方法是对应定量研究方法提出的。两种不同的研究方法对应不同的方法论取向：实证主义取向和人文主义取向。这两种取向的争论从社会学诞生之初就开始了，并且贯穿社会学学科发展的整个历程。定性研究的主旨就是掌握并设法理解当事人对事件的主观意义及建构，并且为把握个人的主观意义及经验，展现、了解并理解当事人生活的背景，从这个意义讲，定性研究可以称之为脉络、描述或解释性研究，"是产生描述性资料的研究"[②]。定性研究强调被研究者的视野及整体主义的研究思路，基本思维架构有两个：一是透过被研究者的眼睛看世界，按照定性研究的立场，"社会实在"建基于生活在那一"社会实在"中人的个别经验及感受，任何一个"社会实在"已经过当事人的解释，所以研究者只有掌握被研究者个人的解释，才能明了其行事的动机；二是整体主义观点，定性研究在了解事件及行为时，强调借助对事件整体背景的了解去解释事件，倾向于将事件放在其发生场景或网络中，对事件发生始末做通盘整体的了解，定性研究者相信资料只有坐落在其社会及历史网络中才有意义，也才能被了解。

定性研究因其研究的特点而多采取开放而富有弹性的研究策略，将

---

① 陈向明：《质的研究方法与社会科学研究》，教育科学出版社，2000。
② 黄瑞琴：《质的教育研究法》，台湾心理出版社有限公司，1999。

研究过程中发现问题、收集资料、分析等环节交叉循环进行。在研究的具体方法上，定性研究特别强调描述的方法和归纳的方法。（1）描述的方法。定性研究中，通常采用描述的方法将研究场景完整呈现。详细的描述提供了事件及情景发生的背景，有助于研究者了解研究主体的解释，并能为读者提供评价研究者分析与解释的资料。（2）归纳的方法。定性研究通常是探索性、发现式的，为了避免将既定的价值加诸被研究者身上，在研究起始一般不预设理论架构或假设，研究发现均来自田野工作的经验及资料。田野工作所收集的资料经由分析判断渐渐提升浮现而形成主题，然后再由主题次第综合形成概念。

1. 参与观察法

参与观察是社会学、人类学和民族学研究者进入当地社会的大门，是开启深度访谈的前奏。所谓参与观察就是社会学家（人类学家、民族志者等）在被访者日常生活的一切活动（私密的个人情感活动除外）中身历其境，或者作为被访者生活的旁观者，如在各种仪式中；或者在被访者生活中扮演一个角色，如在家务事、各类劳作和宴会上等情景中，观察并研究被访者的一切行为方式。具体来讲在中国边疆进行田野研究工作，研究人员须赴田野参与观察当地人的一切行为方式（包括生产、生活和仪式等）。在此过程中要学习当地语言，或者借助翻译和凭借自己学到的语言与当地人进行交谈。同时，社会学家的田野调研也包括查阅各级政府的档案室和图书馆保存的文献和少量的器物，以及视频材料。

学术意义上的参与观察来自人类学研究中的"田野工作"（field work）。在人类学作为一门独立学科出现之前，没有真正学术研究意义上的"参与观察"。西方人类学的先驱是航海家、冒险家、旅行家、殖民者、传教士，他们随着地理大发现涌入美洲、大洋洲、非洲等地，后来的研究者从他们留下的传记、见闻、通讯、日记中研究当地社会，这些社会被人类学家们当作与西方社会迥异的"新世界"进行研究。因此，探险家们的记录资料被作为研究当地社会的原始资料得以保存和流传。比较有名的是德国最早的进化学派人类学家巴斯蒂安，他在旅行中度过生命的近三分之一，著有《民族学研究和资料的收集》。还有美国人类学家摩尔根，他被塞内卡部落氏族接纳为养子，长期生活在该部落中，发表了世界上关于印第安人的第一部著作《易洛魁联盟》。

真正使得参与观察作为一个专门研究方法而走入学术殿堂的人，是19世纪末到20世纪初的英国人类学家马林诺夫斯基，是他革命性地开创了人类学田野工作新局面。后代的学者认为在他之前人类学的研究主要是"沙发中的人类学"。马林诺夫斯基强调深入、长期地同被观察者住在一起，观察他们的生活，是他的学术主张使参与观察成为田野工作的主要方法。马林诺夫斯基在初步兰群岛（Trabriand Islands）前后三次调查，一共用了六年时间，做到了完全的参与观察。参与观察要求研究者成为被调查的社会中的一员，完全"卷入"他们的生活气氛中，与他们交往，做到无话不说，无所顾虑。

严格地讲，社会学的调查研究尽管跟人类学和民族学有诸多相同之处，但是并不冠以"田野调研"之名，"民族学方法论收集资料的主要手段是观察，社会学采用的民族学方法主要是实地调查法"。①社会学的实地研究方法来源于人类学家研究非本族文化和相对原始的部落群体的田野工作方法，但是研究对象是本土社会和文化。社会学实地研究大规模兴起于二战后，尤其是20世纪70年代以来，随着二战以后城市化进程的加速，西方社会学家将实地研究方法大量用于研究城市非常规居民的生活，比如城市的流浪汉、贫民、黑人等下层群体，比较有代表性的是美国芝加哥学派所做的一系列研究。费孝通对自己家乡的研究《江村经济》，也是社会学和人类学中的经典案例。总体来讲，尽管研究方法的名称不同，但是田野工作和实地研究并没有本质区别。

其实19世纪西方社会也有大量的研究成果是来自于对自身社会的参与观察，尽管并没有冠以"田野研究"之名，最著名的当属恩格斯的著作《英国工人阶级状况》。恩格斯在该书中记述的就是他于1842—1843年在英国曼彻斯特的纺织厂、针织厂、铁器厂与工人一起生活、共同参加宪章运动，并从中收集到的有关资料。恩格斯的《英国工人阶级状况》一书的副标题是"根据亲身观察和可靠材料"，他在序言中特别说明，书中的材料都是"在二十一个月内从亲身的观察和亲身的交往中"得来的，

---

① 肯尼斯·D.贝利：《现代社会研究方法》，许真译，上海人民出版社，1986。

包括"我看到、听到和读到的"。此外，恩格斯的游记《从巴黎到伯尔尼》中记述的就是他在 1848 年穿越法国中部四十多天的考察结果。马克思青年时代根据自己在摩塞尔沿岸地区对于酿造葡萄酒的农民状况的观察，写下《摩塞尔记者的辩护》一文，尖锐地抨击普鲁士的社会政治制度。从上面案例可知，其实参与观察并不是学院学术研究的专利，它本身就是理解社会的一条重要方法和途径。

2. 访谈法

在现实的研究过程中，访谈法与观察法很难截然分开，在实际调研过程中两种方法必然是高度重合的，只是侧重点不同。访谈法最大的特点是简单易行，随时随地可以进行。在社会学研究的学院派以外，中国近现代社会对于调查研究工作并不陌生，尤其是在革命战争年代，中国共产党在根据地进行了大量的社会调查研究工作，毛泽东同志的名言"没有调查，就没有发言权"家喻户晓，他亲自主持的《兴国调查》《才溪乡调查》《长冈乡调查》等中国基层社会调查，为中国共产党制定正确的革命方针和社会政策提供了依据，同时也是中国学术界进行调查研究的榜样。在没有现代统计技术的年代，毛泽东的社会调查大量运用了观察法和访谈法，并在此基础上得出了对中国社会的基本认识，可见方法并没有"先进"与否之分，只要方法适合就能得出正确的认识。

访谈法根据访谈对象的不同，分为"个体访谈法"和针对多人同时进行的"焦点小组访谈"。"焦点小组访谈"是社会科学定性研究中经常使用的方法，它起源于社会学，也就是俗称的"召开座谈会"。对"焦点小组访谈"的定义有很多不同的说法，但是这些定义之间并没有本质差异，一般是指"一种圆桌讨论会议，通常是由 6—12 个人聚到一起，在一个主持人的引导下对某一主题进行深入讨论。其目的在于了解和理解人们对于某一主题的看法以及影响这一看法的背后原因"①。

在具体研究过程中，究竟是采用个体访谈还是进行小组访谈，要根据研究人员调查的目的、研究的主题以及调查的客观条件而定。整体来讲，小组访谈与个体访谈相比较而言具有一定的优势：1. 小组访谈节省

① 臧晔：《定性研究焦点小组方法发展历程追溯与探究》，《广告大观理论版》2006 年第 3 期，第 86 页。

研究经费。小组访谈可以在既定时间内访谈多人，尽管从小组访谈获得信息的深度可能不及个别访谈，但熟练的访谈者仍然可获得相当多的信息，从而对所研究的问题有较好的理解；2. 小组访谈过程中，被访者可减少拘谨，有利于意见表达。当然有时也有相反的情况，比如小组访谈过程中有些人可能不敢表达自己真实的想法，具体视研究内容而定；3. 小组访谈所获得的信息可能更准确可靠，因为发言者在小组中会倾向于使自己的发言尽量减少差错，因为谎言会被当即拆穿，不实言论也会流传出去。

访谈法是一种最古老、最普遍的收集资料的方法，访问的过程实际上是访问者与被访问者面对面的互动过程，访问资料正是这种社会互动的产物。[1]访谈法按照对访问过程的控制程度，分为结构式访谈和无结构式访谈。无结构访谈是访谈之前不预先制定问卷、表格和提问程序，只是由调查者和被调查者就访谈题目自由交谈。其最大的特点是弹性大，能充分发挥访问者和被访问者的积极性，能使访问者对问题做深入全面的了解，所以无结构式访问的过程不仅是调查问题的过程，同时也是研究问题的过程，不仅是资料收集的过程，也是评价解释资料的过程[2]。

3. 历史文献法

利用历史文献进行研究是中国人文科学的传统，因为中国拥有世界上最丰富而且是连贯记载的历史著作。近代以来，有大量的社会学家利用历史资料对社会结构变迁进行研究，比较著名的是法国历史学家布罗代尔（F. Braudel，1902—1985），他在研究 15 到 18 世纪物质文明、经济和资本主义时，特别注重从最基层的日常生活结构的变化入手，不厌其烦地从各种琐碎的关于衣食住行的资料中发掘那些人们所不经意的东西，并认为这样才能真正揭示市场经济和资本主义的起源。

社会学家利用历史资料进行研究与历史学家不同，尤其是处理和利用历史资料，有两种情况。第一是把历史资料作为二手资料使用，比如把已发表的历史著作作为进行社会学调查和分析的基础。在这种研究方

---

① 参见袁方：《社会研究方法教程》，北京大学出版社，1997。
② 参见袁方：《社会研究方法教程》，北京大学出版社，1997。

式中，历史专著变成了一个在更广阔的理论与比较框架中进行分析的原始资料。比较著名的代表作如摩尔（Barrington Moore）的《民主与专制的社会起源》（1966）、安德森（P. Anderson）的《从远古到封建制》（1974）和《专制国家的历史沿革》（1974）、沃勒斯坦（I. Wallerstein）的《现代世界体系》（1974）等。尽管这种有选择地利用证据和重视描述而不重视命题论述的倾向经常受到学界的批评，但是这种研究方法的优点也很明显，即可以在历史深处阐明有关社会发展的更广阔的理论。一个奇特的现象是上述这些学者既被认为是社会学家，也被认为是历史学家。因此从这个角度看，两个学科之间的分野并不在于处理的是历史资料还是现实材料。

社会学家利用历史资料进行研究的第二种方法是把历史资料作为原始资料使用。有许多社会学家采用历史学家的方法，将文献材料作为原始的研究资料，但是社会学家和历史学家一样，也面临着如何选择资料、如何判断原始资料的代表性和可信度等问题。

社会学研究所采用的历史文献，既包括官方的记载，也包括非官方的记载，最近几十年兴起了一种有价值的方法即口述史，系统地收集人们对过去某事件的回忆，以弄清某一特殊问题并为未来的社会历史学家建立档案，其中早期有代表性的作品是汤普森（P. Thompson）的《爱德华七世时代》（1975）。中国也兴起了专门的口述史访谈，比如"屯垦口述史""三线建设口述史"等。口述资料作为历史学的研究资料而言，可信度是最低的。但是社会学研究口述史的出发点跟历史学家不同，社会学研究口述史是力图整理出背后社会变迁的轨迹，而不是将口述资料作为历史资料去佐证什么。

4. 影视人类学法

影视人类学进入研究领域是非常晚近的事情，主要是由于技术所限。影视人类学最早出现于 20 世纪 60 年代的西方社会，其源于英文"Visual Anthropology"，又被翻译为视觉人类学，它的产生与发展有赖于影视技术的发展与革新。随着录影设备的大众化和低成本，影视人类学最近十几年大规模发展起来。

关于影视人类学的定义一直存在着争议，因为这门学科结合了多个领域，其理论研究和实践都处在不断变化和修正之中。影视人类学理论限定在人类学理论的框架下，属于人类学的分支学科，同时又与影视学有着一定的关联，因此是一门交叉学科，从字面上大致可以定义为：影视人类学是一门以电影、电视和摄影等影像手段表现人类学内容的工具性学科。从人类学的角度讲，影视人类学方法是以影像与影视手段表现人类学原理，记录、展示和诠释一个族群的文化或尝试建立比较文化的学科。从民族社会学的角度来说，影视人类学方法可以辅助田野调查顺利完成，通过运用先进的影像技术手段客观真实地记录反映一定的社会现象，是宝贵的第一手田野调查资料。

比起传统的实地调查方法，影视人类学方法的优势在于能够形象、生动、客观和真实地反映田野调查时的情景，同时它还能将调查的内容以艺术的形式展示出来，不但能够快速直观地呈现当时调查的情形和周围的环境，还具有很强的保存价值。同时它也存在着一定的缺陷，例如拍摄的仪器不易随身携带、拍摄需要一定的人力物力、拍摄后要经过一定的影视后期制作才能达到预想的目的等不方便因素[1]。

在中国边疆研究中，影视人类学具有独特的优势，通过录影录像手段可以将边疆少数民族地区的人文风俗真实客观地呈现出来，受众不仅仅限于学术圈，因此比之文本书写有大众化传播的优势。对中国的人类学、民族学事业来说，由国家科研机构在边疆少数民族进行的田野调查，为国家的少数民族事务提供了丰富的实证资料和重要的智力支持，在田野调查中拍摄的民族志影片，开创了中国影视人类学的先声，这是中国人类学、民族学界在当时的条件下取得的最好的学术成果，是一笔十分宝贵的学术财富。[2]

（二）定量研究方法（抽样调查法）

社会学在欧洲兴起以后，先是以解释社会的理论社会学面目呈现于世。理论社会学与经验研究的正式"联姻"是由法国社会学家涂尔干开始的，其著作《自杀论》中的研究便是理论与经验研究结合的典范，至

---

① 谢思佳：《影视人类学的方法在民族社会学田野调查中的应用——以拍摄打馕人一天的工作为例》，《新西部》（理论版）2014 年第 10 期，第 114+116 页。

② 郝时远：《"中国田野"中的人类学与民族学》，《民族研究》2009 年第 5 期，第 1-11+107 页。

今仍是实证研究的最好范本。涂尔干以后，将经验研究制度化的工作则是在美国完成的。二战以后，社会学的研究中心从欧洲转向美国，芝加哥大学对美国本土社会问题进行了大量的实地研究，正是在研究过程中，社会学理论和经验研究的方法由过去传统的方法，如参与观察、个案研究、文献资料法、访谈法等定性分析，逐渐转变为利用现代数理统计方法和电子计算机等先进技术手段进行定量的、模型化的分析方法。

社会学经验研究的定量化、模型化自 20 世纪 60 年代开始在美国兴起，后来成为美国社会学界的研究风气。从著名社会学家布劳和邓肯开始，相续有霍曼斯、科林斯、西蒙、兰德等人用数理方法进行社会学经验研究并取得相当可观的成就。20 世纪 70 年代以来，在美国社会学界，从各级学术刊物发表和出版的学术论文、专著到博士、硕士等学位论文，几乎无一不包括量化、模型化分析的内容。有的社会学家甚至提出，不仅在社会学经验研究的方法方面，而且在理论的构造方面都要实现定量化、模型化，无怪乎美国社会学家艾尔·巴比称"问卷是社会调查的支柱"，而英国社会学家莫泽则说"十项社会调查中就有九项是采用问卷进行的"。

抽样调查技术运用的载体是问卷调查法，具体讲就是将调查内容列成调查提纲，并在提纲中的各类问题后面列出各种可能的答案，然后将这些调查提纲发放给被调查者，让他们选择其中的有关答案以表明自己的态度。比较早的问卷调查是马克思设计的《工人调查表》，这份调查表将工人的社会活动、劳动、生活等情况分为四个部分近一百个问题，称得上是一份详尽的调查问卷。

改革开放以后，中国学术界也运用抽样问卷调查在边疆进行了大量的实地研究，取得了丰硕的成果，比较有代表性的是 1985 年北京大学社会学与人类学研究所进行的"边区课题"，该课题组在内蒙古赤峰进行大规模抽样调查，共访问 41 个自然村的 2000 多户蒙、汉族农牧民，重点研究了人口迁移和民族关系。在人口迁移方面着重研究移民的迁移过程和他们与本地居民的融合程度。在民族关系方面着重研究了语言使用、居住格局、社交条件、民族通婚及蒙汉居民收入差距等问题。1987 年，课题组进行了第二次赤峰调查，调查的对象是翁农特旗的 6 个建制镇，抽样 1300 户。同年课题组还在新疆开展了人口迁移与民族关系方面的调查，在维吾尔族集中居住的南疆和吐鲁番、哈萨克族居住的北疆伊宁地区和汉族生态建设兵团的总部石河子，共抽样调查 1500 户[①]。

近些年来，学界组织了若干大型的边疆民族调查，比较有代表性的有中国社会科学院民族研究所主持开展的"中国少数民族现状与发展调查研究"，该调查以县（市、旗）为单位，对全国范围内具有代表性的十余个少数民族进行了全面深入的调查研究，其中也包括了很多量化调查资料。还有云南大学开展的"跨世纪云南民族调查"，既采用了传统的民族学实地调查方法，也采用了社会学的抽样调查方法。这两项较重大的研究课题，为在民族学调查中引进抽样调查的方法，积累了开拓性的实践经验。此外，一些民族学专业的博士生在他们的学位论文中，也结合课题的实际，有意识地采用抽样调查法，并精心设计了问卷表格，取得了成功。[②]

抽样调查在成功运用后似乎形成了一个公式：问卷调查=定量研究=科学研究。其实抽样调查作为一项技术产生于现代的美国社会，其背景是现代都市化社会生活，抽样调查意味着被访者要有较高的文化素质、语义认同能力等，抽样调查的进行要有保障隐私权等社会发展条件。此外，抛开以上抽样调查的客观限制不谈，抽样调查方法在面对复杂、多变的社会现象时，难免陷入表面性及机械性的泥潭。因此，抽样问卷法仅仅是社会学诸种调查研究方法之一，在大型的社会调查研究项目中，还必须借助于访谈法、文献调查法、观察法等方法，否定和夸大任何一种方法都是不可取的。

二、社会学分析经验材料的方法

社会学分析和处理经验材料，根据所获得的资料的不同而采取不同分析方法，大致可以分为历史分析法、抽象归纳法、比较分析法和统计

---

① 马戎：《专题研究进展：边区与少数民族地区发展研究》，陆学艺主编《中国社会学年鉴》，中国大百科全书出版社，1989—1993，第 229-238 页。
② 祁庆富：《民族学调查应引进社会学抽样调查方法》，《民族研究》2002 年第 5 期，第 38-39 页。

分析法。尽管这些分析方法之间有很大的差异，但是方法背后的方法论都是一样的"求同"和"求异"。所谓"求同"就是指在众多资料中即寻找社会发展的一般规律；所谓"求异"就是指在对比资料的过程中发现差异，并对其进行深入分析和研究，以解释背后的因果。"求同"和"求异"两种思路最终都是以解释和预测社会运行为目的。

（一）质性材料的分析法

所谓质性材料是相对于量化材料而言，一般是指通过访谈法、观察法以及历史文献收集到的材料。这些质性材料的分析方法与量化材料很不一样，主要有以下几种：

1. 历史分析法

历史分析法主要运用于处理历史材料。社会学运用历史方法是通过研究以往的社会现象和社会过程，以便确定今天的社会状况和社会事件的根源和先驱，从而揭示今天社会事件的性质。这就是说，在现代的社会生活中的现象毫无疑问地会有这样或那样的过去渊源，如果能成功地揭示它们的历史根源，我们就能更好地解释这些现象发生的历史根源。

2. 类型比较法

类型比较法属于逻辑学上的归纳法，即从经验材料中提炼理论的方法。类型比较法是把一个复杂的社会现象按照它表现出来的不同属性分为若干类型，然后逐一考察其有关内容，综合它们相同的部分和相异的特征，并深入到事物的内部去寻找产生这些不同的原因，以此来把握此事物区别于其他事物的内在规定。

在社会学研究中，通过分类和对比来认识社会事物是重要的研究手段。类型比较法是一种传统的研究方法，马克思和恩格斯用唯物辩证法的认识规律改造了这一方法，使这种方法成为马克思主义研究中的得力工具。现在，它仍然是社会科学特别是社会学理论研究中的重要的方法之一。马克思研究各种社会现象，总是尽量穷尽所有的资料，并加以反复比较："研究必须充分地占有材料，分析它的各种发展形式，探寻这些形式的内在联系。"①对于分类研究方法，列宁则有许多独到的贡献。他

① 马克思著，中共马克思恩格斯列宁斯大林著作编译局译：《资本论》第一卷第二版，跋，人民出版社，2004，第21页。

说不会区分现象的类型的社会学家是毫无用处的。分类不是一个简单的技术问题，而是一个理论和方法。通过分类比较的方法，我们把各种不同的、然而或多或少地是属于同一类型的社会现象和社会过程拿来加以比较，以便能够确定它们之间的差别和共同点，这是科学地解释人们的社会行为的一种手段。

类型比较法是从个别认识整体的基本方法，在 20 世纪中国社会学研究中扮演了重要角色。费孝通从事的社会学研究就是"用比较方法把中国农村的各种类型一个一个地描述出来"，他始终相信"通过类型比较法是有可能从个别逐渐接近整体的"。费氏在《云南三村》的研究就是在使用类型比较法的典型案例，他认为"这个方法我至今认为是有价值的，但是也已经看到它的不足"。

（二）定量资料的统计分析法

定量研究（Quantitative Research）又称量化研究，是一种运用统计技术考察事物量的规律性，从而把握事物性质的一种研究方法，其着眼点在于用数量关系揭示事物的根本特征，从而使不确定的、模糊的社会现象变得相对确定和明晰。

定性分析和定量分析分别侧重于事物的质和量两个方面，两者所用的方法不同，背后体现的方法论也不同。定性研究是从个体到总体的研究模式，而定量研究则是从一套假定的前提出发进行严格的推理，是从命题到结果的研究。定量研究的前提是假设性的，以既有模式作为范型来测定现实的事例，推测它会出现的结果。在处理众多的可变因素的动态关系时需要大量的计算，只有利用电子计算机才能进行，所以相应地发展为数理社会学。①定量分析必须以定性分析为前提，定性分析与定量分析都是研究者应用来进行寻找社会变化规律的手段，都是从具体复杂的现象中抽象出概念的一种概括。用统计方法来计量社会现象和社会过程，揭示它们之间的一定关系，并通过概括这些关系来确定它们的性质、动态和静态，以及所观察的社会现象和

① 费孝通：《应用压倒理论——〈访美掠影〉之一》，《读书》1979 年第 9 期，第 126-129 页。

社会过程的意义。[①]

定量分析法是研究具有数量关系的事物之间范围和等级的方法，马克思在研究资本主义的社会现象的过程中，非常重视定量分析，并特别强调数学在社会科学研究中的作用，其《人口、犯罪率和赤贫现象》《铁路统计资料》等都是定量分析的范本。早期的定量分析法比较简单，分析的材料来自抽样调查获得的数据，分析方法包括人口统计学方法、利克特量表法、随机模型以及邓肯等人的"路径分析"（1966）、伯特的"社会网络分析"（1980）等。

社会学定量研究的分析材料除了数据材料以外，逐步发展出对于定性研究素材的定量分析法，如内容分析、话语分析、修辞分析、符号学（semiotics）、叙事分析（narrative analysis）方法等，把计算机统计技术应用于定性分析领域。所有这些研究的一个共同特征是把定性研究方法向更加系统、更加精确、更加严格、更加形式化的方向推进。[②]这其中以默多克的跨文化比较研究最为经典，他在 1949 年出版的《社会结构》一书中以全世界 250 个社会的民族志资料为基础，抽出居住形式、继嗣规则和婚姻形态等要素，采用定量统计分析方法对这些要素间的相关关系进行分析，列出了 87 个相关关系表，计算了外婚制母系继嗣与亲属称谓这两个变量和 Q 相关系数和 $X2$ 检定值，以此来验证他所提出的与外婚制母系继嗣制度相联系的有关亲属称谓的一个假设[③]。

第五节 社会学研究中国边疆：在中国边疆的泥土中发现边疆

民国时期，中国正在建设现代意义上的民族国家，爱国学者纷纷从对中国民族的实地考察来论述中国的民族概念。社会学家和人类学家从田野调查的角度来阐释中国民族的构成。因此，在那个特殊的历史时期

---

① 约热·戈鲁查尔、王爱珠：《社会学的分类和研究的基本方法》，《社会》1982 年第 2 期，第 63-64 页。

② 沈崇麟：《社会研究方法的新发展——应用社会学前沿问题综述》，《社会科学管理与评论》2008 年第 1 期，第 77-83 页。

③ 包智明：《定量方法在人类学调查研究中的应用》，《民族研究》2002 年第 5 期，第 54 页。

造就了社会学、人类学和民族学研究中国边疆的方法、问题意识乃至理论,现在回顾那个时期学术前辈的作品,很难截然划分其学科属性,这个研究传统一直延续到今天,中国边疆研究领域很难单独采用某一学科的研究手段。所以,今天在谈及社会学研究边疆的理路时,如果将人类学和民族学剔除在外很难窥其全貌。比如,费孝通在英国学习人类学,他利用人类学的方法对广西花篮瑶进行了研究,考察了汉族移民进入瑶族社会后的改变,然而在具体分析层面上将美国社会学中的社区研究方法与英国人类学中的人类学研究方法富有想象力地在中国民族边疆研究问题上结合起来,[①]从而开创了人类学研究历史上新的篇章,这是比较典型的中国社会学早期的研究实践,也是中国社会学从事边疆研究的开端。那个时代社会学与中国边疆研究就这么重叠在一起了。

社会学传入中国以后,第一代社会学家即从事实际的社会调查。李景汉是近代中国社会调查的典范实践者,他一生做了大量的社会调查,运用个案法、抽样法等对中国的都市与乡村进行广泛和深入的调查。李景汉被认为是社会调查派的代表人物,他主持了"北京洋车夫调查""北京劳工调查""北京郊区居民生活调查""定县调查"等,出版了《北京郊外之乡村家庭》《社会调查方法》《定县社会概况调查》《定县秧歌选》《定县经济调查》《定县须知》《中国农民问题》《社会调查》《北京郊区乡村家庭生活调查札记》等一系列调查报告。陈达以云南环湖户籍示范区人口普查资料为主,撰写的《现代中国人口》于 1946 年 7 发表,在美国最有影响的社会学杂志——芝加哥大学的《美国社会学杂志》上。关于民国时期社会调查的规模,1936 年燕京大学社会学系的刘育仁在题为《中国社会调查运动》的学士学位论文中做了估计,他依据各种期刊和报纸的目录索引,统计 1927—1935 年间的社会调查数量为 9027 次[②]。

抗日战争爆发后,很多大学和研究机构转移到"大后方"云南、四川等地。这些地区都有一些少数民族聚居区,因此这一时期有不少著名学者在西南地区开展少数民族调查研究,如吴泽霖先生开展的贵州苗族

---

① 田耕:《人文、生态与社区——重读帕克〈城市〉》,《社会发展研究》2016 年第 3 期。

② 吕文浩:《民国社会学家视野中的"社会调查派"》,中国社会科学院近代史研究所青年学术论坛(2007 年卷),2007。

研究、杨成志先生在滇中和滇东开展的彝族研究、江应樑先生和李景汉先生对傣族的研究、柯象峰先生对西康社会的调查等[①]。西南边疆作为抗战大后方，在战争期间开展了一系列调查研究工作，主要包括云南大学社会学研究室进行的农村和工厂调查和华西大学进行的边疆地区少数民族的研究，其中较有代表性的还是云南大学社会学研究室的工作。这个研究室是以吴文藻倡导的"社区研究"为中心而开展调查研究工作的，参加工作的先后有田汝康、张之毅、史国禄、谷苞、李有义、胡庆钧等十余人。田汝康对"芒市边民"的研究、林耀华对"凉山夷家"的研究、许烺光对大理"两镇"的研究等，与西南地区的少数民族社会都有十分直接的关联[②]。他们对云南农村和工厂的调查研究形成了系列著作：《禄村农田》（费孝通）、《易村手工业》（张之毅）、《玉村农业与商业》（张之毅）、《昆厂劳工》（史国禄）、《芒市边民的摆》（田汝康）、《内地女工的研究》（田汝康）、《战时的乡村社区政治》（蒋旨昂）。另外在西北地区，还有李安宅先生对拉卜楞寺的著名调查。这些学者都有在欧美学习社会学、人类学的学术背景，他们西学功底深厚且相互之间交流密切，他们的成就也因此受到国内外学者的广泛赞誉，被国际社会学界誉为"中国学派"，他们的工作为建国后的"民族识别"工作奠定了知识基础。

新中国成立以后，国家组织学界开展了大规模的"摸清家底"的民族地区社会调查，参与调查的不仅有社会学家，还有历史学家。老一辈历史学家深入少数民族地区，搜集到极为丰富的社会、历史资料，通过实地调查研究了解到我国各少数民族地区的社会发展和社会结构。他们通过实地调查研究，发现大部分少数民族和汉族地区的社会发展水平基本相同或比较接近，一部分少数民族地区的社会发展水平还很落后，比如藏族、傣族、凉山彝族等少数民族地区还保留着农奴制度；几个人口很少的民族还处于原始公社末期或存有原始公社的残余。正是在这样大规模社会调查基础上，揭示出中国这个多民族国家的历史全貌，对于社会发展史的研究有重要意义。[③]

---

① 潘乃谷、王铭铭：《重归"魁阁"》，社会科学文献出版社，2005，第 78 页。
② 潘乃谷、王铭铭：《重归"魁阁"》，社会科学文献出版社，2005，第 74-75 页。
③ 刘大年：《新中国的历史科学》，《历史研究》1962 年第 2 期，第 1-5 页。

改革开放以后，国家战略发展的重点转向经济建设。在国家"七五"计划（1986—1990）期间，费先生主持了国家级重大科研课题《边区开发和少数民族发展》，费氏指出："1984年开始作出我研究工作重点的转移：从沿海转边区到内地，从东南移到西北，从农村小城镇转到民族地区。"①后来他在我国广大边疆地区进行了系统的田野考察，费氏将这些调查报告结集成册，出版了《行行重行行》一书，其中包括《赤峰篇》《包头篇》《甘南行》《临夏行》《话说呼伦贝尔》《阿拉善之行》等一系列边疆调研文章，讨论边疆地区和少数民族的发展问题。社会学在对边疆社会的具体研究中采用多种研究手段，注意点和面的结合。以《中国社会学年鉴》所载录的《边区与少数民族地区发展研究》中的西藏调查为例，一次边疆民族地区调查的全过程包括：第一，利用全自治区的人口普查资料和统计资料，以取得一个宏观但比较粗略的印象；第二，采用社会学抽样调查的办法，在3个地区的400多个乡中抽50个乡进行入户调查，问卷内容根据研究专题设计，超出政府统计的范围；第三，采用人类学的社区调查的方法，选择典型社区进行长期蹲点调查，以详细了解社区成员的生产、生活和相互关系，用日常生活中的体验和感觉来把握研究对象。从以上三个层面所得到的知识可以相互印证，相互补充②。

纵观社会学研究中国边疆的各类方法，尽管之间的差异巨大，但是社会学追寻的边疆问题却一以贯之，社会学之问始终未变，在不同的时代又有新的内涵：中国边疆社会的构建基础是什么？其构建形态或者说社会结构是什么？中国边疆社会变迁的轨迹是怎样的？边疆治理的历史逻辑何在？边疆治理的现实基础是什么？社会学对中国边疆社会的观察和研究，不仅仅构成中国边疆学重要的学术视野来源，也是管窥中国社会变迁和中国发展道路的途径。

---

① 费孝通：《边区民族社会经济发展思考》，《北京大学学报》（哲学社会科学版）1993年第1期，第12-20+129页。

② 马戎：《专题研究进展：边区与少数民族地区发展研究》，陆学艺主编《中国社会学年鉴》，中国大百科全书出版社，1989-1993，第229-238页。

第二章　跨越历史与地理的区隔：中国边疆学的理论幅度

中国是活着的世界四大文明古国，所谓"活着的"，意思是当前中国的疆域与历史上古代中国的地理疆域是大致相当的，中华文明始终充满勃然生机。中国这样独特的历史和地理规模是今天中国边疆学构建的基础和前提，即中国边疆学的理论幅度要足够大，必须要能够对中国历史和地理规模里的边疆有足够的解释力度。中国边疆学构建的最大难度便在于此，理论总有解释的边界，理论的难度取决于要解释的世界的大小，理论的幅度必须要与其解释的对象规模相当，否则现实是不能接受理论的紧身衣的。中国边疆学的前身是边疆史地研究，其在过去两个世纪的发展中逐步形成了中国古代疆域史、中国近代边界沿革史、中国边疆治理史三大板块。中国边疆学的研究范围逐步突破了原有的边疆史地研究的范围，将中国边疆历史与现状相结合。中国边疆学如何自由地穿梭在漫长的历史和中国庞大的地理疆域之间，这是必须迎接的挑战。

第一节　西方对中国历史边疆的解读谬误

西方世界理解今天的中国边疆是困难的，理解历史上的中国边疆同样是困难的。因为西方的理论来自西方的历史经验，其与中国历史经验的差距过大。西方世界一直以西方中心主义的逻辑和西方近代民族国家理论来解读中国的历史，完全不能理解中国统一多民族国家的存在，继而从理论上对中国进行解构①。无论按照西方的"民族国家"理论，还是"帝国"理论来解释，都必然肢解中国历史的完整性。比较有代表性的是20世纪上半叶英美的学者，诸如拉铁摩尔（E. Lattimore）认为中国由"中国本部"和中国边疆构成，所谓的中国本部面积为150万平方公里，人口4—5亿。②按照拉氏的理论来解释的话，那么由满族建立的清朝不是中国。他认为那些中国本部的边缘地带"汉人虽然可以控制，却永远不能使这些地区与汉地合为一体"③。最近40多年来西方兴起的所谓"新清史"也在这个理论框架中。按照西方的民族国家（Nation-State）概念，中国是个帝国，是汉人主导的国家，其他族群则是内部殖民对象。这里的错误是将汉族人与古代中国的其他民族对立起来，将中国与汉族的活动区域等同，这与中国历史事实不符。④面对西方的理论谬论，中国边疆学迫切需要一个理论或者知识体系，可以解释完整意义的历史中国边疆和今日中国边疆，从而可以回应今天中国边疆所呈现的各种问题。

从中国的历史经验看，在中国两千多年的王朝历史进程中，尽管历经朝代更迭，但是每个问鼎中原的中央王权都存在着超越具体王朝的对于中国的认同，并不因为主政族群的更迭而改变。这个历史现象不是近代的西方理论所能解释的。在今天的世界地图上已经找不到苏美尔人、腓尼基人、基什人建立的国家，埃及作为国家的名字还存在，但已经不是历史上的埃及人了，现在的希腊也是19世纪从奥斯曼土耳其帝国独立出来的国家。近一百年里世界上的古老帝国都四分五裂了，比如奥匈帝国和奥斯曼帝国在第一次世界大战之后就分裂成很多民族国家，冷战结束以来我们目睹了苏联的分崩离析、南斯拉夫的解体、捷克斯洛伐克分裂为捷克与斯洛伐克两个国家，直至现在发达国家也有英国的苏格兰问题、加拿大的魁北克问题等。中国历史上的很多时期也有多个政权同

---

① 参见葛兆光：《重建关于"中国"的历史论述——从民族国家中拯救历史，还是在历史中理解民族国家？》，刘凤云、刘文鹏编：《清朝的国家认同："新清史"研究与争鸣》，中国人民大学出版社，2010，第245-266页。

② 拉铁摩尔：《中国的亚洲内陆边疆》，唐晓峰译，江苏人民出版社，2005，第7页。

③ 拉铁摩尔：《中国的亚洲内陆边疆》，唐晓峰译，江苏人民出版社，2005，第109页。

④ 李大龙：《自然凝聚，碰撞底定：中国疆域形成与发展轨迹的理论解读》，载李大龙：《政权与族群：中国边疆学基础理论研究》，人民出版社，2021。

时存在的局面，比如三国时代、南北朝时代、五代十国时代等①，如果换成任何其他文明都很难再恢复统一。但是王朝中国即便是非汉族群的政治集团主政仍然保持了中国历史的连续性，比如与明朝并立的北元政权，也声称自己是"中国"的继承人，甚至以手握元朝传国玺而炫耀自己比明朝更具有正统性。中国成为黑格尔所谓世界史中"例外的例外"。

再比如元朝的帝国命名，根据《元史·世祖纪四·建国号诰》记载，1271年，忽必烈认为蒙古概念过于地方化，就把蒙古帝国改名为"大元"，取《易经·乾卦·象传》中"大哉乾元，万物资始，乃统天。云行雨施，品物流形。大明终始，六位时成，时乘六龙以御天"的乾元之义。"元"的意义在《国朝文类·经世大典序录·帝号》也记载："元者也，大也。大不足以尽之，而谓之元者，大之至也。"元朝之后明朝的国号也明确表达了它对元朝和自身历史政治地位的延续性。明朝国号显然是来自"大哉乾元"的下一句"大明终始"，以显示明朝接续元朝执掌"中国"的合法性，同时肯定了元代在"中国"历史上的"正统"地位。这就是为什么历史上由非汉族群执掌中央王权的元朝和清朝，在当时乃至后世也都被承认为合法的中华王朝②。这就可以有力地批驳西方一批研究中国边疆的学者将中国历史上仅汉族所建王朝称为"中国"，非汉人所建王朝称为"异民族统治中国"的谬说③。中国有着与世界其他文明不同的、独特的秩序和逻辑，这样的独特性使得美西方历史学家对于中国历史上中央王权与边疆地区的关系很难正确理解，甚至存在极大的误解，比如费正清解读中国王朝时代中央与偏远边疆之间关系的时候，将其认定为中国人与周围地区"非中国人"的关系，带有中国中心主义和中国优越的色彩④。

---

① 相关论述参见葛剑雄：《统一与分裂——中国历史的启示》（增订版），中华书局，2008。

② 元朝和清朝在中国的正统性上也被质疑，其中的一个疑点便是元清二朝的皇帝都保留草原部落大汗的身份，这里笔者认同这样的解释，即这种双重统治身份是为了得到两种传统的支持的理想选择，具体论证过程参见赵汀阳：《慧此中国》，中信出版社，2016，第83-90页。

③ 这方面比较有代表性的论述是拉铁摩尔：《中国的亚洲内陆边疆》，唐晓峰译，江苏人民出版社，2010。巴菲尔德：《危险的边疆：游牧帝国与中国》，袁剑译，江苏人民出版社，2011。狄宇宙：《古代中国与其强邻：东亚历史上游牧力量的兴起》，贺严、高书文译，中国社会科学出版社，2013。

④ 参见费正清：《中国的世界秩序》，中国社会科学出版社，2010，第42页。

第二节　历史中国边疆与中央秩序的制度及底层逻辑

美国学者本尼迪克特·安德森把民族或民族国家视为"一种想象的共同体"。必须承认人们对国家或者民族带有想象的成分，但是更为重要的是国家内部有稳定的秩序，秩序是想象的来源和基础。实际上中国的形成是因为有族群凝聚和融合的粘合剂[①]，王朝中国主政的政治集团用一套制度体系来统合地理规模巨大且充满异质性的边疆，同时边疆的个体也认可和遵守这套制度体系，这套制度体系很好地解决了王朝中国内部的边疆亚文化和亚群体与主流文化和群体之间的冲突，甚至超越朝代的更迭，在历代王朝中都能够扩展成为政治、社会、文化的制度。

一、王朝国家内部边疆秩序生产的制度

从隋唐开始的科举制度维持了 1300 多年，是王朝中国最基本的政治-文化发生机制，科举制度使得边疆和其他地区建立起持久的内在联系，使边疆地区保持对国家的认同感。科举制度是隋文帝的创举，之后又经唐太宗完善并推广，在历朝历代一直延续而用。"学而优则仕"是科举制度的核心要义，即读书好的人就可以入朝为官，从而掌握政治资源。科举制度使得最高政治资源在理论上变成所有人的，是一项不论族群身份和出身都可以共同参与的博弈，"朝为田舍郎，暮登天子堂"是平民百姓实现"中国梦"路径的真实写照，因为科举制度理论上讲对所有人实现社会阶层晋升的机会是均等的。

科举制度对于内部边疆秩序的深层次意义是和平地分配政治资源。王朝中国边疆地区与中央之间要处理的核心问题是如何摆平各方面的生存利益和发展利益问题，其中的核心利益是政治资源的掌握，因为政治资源拥有对自然资源的合法处置权，而自然资源对于农耕经济时代的生存发展至关重要。科举制度将边疆地区不同政治集团对政治资源的抢夺转化成国家内部的政治问题。边疆地区的政治集团能够利用科举制度获

---

① 李大龙：《从"天下"到"中国"：多民族国家疆域理论解构》，人民出版社，2015，第341页。

取政治资源是代价最小而收益最大的选择，远比通过暴力的手段容易得多。

科举制度维持国家内部的边疆秩序还体现在其维持了国家精英系统的再生产。科举考试使得边疆地区的个体有公平的上升渠道，科举制度符合现代博弈论的群体利益最大化原则，即参与这项制度是所有人未经事先商量而不约而同的最优利益选择①，因而边疆地区对于科举制度以及其附带的文教和官僚体系具有亲近感，而这种亲近感并不是武力推广的结果，是所有人理性的选择。

科举制度在维持国家精英生产之外还使得边疆社会发生了"礼教下移"，即平民都有接受教育的权利。个体要想在科举中取得好成绩就必须熟悉并掌握儒家经典，因此儒家的文化教化也随之进入边疆地区，围绕着"修齐治平"建立起的一套生活体系成为人生理想与生活实践。历史上王朝中国的非汉族群主政以后皆实行科举制度，比如西夏是党项藏族，西夏王朝追封孔子为皇帝。元朝蒙古族则追封孔子为王，清朝满族则追封孔子为先师。元朝以下《四书》上升到与《五经》同等重要的地位，朱熹的《四书章句集注》成为科举取士之教材标准，元朝将程朱理学定为科举考试的标准答案②。

二、国家内部"多赢"而非"零和博弈"的规则

王朝中国边疆地区对于中国的认同与对所在族群的历史与传统的认同是同时存在的。这在理论上貌似矛盾，在历史中却是长期存在的，这是因为王朝中国内部边疆秩序的生产不是中央王权单向的建构行动，而是既有中央王权自上而下推动边疆地区对于中央的归属，也有自下而上的边疆个体或者群体建构自己的中国认同和身份。按照赵汀阳的解释③，中华文明在哲学层面奉行相互性（reciporocity）原理，即一个世界必须处于"治"的状态，否则世界中的所有东西就都会因失其本位而相互冲突乃至相互消解，在政治层面即如果中央王权没有给国家内部包括边疆

---

① 托马斯·谢林：《冲突的战略》，华夏出版社，2011，第 48 页。
② 姚大力：《蒙古帝国分封制的原型与元王朝的国家构建》，《历史地理》2013 年第 1 期。
③ 赵汀阳：《天下体系：世界制度哲学导论》，江苏教育出版社，2005，第 119 页。

带来任何好处，那他最终会失去所赢得的一切，也就是说王朝中国内部边疆与中央王权之间的关系不是零和博弈，而是互利共赢的关系，这可以很好地解释王朝更迭，不论何族群拥有中央王权并不发生边疆之间的排斥行为，而任何族群主政中国后都是继续国家大一统的格局。比如满族主政的清朝，雍正帝在《大义迷觉录》中特别论述道："况明继元而有天下，明太祖即元之子民也。以纲常伦纪言之，岂能逃篡窃之罪？至于我朝之于明，则邻国耳。且明之天下丧于流贼之手，是时边患肆起，倭寇骚动，流贼之有名目者，不可胜数。……我朝统一万方，削平群寇，出薄海内外之人于汤火之中，而登之衽席之上。是我朝之有造于中国者大矣，至矣！"

中国是历史的建构。历史上中国的版图时有盈缩，边疆地区在历史进程中参与到中国的秩序体系中，最终在漫长的历史过程中形成你中有我、我中有你、不分你我的中国。中国自秦汉以来形成的大一统国家从来都是边疆与中原诸多族群的混合体，比如秦和汉为汉族与东夷、西戎、南蛮、北狄之混合体；隋唐为汉族与匈奴、乌桓、鲜卑、氐、羌、巴氐之混合体，由唐至宋为汉族与高丽、百济、突厥、铁勒、沙陀、党项、吐谷浑、吐蕃、奚、契丹之混合体，明为汉族与女真、蒙古之混合体。[1]历史上有边疆族群不畏艰险回归中国的案例，比如漠北喀尔喀蒙古遭遇噶尔丹攻击时，不投地理相近的俄罗斯而举族内迁中国。漠西蒙古族的土尔扈特部不远万里从俄罗斯伏尔加河下游回归中国。其背后的逻辑就是中国的国家总体利益与边疆族群成员的利益总是一致的，因此任何一个成员没有反对另一个成员的积极性。[2]而中国作为大一统所体现的共同利益的力量，使得边疆与中国内部呈现出一荣俱荣、一损俱损的博弈局面，边疆自觉维护中国的大一统也是维护边疆自身的利益。

三、中国"多元""无外"的政治价值原则

任何国家都有理念，理念的背后就是一套价值原则，不同的价值原

---

[1] 王桐龄：《中国民族史》，江西教育出版社，2018，序言。
[2] 赵汀阳：《天下体系：世界制度哲学导论》，江苏教育出版社，2005，第69页。

则造成了不同国家之间的差异。中国政治价值的原则是"多元"和"无外"。

首先，中国政治价值原则并以"多元"容纳广阔的边疆，最终成为一体。老子《道德经·四十二章》说道："道生一，一生二，二生三，三生万物。"因此中国哲学观念强调多样性是一体性的基本前提，没有多样性则没有世界，所有的一体性皆是由多样性所生成。因此在中华文明的世界观里面，多样性是一体性存在的前提条件。"多元"与"一体"的关系结构是互为必要条件，即没有"多元"就没有"一体"，同时没有"一体"也就没有"多元"。这里怎么理解"多元"必须跟"一体"在一起，因为多样性必须是在某种总框架（一体）的控制中才是多样性，失控的多样性就只不过是混乱①；同时一体中必然包涵多元，否则一体就是虚假一体。这里需要解释的是中国价值观中所包含的"多元"与"一体"，并不是现代西方语境中的"多元论"和"普遍主义"。西方哲学思想上的普遍主义中内含了他者，从而具有推广和征服的意味。自上古时代开始的王朝中国，历史上从没有出现过政教合一的中央王权，既没有宗教精神世界中的他者，内部也从没有排除异端或者他者的制度。

其次，中国政治价值原则的第二个原则是"无外"。中国早在秦汉时代的政治统治便达到极大的规模，这里的规模不仅仅指地理疆域和人口，还包括文化单元的规模，诸多边疆的族群、政治和文化存在都包括在内。因此，中国在秦汉时代的国家治理就考虑要以什么原则来治理边疆不同的文化单元才可以维持良好的国家秩序，这也是秦汉以来中央王权的核心政治议题。中国作为巨型的政治共同体必须有极好的兼容能力，同时具有极大的开放性，方能使边疆诸多族群和文化单元协调共存。中国古代的历史学家将此价值原则概括为"无外"，比如司马光《资治通鉴·卷二十七·汉纪十九》引荀悦曰："春秋之义，王者无外，欲一于天下也。"再比如蔡邕《独断·卷上》也说道："天子无外，以天下为家。"还有司马迁的《史记·卷八·高祖本纪》也说："天子以四海为家。""无外"的极致状态便是没有政治边界，因此用"国家"这个词汇来概括中国漫长

---

① 赵汀阳：《天下体系：世界制度哲学导论》，江苏教育出版社，2005，第6页。

历史中的政治和文化形态是不完备的，①也无法解释中国历史上出现过几个政权同时存在的局面。

中国价值原则的"无外"认为边疆并不是"他者"和要征服的异端，在中华文明脉络中从未出现过"异教徒"这样的对立势力②，中央王权需要处理和化解的问题是不同边疆族群认同于"天下"大一统的伟大理想③。在"无外"原则下，中央王权统治范围里所谓"外服"与"内服"间的关系仅仅代表了亲疏不同。比如西汉初年，南粤属于蛮夷，而长沙属于半蛮夷。这里就可以看出华裔之间的区分仅仅代表地理的远近。内服是王畿之地，是天子直接管辖的千里之地，外服④即诸侯领地，围绕着王畿按照五百里一圈的比例向外推开⑤。同样距离中原遥远的其他夷、狄等族群对于中原汉族而言，其意义只是陌生的、遥远的，但不是对立的和需要征服的。因此华夷之间并没有明确固定的界限。"无外"原则还包容所有的文化冲突，比如历史上中国并不是汉文化单方向推广到边疆，汉文化中心也曾经大规模地引进其他文化，至少有胡服骑射、佛教等，最后达到诸多文化相互融合，为中华文明注入生命力。

第三节　空间区隔：中国边疆学要面对中国巨大的地理疆域规模

中国边疆大概是世界上最复杂的边疆，因此中国边疆学理论必须能够解释和覆盖中国边疆的复杂性问题，这是中国边疆学不同于其他研究中国边疆的学科的独特性。中国边疆的复杂性来源于其巨大的地理规模，这也是中国边疆与世界上其他国家的边疆最为显著的区别。因此中国边疆学的构建，其理论幅度必须与中国边疆地理的"大规模"尺度相匹配，

---

① 赵汀阳将王朝时期的中国解释为一个内含天下结构的国家，成功地化解了今天民族国家概念下的中国与王朝中国之间的巨大张力。参见赵汀阳：《慧此中国》，中信出版集团，2016，第 12 页。

② 盛洪：《为万世开太平》，北京大学出版社，1999，第 113-122 页。

③ 黄朴民：《王者无外：中国古代国家统一战略研究》，岳麓书社，2013，第 19 页。

④ 《国语·周语上》曰："夫先王之制，邦内甸服，邦外侯服，侯卫宾服，夷蛮要服，戎狄荒服。"此类表述还出现在《尚书·禹贡》《尚书·酒诰》等地方。

⑤ 《周礼·夏官·大司马》曰："方千里曰国畿，其外方五百里曰侯畿，又其外方五百里曰甸畿，又其外方五百里曰男畿，又其外方五百里曰采畿，又其外方五百里曰卫畿，又其外方五百里曰蛮畿，又其外方五百里曰夷畿，又其外方五百里曰镇畿，尤其外方五百里曰番畿。"

这样才能正确地理解中国边疆的问题。理论构建的难度取决于其要解释的世界的大小，因为理论总有解释的边界。中国边疆的地理空间大尺度，意味着中国边疆学理论构建的难度。长期以来，地理规模尺度作为学术意义上的中国边疆的研究视角并不十分明显，一方面是囿于勘测技术和地理知识；另一方面从边疆治理的角度看，地理规模带来的挑战可以通过治理方式解决。古代中国中央政权实施直接治理的范围其实是有限的，对于广阔地域的藩部和边疆地区则是采用间接治理的方式。地理规模所带来的边疆治理困难今天却凸显出来，中国边疆的巨大地理规模同时意味着文化和民族的多样性，地理规模的巨大也导致近代以来边疆和其他地区经济发展和政治发展方向的不一致，比如近代中国经济上的发展方向是"由边向内"，但是政治上是"由内向边"①。中国边疆学理论对中国地理疆域巨大规模带来的治理挑战的回应，是中国边疆学实现学术自觉的路径。

毋庸置疑，中国广阔的边疆区域在国家稳定发展大局中具有重要的战略地位，而现实是边疆地区的社会经济发展相对于中心和东部沿海区域长期滞后。边疆地区发展滞后是由多种因素造成的，除去历史的因素之外，地理和自然气候对边疆与中心区域形成的物理上的空间区隔，使得信息、人才等资源与其他地区交流困难，这造成了中国边疆的区域性贫困。目前中国的贫困人口大多数居住在若干特定自然地理环境地区，这些地区大多地处边疆，远离社会经济中心，自然条件不利于生产和经营活动，因此某种程度上空间的区隔成为边疆地区自主发展难以逾越的藩篱，同时"空间区隔"这道藩篱造成边疆地区无法依靠内生的力量谋取发展，中央政府的政策和资金是边疆地区发展的驱动，是打破"空间区隔"的外部力量，也是边疆治理的重要手段。

一、中国边疆社会经济差异的自然地理和气候成因

中国是一个地域辽阔的大陆型国家，从东到西长 5200 公里，东西跨经度 60 多度，5 个时区。自南往北长 5500 公里，最北端在黑龙江省漠

---

① 张永帅：《以空间视角解析近代中国经济变迁》，《中国社会科学报》2018 年 2 月 7 日，第 4 版。

河以北的黑龙江主航道中心线上（北纬 53 度），最南端在南海的南沙群岛中的曾母暗沙（北纬 4 度），南北跨越的纬度近 50 度。中国在自然地理方面几乎涵盖了所有地理特征：海洋、高原、雪山、沙漠和平原……无一缺漏。中国自然地理的多样性也在一定程度上满足了中国古人对"天下"的想象。同时，中国不仅仅地区之间的自然地理差异巨大，而且社会经济发展和人口的分布也极不平衡，从中心区域的"熙熙攘攘""车水马龙"，到边疆的"大漠孤烟直""千里无鸡鸣"不一而足。近代随着科学技术的发展进步，科学家通过对中国社会人口分布数字的度量，才将中国地理版图中巨大的社会经济差异呈现出来。1935 年地理学家胡焕庸发表了题为《中国人口之分布》的论文，第一次以定量分析的研究指出中国人口分布不平衡的特点。他根据 1933 年的中国人口分布图和人口密度图，提出了著名的黑龙江瑷珲-云南腾冲人口地理分界线，也叫"瑷珲-腾冲线"（或作"爱辉-腾冲线""黑河-腾冲线"）或者"胡焕庸线"。他指出："自黑龙江之瑷珲，向西南作一直线，至云南之腾冲为止，分全国为东南与西北两部：此东南部之面积，计四百万（平）方公里，约占全国总面积之百分之三十六；西北部之面积，计七百万（平）方公里，约占全国总面积之六十四。惟人口之分布，则东南部计四万万四千万，约占总人口之百分之九十六；西北部之人口，仅一千八百万，约占全国总人口之百分之四。"[①] 1987 年，胡焕庸又根据 1982 年人口普查数据，再次对这一人口分界线进行计算："东半部面积占目前全国的 42.9%，西半部面积占全国的 57.1%……在这条分界线以东的地区，居住着全国人口的 94.4%；而西半部人口仅占全国人口的 5.6%。"[②] 也就是说，这一分界线两侧的人口比例在半个世纪间仅有 1.6 个百分点的变化。2000 年第五次全国人口普查发现，"胡焕庸线"两侧的人口分布比例，与 70 年前相差不到 2%，但是"胡焕庸线"东南生存的人已经远不是当年的 4.3 亿人，而是 12.2 亿人。由此可见，我国东西部地区人口增长是同步的，1960年以来中国人口分布的地理格局并未发生大的改变。[③]

---

① 胡焕庸：《胡焕庸人口地理选集》，中国财政经济出版社，1990，第 49 页。
② 胡焕庸：《胡焕庸人口地理选集》，中国财政经济出版社，1990，第 49 页。
③ 葛美玲、封志明：《基于 GIS 的中国 2000 年人口之分布格局研究——兼与胡焕庸 1935 年之研究对比》，《人口研究》2008 年第 1 期，第 51-57 页。

　　从"胡焕庸线"在近一个世纪以来的稳定性来看，由自然地理所造成的人口数量分布的区隔力量非常大，那么自然地理和气候的差异一定会造成区域之间发展的区隔吗？是什么力量形成了边疆－中心的空间区隔？历史地看，由自然地理和气候决定的农业生产力水平的不同，是造成农耕时代区域差异的主要原因。随着科学技术的进步，科学家发现 400 毫米年等降水量线①是我国半湿润区和半干旱区的分界线，而该线与"胡焕庸线"基本重合。其代表的地理意义有：季风区与非季风区的分界线、东部季风区与西北干旱半干旱区的分界线、半湿润和半干旱地区的分界线、农耕区和畜牧区的分界线、森林和草原的分界线、北方地区和西北地区的分界线、温带大陆性气候和温带季风气候的分界线。自然科学界的研究证明，年降水量的差异对由于土地涵养所造成的人口密度的差异有很大的解释力。同时，科学还证明年降水量不足 400 毫米时土地便向荒漠化发展，新疆大部分地区和内蒙古西部地区、甘肃北部地区，人口密度极低，其发展经济、集聚人口的功能也较弱。年降水量在 400 毫米以上的东南部地区，由于降水充沛，地理、气候与西北部地区迥异，适宜农耕经济和大范围的人口聚集，因此现代工业在东部地区发展好于西部地区，也就不言而喻。

　　自然地理条件的约束造成的区域性生产方式的差异，在农耕时代直接决定了区域的人口容量，这也是农业社会由自然地理决定人口社会发展的经济学逻辑。因此从经济和社会发展的视角来重新审视"胡焕庸线"，可以理解"胡焕庸线"不仅仅是一条中国人口密度分布界线，更深层的意义在于这条线是中国版图中的自然地理刚性约束线，这条刚性约束线意味着虽然中国拥有 960 万平方公里的大陆国土面积，但自农业文明以来直至近现代的工业化大生产活动，真正适合人类从事大规模的工业和农业活动的空间，却只是"胡焕庸线"以东的 300 多万平方公里。2014年 11 月 27 日，国务院总理李克强来到国家博物馆参观人居科学研究展，指着中国地图上的"胡焕庸线"说，中国 94%的人口居住在东部 43%的

---

　　① 400 毫米年等降水量线，也叫 400 毫米等雨线，这条线大致是沿大兴安岭—张家口—兰州—拉萨一线，最后到喜马拉雅山东部。此线以东年降水量一般在 400 毫米以上，为半湿润地区，此线以西年降水量一般在 400 毫米以下，为半干旱地区。

土地上，要研究如何打破这个规律，统筹规划、协调发展，让中西部百姓在家门口也能分享现代化。很多媒体据此归结为"李克强之问"[①]。"胡焕庸线"西北半壁几乎全是干旱半干旱地区和青藏高原高寒区，这种自然地理格局对人类社会的经济活动影响巨大，并在很大程度上决定了"胡焕庸线"的稳定性。目前在人类所掌握的技术条件下从事需要大规模人口聚集的产业，逾越这条刚性约束界限需要付出很高的代价，因此短期来看并不具有经济理性。

"胡焕庸线"对中国地理版图中人口分布格局的约束，从农耕时代一直持续到今天的大规模工业生产时代，自然地理的阻隔使得生产资料和新技术在区域之间的交流变得困难，人口密度直接导致了文化传播的困难。因此，从中国边疆与民族的视角来审视，"胡焕庸线"不仅仅是中国地貌区域的分界线，还是中原文化转换的分割线以及汉族与少数民族的分界线。在国家民族事务委员会所界定的民族八省区[②]中，只有广西和贵州位于"胡焕庸线"的东半壁，其他六省区几乎全部位于该线的西半壁。在中国漫长的王朝历史中，"胡焕庸线"与中原王朝控制疆域的边界线大部分重合，这样的边疆地理格局一直持续到今天。在"胡焕庸线"西北包括内蒙古、黑龙江、云南、西藏、甘肃、新疆6个边疆省区的全部或者大部分，中国目前的边疆九省区[③]中，只有 3 个边疆省区（辽宁、吉林、广西）处于"胡焕庸线"东部。因此"胡焕庸线"不仅仅从地理上分割了边疆与中心，更是从社会和文化上将边疆与中心分为不同的区域，从而形成了社会、文化、经济等各方面的区隔。

二、自然地理气候格局何以成为边疆的空间区隔

在中国大陆版图中，边疆与中心存在着自然、社会、文化方面的空间区隔，同时大量的统计数据表明，边疆与中心经济发展水平的差异同

---

① 《李克强之问："胡焕庸线"怎么破?》，人民网，2014 年 11 月 28 日，http://politics.people.com.cn/n/2014/1128/c1001−26113082.html。

② 我国少数民族八省区包括内蒙古自治区、宁夏回族自治区、新疆维吾尔自治区、西藏自治区和广西壮族自治区五大少数民族自治区和少数民族分布集中的贵州、云南和青海三省。

③ 中国的边疆九省区的界定依据是《中华人民共和国陆地国界法》。

样巨大。边疆地区整体的经济水平落后于中心地区，而且中国的贫困人口大多数居住在边疆地区。根据国家统计局的数据，2011—2015年边疆九省区①人均地区生产总值分别是：3.25万元、3.65万元、3.99万元、4.25万元、4.32万元，而同期其他22个省市的人均地区生产总值则为4.22万元、4.61万元、5.04万元、5.41万元、5.71万元。②尽管边疆省区的经济一直在稳步增长，但是仍然落后于其他地区。

　　我国现有的贫困人口中有相当大的一部分人口居住在边疆民族地区。2015年，国家统计局对全国31个省（自治区、直辖市）16万户农村居民家庭进行抽样调查，结果显示按人均年收入2300元的国家农村扶贫标准测算，2015年民族八省区农村贫困人口为1813万人，占全国农村贫困人口的32.5%；贫困发生率为12.1%，比全国（5.7%）高6.4个百分点。2010—2015年，民族八省区农村贫困人口占全国的比重保持在30%以上，而同期八省区农村人口占全国的比重为17%左右。③这8个民族省区的地区生产总值占全国的10%左右，国土面积占全国58%左右，人口占14%。在民族八省区中，有6个省区是边疆地区。由于自然地理、生态环境、历史进程、民族文化、经济区位等原因，少数民族聚居区和边疆地区与贫困人口分布呈现空间上的高度重合，此处以民族8省区的贫困人口数据来理解边疆地区的贫困问题具有历史和现实的合理性。另外一组数据也支持以上论断：将中国健康与营养调查数据分为东部、中部、西部三个区域，东部地区的贫困人口比例32.40%，为三个区域中最低；西部地区贫困人口比例最高，为45.65%；中部地区贫困人口比例为37.85%，处于三者中间位置。中西部地区的贫困家庭比例明显高于东部地区④，并且从东向西呈现梯度发展。

　　从贫困人口的地理分布来看，《中国统计年鉴2014》数据显示2014

---

　　① 这里中国边疆九省区包括有陆地边界线的省区，分别是辽宁省、吉林省、黑龙江省、内蒙古自治区、甘肃省、新疆维吾尔自治区、西藏自治区、云南省、广西壮族自治区，并没有包括海疆省份。

　　② 数据来自历年《中国统计年鉴》。

　　③《去年民族八省区农村减贫357万人》，人民网，2015年4月16日 http://politics.people.com.cn/n/2015/0416/c70731-26852707.html。

　　④ 孙菲、王文举：《中国农村贫困成因区域差异性研究》，《贵州民族研究》2017年第6期，第25-29页。

年中国东、中、西部地区的贫困人口数分别为 586 万人、2831 万人和 3600 万人，且以"胡焕庸线"沿线的山地丘陵区集中分布为主："胡焕庸线"的西北部、东南部贫困人口比重分别为 16.4%、83.6%。①西北半壁的 6 个省区（内蒙古、新疆、甘肃、青海、西藏、宁夏）2013 年财政自给率仅仅为 25%。②

中国贫困地区在空间分布上呈现与边疆地区高度耦合的特征。贫困地区特别是集中连片特殊困难地区发展相对滞后，扶贫开发任务仍十分艰巨，是国家扶贫开发的重点。③中国的贫困人口主要集中分布在若干自然条件极为恶劣的地区，尤其是边疆地区，如西南的喀斯特地区（云南、广西和贵州）和交通闭塞的高寒山区（西藏）、西北的黄土高原地区和荒漠化地区（新疆、甘肃和内蒙古西部）等。虽然这些地区随着中国总体国力的提升，生活水平得到很大改善，但是并没有同一些东部贫困地区一样，在这一过程中成功摆脱贫困。究其原因，空间区隔是主要的障碍。空间区隔是如何造成边疆贫困的？主要原因有以下四个。

（一） 边疆地区的自然禀赋对生产的限制

就全国范围看，区域之间经济结构的分布是不平衡的，我国的农业劳动力大部分集中在中西部和广大边疆地区，以从事初级农业和畜牧业为主。农牧业生产对于自然资源的依赖度非常高，因此自然资源对当地的经济发展至关重要。边疆地区的经济落后很大程度上是由自然条件的限制造成的，比如众所周知的西藏的高海拔、新疆的水资源限制等，还包括一些峡谷高山高寒地带、荒漠化地带和黄土高原等。此外，初级农牧业也极易受自然环境波动的影响，比如新疆作为干旱区，水资源对农村贫困的影响是最大的，自然科学的研究表明，新疆边境县（市）年降水量和亩均可用水量每增加 1 个百分点，农村贫困率就会分别降低 0.762

---

① 刘彦随、周扬、刘继来：《中国农村贫困化地域分异特征及其精准扶贫策略》，《中国科学院院刊》2016 年第 3 期，第 269-278 页。

② 陆大道、王铮、封志明等：《关于"胡焕庸线能否突破"的学术争鸣》，《地理研究》2016 年第 5 期，第 805-824 页。

③ 中华人民共和国中央人民政府：《中共中央 国务院印发〈中国农村扶贫开发纲要（2011—2020年）〉》，中华人民共和国中央人民政府网站，https://www.gov.cn/gongbao/content/2011/content_2020905.htm。

个和 0.917 个百分点。同时自然灾害对初级农牧业的影响也十分明显，研究显示，新疆边境县市受灾面积比重每增加 1 个百分点，贫困率就增加 0.815 个百分点。[1]另外边疆地区恶劣的生存条件导致几乎不可能依靠自身的力量来实现技术进步，从而达到摆脱贫困的目标。[2]这些边疆地区依靠本土资源脱贫的难度极大。

（二）边疆地区自然资源开发的现实悖论

我国自《国民经济和社会发展第十一个五年规划》始实施主体功能区规划及主体功能区差异化发展的政策，不同的主体功能区有不同的开发限制。边疆地区在我国承担着生态屏障作用，很多边疆地带都属于限制开发区或者禁止开发区。比如云南是我国四大重点林区之一，林地面积占全省土地面积的 61.34%，森林覆盖率近 50%，生态区位十分重要。云南省有公益林 1.858 亿亩，其中国家重点公益林 1.1878 亿亩、地方公益林 6702 万亩，占云南省土地面积的 50%。[3]云南承担着我国长江流域、珠江流域国土安全生态屏障的功能，许多林地被列入各种各样的保护林，不能砍伐，资源和生态补偿机制不到位造成农民守着青山绿水贫困的现象。当地居民赖以生存的森林资源无法继续砍伐，又没有可替代的脱贫致富的生计，由此造成新的贫困人口。

（三）边疆地区的基础设施建设落后于全国平均水平

中国广大边疆地区的地形地貌复杂，同时远离经济中心，基础设施投资建设的成本很高，基础设施建设包括水利、电力、交通、通信等设施，边疆地区自身没有足够的财力投资建设基础设施，国家投入的资金有限，因此整体基础设施的建设相对落后。2010 年底全国有 1200 个乡镇、12 万个建制村不通沥青（水泥）路，其中 90% 集中在西部地区和边远贫困地区。[4]边疆尤其是边境地区的基础设施情况更是落后，2013 年底全国还有 99 个边境县未通高速公路，6000 多个自然村未通公路，247

---

[1] 欧海燕、黄国勇：《自然地理环境贫困效应实证分析——基于空间贫困理论视角》，《安徽农业大学学报》（社会科学版）2015 年第 1 期，第 13-19 页。

[2] 程厚思：《生存环境、技术进步与区域贫困》，《中国农村观察》1997 年第 4 期，第 3-8 页。

[3] 陈正才、陈启航：《云南明年投入 3 亿元实施生态补偿》，国家林业和草原局政府网，2008 年 9 月 23 日，http://www.forestry.gov.cn/portal/main/s/102/content－249259.html。

[4] 林红梅：《我国"十二五"期间将加强"富民兴边"交通建设》，中央人民政府网站，2011 年 2 月 22 日，http://www.gov.cn/jrzg/2011－02/22/content_1808038.htm。

万人饮用水不安全。①交通等基础设施的欠缺进一步推高了当地商品的运输成本，这限制了边疆地区商品在市场中的竞争力。

（四）边疆的地理自然屏障阻隔文化和信息的交流

自然地理屏障造成了边疆地区的相对封闭，封闭的自然地理环境保存了边疆少数民族独特的文化和传统，以及相应的生活方式，这些都是中华民族宝贵的文化财富。但是地理阻障造成边疆与中心地区之间的交通不畅也影响了边疆居民在生产、生活中与其他地区的交流，造成信息流转不畅和文化交流阻隔，阻碍边疆居民接受现代化生产生活方式等。自然地理屏障所造成的文化空间分割对边疆的发展也有重要影响，比如边疆少数民族居民特有的原生态行为方式对市场行为方式接纳意愿和能力不足。②

边疆地区由于自然地理禀赋造成农牧业生产基础匮乏，其自然地理环境对工业生产的天然障碍遏制了工业生产的发展，再加上地理阻隔造成的封闭以及人流、物流、信息流的不畅，发展陷入"低水平均衡陷阱"。边疆贫困也印证了地理资本对边疆发展的影响，"地理资本"（geographic capital）是 1997 年世界银行的贾兰（Jalan）和拉瓦雷（Ravallion）提出的概念，用以解释空间地理禀赋与地区贫困的关系。③中国学者的研究也证明空间地理因素会促使农户面临的风险暴露出来，从而引起贫困状况在空间上相对集中。④在自然地理屏障这一维度下，边疆地区对自然地理禀赋改造的空间非常有限，这是其持久贫困的重要原因。因此，边疆地区必须借由外力的推动，才能克服空间区隔所造成的发展阻碍。中央政府在边疆地区实施的诸多扶贫政策是推动边疆发展的驱动力。

---

① 李楠楠：《全国人大常委会执法检查组：全国集中连片特困地区 11 个在民族地区》，人大新闻网，http://npc.people.com.cn/n1/2015/1222/c14576－27962167.html。

② 张丽君、董益铭、韩石：《西部民族地区空间贫困陷阱分析》，《民族研究》2015 年第 1 期，第 25～35 页。

③ Jalan, J. and Ravallion, M, 1997, 第 1862 卷。"Spatial Poverty Traps?", World bank policy research working paper.

④ 陈全功、程蹊：《空间贫困理论视野下的民族地区扶贫问题》，《中南民族大学学报》（人文社会科学版）2011 年第 1 期，第 58～63 页。

三、边疆贫困治理是边疆治理的重要手段

改革开放以来，中央政府直接推动全国各地的扶贫工作，颁布和实施了一系列的政策，从《国家八七扶贫攻坚计划（1994—2000 年）》《中国农村扶贫开发纲要（2001—2010 年）》到《中国农村扶贫开发纲要（2011—2020 年）》。在中央政府持续的扶贫举措下，全国各地的贫困面貌发生了翻天覆地的变化。

"八七扶贫攻坚计划"开篇语即是"社会主义要消灭贫穷"①，中央政府大规模的减贫行动与东部沿海的对外开放政策是理解改革开放以来中国国家治理的两把钥匙。因此审视中国过去 40 年的发展成就时，在经济高速发展之外，"为全球减贫作出最大贡献的国家"②也是中国国家治理能力和边疆治理实践的体现。事实上国家的减贫行动与改革开放是同时实施的。中央政府在 1980 年就设立"支援经济不发达地区发展资金"，该资金专门用来支持老少边穷地区的经济发展。1983 年组织实施"三西"（定西、河西、西海固）地区扶贫开发计划；1984《关于帮助贫困地区尽快改变面貌的通知》提出帮助山区、少数民族聚居地区和革命老区根据地、边远地区的人民摆脱贫困。这一阶段的农村改革和扶贫政策的实施，直接促进了部分极端贫困地区的经济发展和生产生活条件的改善。③

改革开放以来中央政府实施的扶贫政策主要是区域性的。1987 年发布《关于加强贫困地区经济开发工作的通知》，正式确定了以促进区域经济增长为主要目标的扶贫开发战略，中国历史上第一个有明确目标、对象、措施和期限的扶贫开发行动是 1994 年《国家八七扶贫攻坚计划（1994—2000 年）》。该计划明确提出要集中人力、物力、财力，动员社会各界力量，力争用 7 年左右的时间，基本解决农村贫困人口的温饱问题。由《国家八七扶贫攻坚计划（1994—2000 年）》开始，中央政府正式建立

---

① 国务院扶贫开发领导小组：《国家八七扶贫攻坚计划（1994—2000 年）》。甘南藏族自治州乡村振兴局网站，http://fpb.gnzrmzf.gov.cn/info/1111/2319.htm。

② 新华社：《"中国式减贫"：世界减贫史上最大贡献》，中央人民政府网站，2017 年 6 月 14 日，http://www.gov.cn/xinwen/2017-06/14/content_5202589.htm。

③ 黄承伟：《中国扶贫开发道路研究：评述与展望》，《中国农业大学学报》（社会科学版）2016 年第 5 期。

了扶贫工作责任机制与东西扶贫协作机制，采取最低生活救助、劳动力转移、科技扶贫等多元化扶贫措施，这些扶贫举措一直延续到今天的扶贫规划思路中。

首先，中央财政加大对边疆9省区的转移支付力度。对边疆和边境地区实行中央财政转移支付、兴边富民行动、国家级边境经济合作区基础设施贷款贴息等特殊支持政策。2006—2013年，中央财政累计下达边境地区转移支付448亿元；2000—2013年，累计下达兴边富民补助资金64亿元；2009—2013年，累计下达国家级边境经济合作区基础设施贷款贴息6.8亿元。[1]仅2011年、2012年边境地区转移支付一项，就分别安排7亿元和89.2亿元，相当于"十一五"期间的总和。[2]2016年，中央财政专项扶贫资金的分配向西部地区、贫困革命老区、贫困民族地区、贫困边疆地区和连片特困地区倾斜，分配给中西部22个省（自治区、直辖市）的资金规模占总规模的比例达到97.4%[3]，是历史上最高的比例。

其次，中央政府建立了自上而下的行政组织体系，保障扶贫政策的实施。国务院不仅成立了专门扶贫工作机构——国务院扶贫开发领导小组，在扶贫实践中还实行以省（自治区、直辖市）为主的行政领导扶贫工作责任制。各省（自治区、直辖市）都把扶贫开发列入重要议程，根据国家扶贫开发计划制定本地区的具体实施计划，并由主要负责人亲自抓扶贫工作，实行扶贫资金、权力、任务、责任"四个到省（自治区、直辖市）"。[4]

再次，广泛动员全社会力量参与扶贫。整合全社会的资源用来扶贫开发是中国扶贫开发事业的重要特征。[5]中央政府的扶贫行动进行了最

---

① 高立、韩洁：《中央财政持续加大对老少边穷地区转移支付力度》，中央人民政府网站，2014年1月2日，http://www.gov.cn/jrzg/2014－01/02/content_2558957.htm。

② 新华社：《全国兴边富民行动两年补助资金超过前10年总和》，中央人民政府网站，2012年8月15日，http://www.gov.cn/jrzg/2012－08/15/content_2204675.htm。

③ 何晓源、郁琼源：《中央拨付2017年财政专项扶贫资金860.95亿元》，新华社，2017年6月12日，http://d.drcnet.com.cn/eDRCNet.Common.Web/docview.aspx?DocID=4729572&leafid=2&chnid=9。

④ 《中国的农村扶贫开发》，中华人民共和国中央人民政府网站，https://www.gov.cn/zhengce/2005-05/26/content_2615719.htm。

⑤ 林鄂平：《数读2016：1000多万贫困人口靠什么脱贫》，中国经济网，2016年12月30日，http://f.china.com.cn/2016－12/30/content_40011571.htm。

大范围的社会动员，除了党政机关、部队、人民团体、个人和国有企事业单位，还有民营企业都以不同形式参与各地的贫困治理。国营企业对贫困村进行定点帮扶，定期选派优秀中青年干部挂职扶贫。2016 年有 271 个中央单位编制了定点扶贫规划或年度计划，283 个单位向定点扶贫县派驻 663 名挂职干部，307 个单位向定点扶贫县选派了 336 名贫困村第一书记。①民营企业开展"万企帮万村"扶贫行动，截至 2017 年上半年，全国工商联已组织 21992 家民营企业结对帮扶 21251 个建档立卡贫困村。例如恒大集团 30 亿元帮扶贵州大方县脱贫攻坚；万达集团落实贵州万达职业技术学院、旅游小镇、扶贫专项基金项目，帮扶捐建丹寨万达小镇，丹寨资金拟增加至 14 亿元。②各种社会组织和民间团体也积极开展"光彩事业""文化扶贫""幸福工程""青年志愿者支教扶贫接力计划""贫困农户自立工程"等扶贫活动。以资助贫困失学儿童入学为目的的"希望工程"，自 1989 年以来累计接受海内外捐款近 19 亿元，资助建设希望小学 8355 所，资助失学儿童近 230 万名。③

最后，将东西协作对口支援作为边疆治理的重要手段。东西部扶贫协作工作是中央政府为加快西部贫困地区扶贫开发进程、缩小东西部发展差距做出的重大战略决策，对于弥合空间区隔具有重大意义。1996 年 5 月，中央政府确定北京、上海、天津、辽宁、山东、江苏、浙江、福建、广东、大连、青岛、宁波、深圳等 9 个东部省市和 4 个计划单列市与西部 10 个省区开展扶贫协作，同年 10 月，中央扶贫开发工作会议进一步做出部署，东西部扶贫协作正式启动。后来中央出台援疆、援藏及援青海、四川、云南、甘肃 4 省藏区包括革命老区等政策都是东西部协作战略部署的环节。2016 年 12 月国务院发布《关于进一步加强东西部扶贫协作工作的指导意见》，实现对民族自治州和西部贫困程度深的市州对口支援全覆盖。调整后与边疆地区的结对关系为：北京市帮扶内蒙古自治

---

① 林鄂平：《数读 2016：1000 多万贫困人口靠什么脱贫》，中国经济网，2016 年 12 月 30 日，http://f.china.com.cn/2016－12/30/content_40011571.htm。

② 《2016 精准扶贫数据要报》，《领导决策信息》2017 年第 8 期，第 28-31 页。

③ 《中国的农村扶贫开发》白皮书，国务院扶贫开发领导小组、办公室网站，2006 年 3 月 3 日，http://www.cpad.gov.cn/art/2006/3/3/art_46_12298.html。

区；天津市帮扶甘肃省；上海市帮扶云南省；宁波市帮扶吉林省延边朝鲜族自治州；福州市帮扶甘肃省定西市，厦门市帮扶甘肃省临夏回族自治州；青岛市帮扶甘肃省陇南市；广东省帮扶广西壮族自治区；中山市和东莞市帮扶云南省昭通市；珠海市帮扶云南省怒江傈僳族自治州。①这一举措为消除空间地理的差异提供了制度性保障。

综上所述，中央政府除了以财政转移支付帮助边疆地区发展之外，还建立了制度性的地区之间的协助体制，用行政力量打破边疆与中心间的空间区隔。经过近 40 年的扶贫实践，国家的扶贫举措事实上已经成为边疆治理的重要内容和手段。

四、理解边疆的空间区隔是中国边疆学学术自觉的内容

改革开放以来，中央政府实施的各类扶贫开发措施取得了巨大的成就，解决了几亿农村贫困人口的温饱问题，我国成为世界上减贫人口最多的国家，并且积累了许多宝贵的减贫经验，尤其是在边疆治理方面形成了民族和区域整合两个大格局。实践证明，中央的扶贫举措是边疆治理的重要手段，国家利用行政手段消除空间区隔造成的区域差异，是国家治理现代化的重要内容。

中国近期发布的两大扶贫纲要性规划都将边疆地区作为未来支持的重点。《中国农村扶贫开发纲要（2011—2020 年）》（以下简称《开发纲要》）规划了到 2020 年中国政府的扶贫目标和行动策略。《开发纲要》明确将连片特困地区作为扶贫攻坚的主战场，"扶贫开发重点县相对集中的一部分区域"，主要将六盘山区、秦巴山区、滇桂黔石漠化片区、吕梁山区、罗霄山区和已明确实施特殊政策的西藏、新疆南疆三地州等区域作为扶贫工作的"硬骨头"。边疆地区成为全面建成小康社会的特殊短板和薄弱环节。《"十三五"脱贫攻坚规划》也将"革命老区、民族地区、边疆地区和集中连片特困地区作为扶贫的重点"。②

①《关于进一步加强东西部扶贫协作工作的指导意见》，新华网，2016 年 12 月 7 日，http://news.xinhuanet.com/politics/2016－12/07/c_1120074634.htm。

②《国务院关于印发"十三五"脱贫攻坚规划的通知》，中央人民政府网站，2016 年 12 月 2 日，http://www.gov.cn/zhengce/content/2016－12/02/content_5142197.htm。

国家的扶贫行动在广泛的社会动员过程中完成了边疆与内地的社会整合，在一定程度上消除了空间区隔的障碍。国家"扶贫"作为外部力量克服了空间区隔造成的边疆贫困，在过去几十年里发挥了极大的效用，但是未来边疆地区是否可以由此发展出经济社会的内生动力仍然是个疑问。在边疆地区内生型发展驱动缺乏的情况下，边疆地区的人民仍然需要探索在解决吃饭问题之后就地解决生计和致富的问题，需要一套实现边疆地区经济社会持续发展的机制，空间区隔是边疆发展既定的限制，边疆治理的重要内容仍然是消除空间区隔造成的区域差异，从"硬件"和"软件"上进一步整合边疆与经济发达地区。新时代的边疆治理有新的契机，在"一带一路"全面开放的背景下，边疆成为开放的前沿地带，边疆治理又有新的内涵。

首先，中央政府需要在边疆与内地的基础设施和互联互通方面持续投入。实际上，由于投入产出比的原因和资本的逐利性，在市场的作用下，优质资源包括人、财、物会自发地从贫穷的边疆地区流向东部经济发达地区，边疆地区的居民亦充满对大城市的向往。边疆地区的扶贫和治理就是要极力避免边疆的衰落。

从边疆区域性贫困的角度看，边疆的贫困除了空间区隔限制之外，远离内地的经济中心使得边疆内生型的制度和技术创新举步维艰。中央政府强力推进的扶贫政策和行动对于打破边疆地区由于空间区隔造成的封闭与落后的循环，在短时间内取得了很好的成效。但是，边疆地区长期的历史和自然原因造成的社会发育落后状态，使其短时间内很难完全融入国内的统一市场，获得自身的发展动力。因此，打破边疆的低水平发展循环，使边疆民族地区真正走上持续发展道路，有赖于国家持续不断地提高边疆地区的工业化和城市化水平，使这些地区尽快加入国内统一的贸易体系和区域分工体系中。

其次，国家在持续对边疆地区的基础设施进行资金投入的同时，对于教育和培训的投入要更为重视，更需要耐心。边疆地区的贫困终究是人的生活状况的贫瘠，只有边疆人民有了可持续的、可致富的生计，才能真正消除贫困。例如，属于国家级贫困县的云南红河县垤玛乡，近几年来政府一直组织劳动力培训及外出务工，但是成效很低。过去几年乡政府组织了几批家政培训，并联系了昆明的家政服务机构，共培训了2000多人送往昆明，但是这些人员因为无法适应昆明的生活以及跟雇主的沟通存在问题，最终几乎全部返回，这说明生活方式和观念的转变不是一朝一夕的事。因此，边疆的社会治理需要长期坚持。

最后，中国政府积极推动的"一带一路"可能是最有效克服边疆与内地空间区隔的战略。从中国国家内部空间区隔的角度看，要打破"胡焕庸线"需要欧亚大陆东西联动发展。①"一带一路"建设将极大改善边疆地区的经济地理区位劣势和对外开放水平，是突破"胡焕庸线"难得的历史性契机。边疆地区经济社会发展落后的原因除自然环境条件较为恶劣外，其与经济中心的联系较为困难和对外联系通道不畅、开放合作水平较低也是极为重要的原因。丝绸之路经济带建设的推进，将打通中国边疆地区对外大通道，推动区域互动合作和产业集聚。边疆地区由以往向东对外开放的末端转变为向西对外开放的桥头堡，边疆地区的经济地理区位将显著改善。

总之，中国自然地理和气候禀赋的差异造成了边疆与中心区域在生产方式和人口密度上的巨大差异，交通不便又进一步造成了社会经济乃至文化的区域区隔。由于空间区隔的存在，边疆地区自农耕时代到大规模工业化生产以来，无法依靠自身的力量挣脱空间区隔的桎梏。改革开放以来，中央政府实施各类扶贫举措，弥合空间区隔中的边疆与中心区域的社会经济差异，并取得了举世瞩目的成就。边疆经济社会发展的实践表明，扶贫是国家边疆治理的重要内容，也是国家治理体系现代化的重要组成部分。随着时代的变迁，边疆治理的内容和形式也发生改变，但是不管如何改变，消除空间区隔对边疆社会、经济发展的限制，以各种外部力量推动和发展边疆的内生动力，都将是中国边疆治理的重要方向。

---

① 陆大道、王铮、封志明等：《关于"胡焕庸线能否突破"的学术争鸣》，《地理研究》2016年第5期，第805-824页。

第三章　近代中国的大转型：中国边疆学的思考起点

近代中国经历了千年未有之大变局，完成了传统王朝国家向现代民族国家的转型，今天中国面临的很多问题的起点都要追溯到这个历史大转型，中国边疆学的建构也不例外。自康熙二十八年（1689）中俄《尼布楚条约》的签订始，中国开始了向近现代意义上主权国家的转变，国家的疆域边界逐渐清晰。从世界范围看，中国是较好地继承了王朝国家疆域遗产的国家，即中国传统的王朝国家疆域没有在向近现代国家转型的进程中瓦解。新中国成立以后，中央政府的边疆治理发生了历史性的转变，新的治理逻辑下确立了边疆社会的新秩序。如何理解和解释这个时代大转型是中国边疆学理论构建绕不过去的大问题，甚至是构建中国边疆学的思考起点。中国边疆学理论的构建要能够理解和解释中国从王朝国家转型到现代国家的过程，以及新中国与王朝国家内部秩序的差异，新中国如何重新塑造国家内部秩序，边疆新秩序如何被塑造，又是如何发展到今天的。

第一节　新中国在边疆塑造国民主体性与边疆新秩序的建立

理解新中国成立后中央政府对边疆发展的引领和带动，是窥探中国特色社会主义国家治理体系的重要路径，也是中国边疆学的思考起点。前现代的中国一直在王朝周期律里循环，边疆少数民族民众在王朝时代以效忠于族群或者宗教领袖而被动地成为中央王朝的子民。新中国是全体人民共同富裕、全面自由发展的社会主义国家。中央政府在建设社会主义国家的进程中，引领和带动边疆各族人民群众进行政治、社会和经济改革，确立了边疆各族人民的国民主体性地位，同时在边疆治理过程中建立了边疆新秩序，为全面实现中国式现代化奠定了坚实的基础。

新中国成立 70 多年来，共产党带领中国人民完成了从站起来到富起来的历史飞跃。新中国第一次真正实现了人民当家作主。习近平总书记在纪念马克思诞辰 200 周年讲话中指出，"马克思主义博大精深，归根到底就是一句话，为人类求解放。在马克思之前，社会上占统治地位的理论都是为统治阶级服务的。马克思主义第一次战争人民的立场探求人类自由解放的道路，以科学的理论为最终建立一个没有压迫、没有剥削、人人平等、人人自由的理想社会指明了方向"①。对于中央政府而言，实现中国式现代化建设目标的最大挑战之一来自发展长期滞后的广袤边疆。有鉴于此，新中国成立以来的边疆治理首要目标就是要在边疆少数民族地区实现人人平等的政治解放，使边疆少数民族群众摆脱历史上对族群领袖的政治和人身依附，从而成为共和国平等的公民，在此基础上才可以推动边疆与国家其他地区同步进行社会主义现代化建设。

新中国的边疆治理首先从实现边疆民众的政治解放开始，只有边疆各民族成为国家平等的一员，才能落实以人民为中心的国家发展目标。1945 年中国共产党七大将"全心全意为人民服务"写入了《中国共产党章程》，党的十九大党章修正案中增加"坚持以人民为中心的发展思想"。中国共产党作为一个现代政党，其政治生命取决于群众基础，因为现代国家的主体是人民，国家权力来自人民。习近平总书记在庆祝中国共产党成立 100 周年大会上指出，"江山就是人民、人民就是江山"，因此边疆人民对国家认同和忠诚是国家政治合法性的基础。在国家建设实践中，边疆人民的国家认同不是简单地自上而下灌输国家意识形态，而是边疆人民作为主体性的公民参与国家建设的实践产物。新中国成立以后中央政府如何通过社会主义建设实践完成边疆人民的国民主体性塑造？在塑造边疆国民主体性的同时又形塑了怎样的边疆社会新秩序？为了回答以上问题，本书梳理了新中国成立以来中央政府边疆治理的实践，以期对

---

① 习近平：《在纪念马克思诞辰 200 周年大会上的讲话》，2018 年 5 月 4 日，中国政府网 http://www.gov.cn//xinwen/2018-05/04/content_5288061.htm?cid=303。

新时代社会主义边疆治理新征程有所启发。

一、新中国边疆治理理念与实践的历史性转向

中国的边疆是世界上最复杂的边疆。在二千多年的王朝历史中，中央皇权通过武力开拓以及内部协商等各种策略对边疆实施统治和治理，维持中央王朝庞大版图内的动态平衡。近代以来，中国向现代意义上的主权国家转型，国家形态发生了根本变化，作为现代国家的新中国对边疆的治理目标和治理内容与古代王朝时期相比，发生了历史性的转向。

中国自秦代以来形成统一的多民族国家并持续至今，边疆的治乱是历朝历代国家兴衰的重要因素"天下未乱边先乱，天下已定边未定"，因此"治边"历来是王朝时代国家治理的重要内容。对于中央王权而言，治理边疆的难度非常大，边疆不仅仅距离政治中心地理偏远、交通不便，中央政令难以通达，同时又是经济落后的少数民族地区，风俗语言异于中央地区。因此王朝时代的中央皇权不得不对边疆采取不同于核心地区的治理措施以宁辑边疆，并形成了延续性的治理策略和模式。

王朝时期实施的边疆治理理念和模式主要是族际治理。中国的边疆地区大多是少数民族生活的区域，王朝中国从秦朝开始实施中央集权统治，到 18 世纪中叶的边疆治理，基本上采取族际主义的治理模式。尽管王朝更替，但边疆治理策略和模式仍然以国家制度的形式固定下来。很多学者系统地研究了中国古代王朝在不同历史时期经略边疆的策略[①]，这些治理边疆的模式和策略的出发点主要是如何处理边疆地区与核心地区的社会、经济、文化及民族关系，边疆与中央王朝的政治藩属关系等。如唐代所开创并延续了若干朝代的羁縻府州制度[②]、汉代在边疆设立都

---

① 这方面内容的相关论述参见李大龙：《关于中国古代治边政策的几点思考——以"羁縻"为中心》，《史学集刊》2014 年第 4 期，第 10-19+47 页；马大正：《中国边疆经略史》，武汉大学出版社，2013；马大正：《中国古代边疆政策研究》，中国社会科学出版社，1990；田继周等：《中国历代民族政策研究》，青海人民出版社，1993。

② 彭建英：《中国传统羁縻政策略论》，《西北大学学报》（哲学社会科学版）2004 年第 1 期，第104-108 页。

护府等军事机构以建立边疆的军事防御体系①，以及在边疆少数民族地区设置的土司制度等②。上述这些边疆治理制度总体上体现了以夷治夷、因俗而治、镇抚兼施等治理理念，这些边疆治理策略经过几千年的发展逐步变得成熟，并形成制度体系加以延续，是中国宝贵的文化财富。

在中国古代王朝历史中边疆治理策略并不是一成不变的，而是针对不同的边疆地区在不同历史时期有所选择③。边疆治理策略的选择根本上是与中央王朝的国力兴衰有关。国力强盛不仅意味着中央皇权有能力威慑边疆地方政权，还代表着中央皇权可以长期承受在边疆实施直接治理的高成本④。中国古代王朝的边疆治理实践实际采用"因俗而治"与边疆内地一体化两种治理模式交互或者同时进行，它们贯穿了中国古代王朝历史发展的全过程。这两种边疆治理模式既互相矛盾又相辅相成，在不同历史时期所扮演的角色不同。中国历史上这些边疆治理方式均对中国古代边疆的发展起到了积极作用⑤。民国时期的中央政府对边疆依然使用两种治理模式并行的策略⑥。总体而言，不论王朝时代的边疆治理策略如何随时代变迁而变化，背后的思想都是传统的"天下观""大一统""夷夏观"，⑦其边疆治理目的是巩固自身的皇权统治⑧，以边疆治理实现

---

① 高荣：《汉代对西北边疆的经营管理》，《中国边疆史地研究》1994 年第 4 期，第 58-67 页；荣新江、文欣：《"西域"概念的变化与唐朝"边境"的西移——兼谈安西都护府在唐政治体系中的地位》，《北京大学学报》（哲学社会科学版）2012 年第 4 期，第 113-119 页；赵永伦：《论唐朝在西域的都护府制度》，《凯里学院学报》2011 年第 2 期，第 47-50 页；陈国保：《安南都护府与唐代边疆防御体系的构建及影响》，《中国边疆史地研究》2010 年第 3 期，第 18-29+148 页。

② 崔永红：《论青海土官、土司制度的历史变迁》，《青海民族学院学报》2004 年第 4 期，第 102-109 页；杨伟兵：《清代前中期云贵地区政治地理与社会环境》，《复旦学报》（社会科学版）2008 年第 4 期，第 39-48 页。

③ 王国生：《中国历代中央王朝治理边疆的方略及启示》，《军事历史》2010 年第 4 期，第 1-6 页。

④ 由于边疆地区的民族、文化、习俗以及社会结构与其他内陆腹地的差异巨大，中央皇权实施直接治理的行政成本比由当地精英充当代理人的成本高很多，高到甚至无法承受。

⑤ 陈跃：《"因俗而治"与边疆内地一体化——中国古代王朝治边政策的双重变奏》，《云南师范大学学报》（哲学社会科学版）2012 年第 2 期，第 38-44 页。

⑥ 方素梅：《中华民国时期的边疆观念和治边思想》，《中南民族大学学报》（人文社会科学版）2008 年第 2 期，第 31-36 页。

⑦ 李大龙：《试论历代王朝治边政策的继承与发展》，《青海民族研究》2020 年第 1 期，第 115-124 页。

⑧ 马大正：《中国古代的边疆政策与边疆治理》，《西域研究》2002 年第 4 期，第 1-15 页。

边疆对中央皇权的效忠。

中国历史上边疆治理模式使得中央王权与边疆地方政权之间形成了松散又紧密的关系，这种充满矛盾的关系在中国经历千年未有之大变局中维护了古老中国地理版图的完整。近代世界范围的"民族主义运动在原帝国版图内崛起都发生在统治中心试图将间接统治改为直接统治之际，其他帝制国家的这些措施往往导致帝国的最终解体"[①]，而近代中国向主权国家转型时未发生这样的情况，这是因为中国历史上王朝的中央权力对边疆实施的间接治理模式，在国家内部呈现出宽松又富有弹性的治理结构，避免了边疆与其他地区的刚性整合矛盾。这种弹性结构使得中国避免了近代巨大转型可能带来的国家四分五裂。这是中国王朝时代的边疆治理思想和体系在近代国家转型中所产生的未预期后果。

新中国几乎完整地保留了王朝中国的地理版图，并成功地由传统的王朝国家向现代民族国家转型，国家形态和边疆形态都随之发生改变，因此新中国的边疆治理也发生历史性转向。历史上富有弹性的边疆治理结构与新中国的社会主义共同富裕的国家建设目标相违背。在新的国家建设目标下，中国王朝历史上以处理民族关系为主要治理方向的边疆治理思路是否还能适应现代民族国家的发展目标是个疑问。新中国成立后，中国共产党带领国家建设社会主义现代社会，着手进行的是在现代主权国家框架内实施全方位的国家内部整合，这是中国边疆治理体系构建的逻辑起点[②]。新中国成立以后的边疆治理理念与实践发生了历史性转向，以毛泽东同志为核心的第一代中央领导集体就抛弃了古代王朝历史中仅仅笼络边疆少数民族统治精英的策略。比如，在广西、黑龙江、新疆建立生产建设兵团，从全国调集人员的资源建设边疆；在西藏治理实践中放弃了进藏部队"三年一换，以励士气"的设想，确立了扎根西藏、边疆为家的长期建藏思想[③]。中央政府长期建设边疆的边疆治理理念不同

---

① 范可：《边疆与民族的互构：历史过程与现实影响》，《民族研究》2017 年第 6 期，第 58-73+125 页。

② 罗静：《新中国边疆治理体系的建构逻辑及实践》，《云南社会科学》2021 年第 6 期，第 50-55 页。

③ 徐志民：《当代中国的长期建藏思想》，《中国社会科学》2017 年第 7 期，第 185-203+208 页。

于王朝时期中央王权不顾边疆民众生活，甚至刻意使他们处于贫穷状态以消除对抗中央王权的隐患，而是努力实现国家对边疆主权与治权的完整统一。同时，带领边疆各族人民共同建设社会主义，实现各族人民的共同富裕，在边疆治理实践中确立边疆各族人民的国民主体性并贯彻中国共产党以人民为中心的发展理念。

二、新中国边疆民众的国民主体性塑造

新中国成立以后，中央政府的边疆治理首先着手进行的是推动边疆地区各族人民确立国民的主体性，通过对边疆各族人民进行文化、政治和经济的多重塑造，使边疆各族人民成为新中国政治平等的国民。在边疆地区塑造国民的努力是王朝时期中央王权的重要政治议题①，但是对边疆各族民众真正成功地做到国民主体性塑造是在新中国成立以后。

（一）当家作主：边疆各族人民平等地参与国事

新中国是以统一的多民族现代主权国家的面目屹立于世界。新中国成立后，中央政府对边疆地区进行直接治理，并在边疆少数民族地区实施了一系列边疆内地一体化的制度设计，其中首先进行的是带动引领边疆各族人民对国家事务进行平等的政治参与。

首先，中央政府在边疆地区实施民族区域自治制度，废除了边疆地区的民族压迫制度，在宏观层面完成政治统一，在政治顶层设计上保障边疆各族人民当家作主的权利。中国辽阔的边疆地区多是少数民族聚居的地区，王朝时代中央王权采取"因俗而治"的治理方式。在这种治理方式下，边疆与中央的关系是效忠与统治的关系。1949年颁布的《中国人民政治协商会议共同纲领》明确宣布中国各个民族，不分大小、不论经济发展水平先进与落后，其政治地位都一律平等。比如中国特有的"直过民族"，"直过民族"是指跨越几个社会历史发展阶段"直接过渡"到社会主义社会发展阶段的少数民族。新中国成立后政府在各"直过民族"地区建立民主政权，由人民群众当家作主，取代过去的"头人""山官"

---

① 李大龙：《转型与"臣民"（国民）塑造：清朝多民族国家建构的努力》，《学习与探索》2014年第9期，第162-170页。

制度，废除了他们的特权。云南省的直过民族主要分布在边疆地区，包括独龙族、基诺族、怒族、布朗族、德昂族、景颇族、佤族、傈僳族和拉祜族，国家先后建立众多的"直过民族"自治县、乡，这是中国社会发展史上的伟大创举，在世界民族发展史上也罕见[①]。新中国在边疆地区实施民族区域自治制度，保障边疆人民的政治主体地位，使得边疆与国家所有地区实现了政治同构。

其次，新中国成立后中央政府在边疆同步实施土地改革，消灭了边疆农村的封建生产关系，解决了边疆偏远地区的基层人民政权建设问题，彻底消除了边疆农村政治上的不稳定，进一步将边疆人民的政治主体性落实到生产和生活中。中国古代王朝时期有"皇权不下县"和"因俗而治"乡村治理和边疆治理传统，这意味着尽管边疆的主权属于中央皇权，但是边疆基层农村则是土司、头人或者宗教领袖行使治理权的地区，因此边疆民族地区的土地改革开展得比其他地区更加艰难，但更加具有政治意义。

1950 年的《中华人民共和国土地改革法》第一章第一条提出：废除地主阶级封建剥削的土地所有制，实行农民的土地所有制[②]，解放农村生产力，发展农业生产。土地改革使各族人民平等地拥有土地而完成了边疆社会和经济的彻底变革。原生民族最多的云南省的土改过程最为复杂。新中国成立初期，云南山区很多民族还处于原始社会的状态，生产力水平低下，民族之间的关系也非常复杂，不仅仅少数民族与汉族之间的隔阂很深，而且少数民族之间因为生存资源的竞争也存在着矛盾。建国初期这些地区相当一部分基层政权不在人民手中[③]。中共云南省委于 1950 年 11 月 22 日召开少数民族工作会议，将云南省分为"内地民族杂居区"和"有土司制度的边沿区"，针对不同地区采取不同的土改策略。与平原地区不同，山区土改有强烈的政治性意味，山区的土改首先从彻底清匪反霸开始，在政治上打倒封建阶级，建立基层人民政权，根本改变边疆

---

① 李根、黄欣：《"直过民族"历史变迁中的政策界定》，《创造》2000 年第 4 期，第 49-50 页。
② 1950 年 6 月 28 日中央人民政府委员会第八次会议通过，中央人民政府命令（1950 年 6 月 30 日）。
③ 吕志毅：《云南的土地改革概述》，《云南档案》2013 年第 3 期，第 13-16 页。

山区政治上的长期不稳定状态，之后再转入没收土地等经济斗争。[①]云南省的土地改革运动从 1951 年 8 月在昆明市附近的呈贡、晋宁等县开始试点，到 1958 年 9 月滇西北的德钦县和平协商土地改革结束，前后历时 7 年[②]。中央政府通过土地改革在边疆地区树立了共产党和中央政府的权威，确立了边疆各族人民的国民主体性地位，为中央政府在未来国家建设过程中以行政和法律的手段在边疆建立和维持社会秩序奠定了基础。

建国初中央政府在边疆地区进行的国民主体性塑造实践，对国家一体化和边疆社会新秩序的影响是深远的，最直接的体现是在"文化大革命"动乱时期边疆地区都表现比较平静。20 世纪 70 年代新疆没有发生一起分裂事件，西藏在 20 世纪 70 年代也较为平静。[③]这要归因于建国初期中央政府带领引导边疆人民平等的政治参与，确立了边疆各族人民的国民主体性地位，形成了深刻的国家认同。

（二）组织起来：边疆各族人民广泛地参与社会改造

在王朝时代的中国，中央皇权对边疆的治理仅仅停留在族群的上层政治层面，在中央皇权和边疆地方基层社会之间没有直接联系，即中央政府的权力与边疆基层民众是脱离的，两个层次之间缺乏组织和制度形式的联结。因此在王朝时代，边疆的稳定基本依赖于边疆地方的族群精英与中央政权的政治联盟进行维系，这也是中国传统政治结构中的一个重要特征。"皇权不下县"是因为中央皇权没有能力深入边疆基层社会内部，更勿论对边疆基层社会进行有效治理，因此只能使用代理人间接治理。这也就是为什么长期以来边疆地区整体呈现出与中原相异的边疆化社会，并且一直维持。正是中国传统的政治结构造就了边疆治理进程中政治整合和社会整合不同步，其结果就是边疆与中央皇权之间充满灰色地带。吊诡的是边疆社会与中央皇权之间的灰色地带却使地方社会具有很好的自我组织能力，充满弹性和任性，因而可以很好地适应中央皇权不断更迭所带来的上层政治的变化，从而使中国巨大的地理版图在整体上保持稳定。但是在中国向现代社会转型过程中，以及近代中国遭遇外

---

① 吕志毅：《云南的土地改革概述》，《云南档案》2013 年第 3 期，第 13-16 页。
② 吕志毅：《云南的土地改革概述》，《云南档案》2013 年第 3 期，第 13-16 页。
③ 马大正：《国家利益高于一切：新疆稳定问题的观察与思考》，新疆人民出版社，2002。

敌入侵时，中国特有的弹性治理结构便呈现出孙中山先生痛心疾首的"一盘散沙现象"，这是中国古代王朝时代国家治理结构中政治整合与社会整合不同步的必然结果，也就是说，中央皇权没有能力在微观层面将边疆各族群众组织起来。

新中国成立初期，虽然在政治制度层面废除了民族压迫制度，但边疆少数民族地区仍有很多旧有的社会制度未被触动，因此只有改革边疆少数民族地区旧有不合理的社会制度，才能真正彻底地消灭民族压迫和剥削，才能使各民族共同走上发展繁荣的社会主义道路。中央政府在边疆基层社会通过各种互助合作的形式，制度化地把分散、个体的农牧业经济和手工业经济引导到社会主义道路上来，包括三不两利、赎买、公私合营、直接过渡等政策。对全社会进行社会主义改造作为一种超越民族的政治实践与社会发展思路，在很大程度上促进了边疆的社会结构与内地同构，是国家在边疆基层社会建立统一治权的重要举措，为后面全面社会主义建设奠定了社会基础。

中央政府对边疆的社会改造涉及人民生活的各个方面，尤其是事关人民群众生活的医疗和教育领域。新中国成立以后，边疆的村寨建立了有史以来的第一所小学、第一个卫生所。云南边防部队在 1950 年到 1954 年间帮助各族群众开水田 315 亩，开荒地 1140 亩，修水渠 438 条，挖水井 143 口，办小学 24 所、夜校 79 所，免费为群众治病 92.7 万人次。[①]1957 年中央政府对长期游猎于大兴安岭林区的鄂伦春族拨款 20 多万元，建立了 16 个定居点、土木结构房 1000 多间，鄂伦春族全部实现了定居。[②]

中央政府在边疆地区大力培养少数民族干部，推动少数民族的人才教育。比如云南省在进行土地改革期间，短短三年就在云南省边疆民族地区培养少数民族干部 2400 余人[③]，这些经过培训的少数民族干部成为带领边疆民族地区进行社会转型的主力军。中央政府还设立了少数民族教育补助费，这项经费 1951 年为 151.2 万元，1955 年达到 10819.9 万元。1958 年少数民族中等技术学校的学生达到 39766 人，比 1955 年增

---

① 《当代云南简史》编委会：《当代云南简史》，当代中国出版社，2004，第 99 页。

② 陈连开、杨荆楚、胡绍华等：《中国近代民族史》，中央民族大学出版社，2011，第 735-736 页。

③ 吕志毅：《云南的土地改革概述》，《云南档案》2013 年第 3 期，第 13-16 页。

加了 3.2 倍[1]。此后实施边疆少数民族教育逐渐成为国家政策。2002 年国务院出台了《关于深化改革加快发展民族教育的决定》，其中提到培养少数民族高层次骨干人才，从 2003 年开始选择若干所重点高等学校面向少数民族和西部地区，采取特殊措施培养少数民族的博士、硕士人才。2004 年 7 月，教育部、国家发展和改革委员会（以下简称发改委）、国家民族事务委员会（以下简称民委）、财政部、人事部联合下发《关于大力培养少数民族高层次骨干人才的意见》。2005 年 6 月 10 日中央政府出台《培养少数民族高层次骨干人才计划的实施方案》。目前全国已有专设民族小学 27100 多所、专设民族中学和师范学校 281 所、专设民族师范学院或系科 3 处。

新中国是在"一盘散沙"的局面中建立的。毛泽东同志考虑边疆少数民族地区事务的特殊性，建国伊始就提出"少数民族地区的社会改革，是一件重大的事情，必须谨慎对待"[2]。中央政府通过对边疆社会逐步实施社会主义改造、广泛组织动员基层各族群众、培养边疆少数民族干部等方式实现边疆地区的社会整合。相较于王朝时代，新中国历史上第一次将中央政府的意志彻底地深入到边疆基层民众中间，通过社会主义的意识形态将各族民众组织起来，重塑了边疆的社会治理新秩序。

（三）无中生有：边疆各族人民全面地参与经济建设

新中国成立后，边疆与其他地区同步开启了工业化和现代化进程。边疆地区长期以来经济发展滞后，不仅仅使当地民众的生活质量低下，边疆人民生活贫困也是国家的不稳定因素，而且边疆的长期落后也与国家现代化建设的目标相违背。建国初国家在制定国民经济和社会发展计划时，有计划地在边疆地区安排重点工程，并制定各种政策支持边疆少数民族地区的发展，为中国整体现代化建设奠定基础。

首先，建国初期中央政府在边疆地区投资建设了一系列大型工业项目，改变了边疆的经济结构。1952 年国家第一个五年规划（"一五"）时

---

[1] 中共中央党史研究室科研管理部、国家民族事务委员会民族问题研究中心编：《中国共产党民族工作历史经验研究（上）》，中共党史出版社，2009，第 662–676 页。

[2] 毛泽东：《不要四面出击（1950 年 6 月 6 日）》，《毛泽东文集（第六卷）》，人民出版社，1999，第 75 页。

期，中央政府提出要发展少数民族地区的经济，在少数民族的中心区或某些人口集中地区，建立不同规模的工业。[①]中央政府对边疆和民族地区支持的政策力度非常大，"一五"期间全国 156 项骨干工程大部分落在西部，其中相当一部分在边疆省区。[②]这些大型项目突破了很多边疆地区的工业零纪录。

其次，20 世纪 60 年代国家实施"三线建设"战略。"三线建设"是我国生产力布局从沿海到内地的一次空前规模的大转移，对改善我国工业布局与资源布局严重脱节的状况，改变西部和边疆的经济社会面貌，增强各民族的凝聚力，均具有深远的意义和作用。三线建设部署从东部沿海地区搬迁一批生产企业到西部和边疆地区，在当地建造了一批工业制造业的产业基地和基础设施项目。"三五"（1966—1970 年）时期三线建设的投资占全国的 52.7%，"四五"时期三线建设的投资占全国的 41.1%。[③]

历史地看，边疆地区若没有三线建设的物质和人员投入、设施，很难靠自身的力量走出落后的状态。比如新中国成立之初，新疆是一个以传统农牧业为主的地区，工业企业仅有 363 家，其中 347 家为私营手工作坊和个体手工业。[④]新疆各族人民所必需的一些生产生活资料主要从内地输入或者从苏联进口，价格昂贵，比如："一把坎土曼要近 200 公斤小麦交换，一块砖茶要换 1 只绵羊，一匹平纹布要换 1500—3000 公斤小麦，一盒火柴要换一公斤羊毛。"[⑤]新疆各族人民的生活较之内地更为困难[⑥]。新中国成立后，中央政府通过在新疆投资新建工厂和将内地工厂迁至新疆，推动新疆工业的发展，如上海援建的八一钢铁厂是新疆第一座

---

① 具体文件参见《中共中央关于制订五年建设计划应重视少数民族地区建设的指示（1952 年 12 月 7 日）》中共中央文献研究室编：《建国以来重要文献选编（第三册）》，中央文献出版社，1992。

② 杨秋宝：《宏观区域经济发展战略 50 年：从平衡发展到非均衡协调发展的转换》，《中共中央党校学报》2000 年第 2 期，第 39-45 页。

③ 陆大道：《中国工业布局的理论与实践》，科学出版社，1990，第 26 页。

④ 李屹主编：《新疆辉煌 50 年 1949—1999（上卷·综合卷）》，新疆人民出版社，1999，第 59 页。

⑤ 新疆生产建设兵团史志编纂委员会、兵团党委党史研究室编：《新疆生产建设兵团史料选辑（第 16 辑）》，新疆人民出版社，2007，第 363 页。

⑥ 姚勇、周鲲：《20 世纪 50—60 年代内地工厂迁移新疆的历史考察》，《开发研究》2015 年第 3 期，第 166-171 页。

现代化的钢铁厂，结束了新疆历史上不产一斤铁的历史。1966 年，新疆工农业生产总值比 1949 年增加了近 7 倍，其中工业总产值比 1949 年增加 17.6 倍。[①]

中央政府通过行政手段进行全国的资源配置，强力推动边疆地区参与全国的社会主义经济建设大潮，边疆人民与全国其他地区的人民一样成为国家建设的主人翁，边疆人民在社会主义生产建设进程中进一步确立了国民的主体性意识和地位，从而确立了对祖国的认同、对中华文化的认同、对中华民族的认同、对中国共产党的认同、对中国特色社会主义的认同。

三、去边疆化：国民主体性塑造推动边疆新秩序的建立

严格地讲，边疆治理是现代国家框架下的概念。尽管中国在王朝时代实施"治边"，但是彼时的"治边"更多体现的是统治的意味，而非现代国家意义上的边疆治理。新中国边疆治理与中国传统王朝国家"治边"最为本质的区别在于新中国赋予边疆人民当家作主的权力，边疆人民以国家主人翁的身份全面参与到国家建设中。

传统王朝国家的治边策略是授予边疆地方的政治精英或者宗教领袖以"象征权威"，并借由"象征权威"在边疆宣示皇权与国家主权，而实际上的社会经济治权则是边疆地区的政治精英或者民族和宗教领袖所享有，他们通过自身的血缘或者宗教对边疆基层社会进行掌控和治理，而中央皇权只是"象征"性地存在于边疆，边疆的广大民众也仅是对民族和宗教领袖的效忠，对于中央皇权和国家并没有直接的认识，更何谈认同。新中国成立以来，中央政府通过对边疆微观层面具体的经济和社会事物开展治理，塑造边疆各族民众的国民主体性，确立了中央政府在边疆地区和人民心中的"直接权威"，重构了中央政府与边疆社会、边疆民众的关系。中央政府作为具体的形象在边疆地区和人民心中时时刻刻地"在场"而非"象征"，同时古老的边疆社会秩序也跳出了族际和血缘的藩篱，全面纳入社会主义现代化建设的轨道。

---

① 国家统计局国民经济综合统计司编：《新中国六十年统计资料汇编》，中国统计出版社，2010。

长期以来学术界对于中国边疆治理理念有两种倾向，分别是基于区域发展的"区域主义"和基于民族治理的"族际主义"，它们都有其现实的合理性，但是进入 21 世纪以来边疆治理的内容越发繁杂，不仅涉及边疆发展（边疆开发、边疆建设、生态和环境保护），还有边疆稳定（民族关系、宗教）、边疆安全（边疆社会管理、边境管理、边防建设）[①]。面对复杂的边疆现实，区域主义和族际主义都难以涵盖所有的治理主题[②]，于是有学者提出了边疆研究的国家视角，以求从整体上对边疆治理进行理解[③]。今天中国边疆面临着更为复杂的问题，中国边疆治理已经不仅仅是国内的区域平衡发展和民族治理问题，而且面临的国际地缘政治比以往任何一个历史时期都更加复杂，因此中央的边疆治理体系不再是以往平面的图景，而是"边内—边上—边外"三位一体的边疆治理立体景象[④]。边疆治理是国家治理体系的重要组成部分，当前学术界对于边疆治理的几个主要的理论框架无论是"区域主义""族际主义""国家视角"乃至"边内—边上—边外"三位一体，都是从地理和国土的视角进行阐发，当然国家视角里包括了国家利益等很多非传统国家安全的内容。

毋庸置疑，中国广阔的边疆地带在地理上距离政治中心十分遥远，这是无法改变的客观事实。囿于地理空间的限制，中国古代王朝治边采取了间接治理的方式，但是国家治理一直秉承"有民斯有土"的理念，即中国传统文化中对于国家作为一个政治共同体的认识是以人为中心。新中国成立以后，中国共产党坚持"以人民为中心"的发展理念，中央政府在此理念引领下对边疆地区进行持续建设，将边疆社会从边疆地区少数族群领主、行会、家族、部落等传统的结构性关系中解放出来，将各种各样的边疆社会成员身份转化为国家赋予并保障其权利的个体，并通过制度设计保障边疆社会成员的权利平等，由此边疆人民才真正成为具有主体性的国民，成为国家建设的主人翁。广阔的边疆地区和边疆人

---

①　周平：《我国的边疆治理研究》，《学术探索》2008 年第 2 期，第 28-34 页。

②　周平：《中国的边疆治理：族际主义还是区域主义？》，《思想战线》2008 年第 3 期，第 25-30 页。

③　周平：《边疆研究的国家视角》，《中国边疆史地研究》2017 年第 2 期，第 1-8+179 页。

④　罗静、冯建勇：《新时代中国边疆治理的新思路新实践》，《北京工业大学学报》（社会科学版）2018 年第 3 期，第 79-88 页。

民以政治、社会和经济上平等的身份共同参与到国家现代化建设中，并在这个过程中完成了从政治、经济和社会全面融入全国的社会主义建设事业中，建设共建共治共享的边疆社会新秩序。

新中国成立以来，中央政府对于边疆的"去边疆化"的持续建设实践，已经使边疆地区撕去了"遥远""贫穷""落后"的标签，与全国其他地区一起进入了小康社会。新发展阶段，边疆社会的主要矛盾与国家其他地区一起发生了深刻变化，因此是否可以很好地满足边疆人民对美好生活的向往将是考验边疆治理能力和水平的重要维度。毋庸置疑，边疆的社会稳定、民族团结、繁荣昌盛是实现中国式现代化建设目标和中华民族全面复兴的重要基础。面向未来，中国的边疆治理如何面对百年未有之大变局、如何为中华民族伟大复兴和实现中国式现代化贡献力量，又是一个全新的实践考验。

边疆治理未来的方向隐藏在过去的脚印中。建国以来中国共产党和中央政府全心全意依靠边疆各族人民、激发各族人民的国民主体意识和智慧共同治理国家，取得了历史性的成就。同时边疆各族人民也从参与国家治理中感受到获得感，以国家主人翁的姿态对伟大祖国、中华文化、中华民族、中国共产党和中国特色社会主义有切实认同。面向未来，边疆唯有继续巩固发挥各族人民的国民主体性，方能实现边疆建设是边疆人民共同的事业、边疆发展过程成为边疆人民共享成果的目标。

第二节　新中国边疆治理的新逻辑：从民族到区域

中国边疆在漫长的历史进程中形成。中华人民共和国成立后，边疆治理最大的挑战是新中国作为社会主义主权国家如何处理边疆地区的社会文化异质性和经济发展不平衡的问题，其深层次的问题是国家内部的族群认同、地域认同和国家认同之间存在着巨大张力的条件下，如何贯彻国家统一的政治意志？如何实现边疆的有效治理？对上述困难的攻克也是新中国边疆治理体系建构的逻辑出发点。在此出发点下，1949 年后中央政府自上而下构建了包括"民族区域自治制度—全国动员体制—区域协调发展政策"纵向三位一体的边疆治理体系，其建构逻辑是以"政治集权"贯彻国家政治意志，以区域自治作为"行政分权"灵活处理边疆与国家关系。同时实施"一竿子插到底"的全国动员机制，克服边疆的发展障碍和实现中央权威下沉到边疆基层社会。改革开放后又实施横向的地域协调发展政策，以实现边疆与内地共同富裕的目标。新中国边疆治理体系与举措在实践中解决了边疆地区族群、地域、经济发展和国家关系的矛盾，在国家内部所有国民中贯彻国家政治意志，压制分裂主义的空间，维护国家完整统一。

新中国是中国共产党领导下崭新的社会主义国家，这标志着中国在现代世界体系中重新屹立。新中国几乎完整地保留了帝制王朝时代的地理版图和规模庞大的边疆。实际上，新中国的边疆治理面对的不仅仅是辽阔的地理边疆，更困难的挑战在于广阔的边疆地区充满着文化、民族的异质性，社会结构的多元性以及经济发展的高度不平衡性。边疆地区因而同时具有政治地理属性、族群和多元亚文化特征。现代民族国家建设的根本任务是构建国家认同。对于中央政府而言，边疆地区蕴含如此宽泛的意义内涵对国家治理构成巨大挑战，尤其是全新的社会主义国家理念和边疆地方的现实之间充满巨大的张力。世界历史发展表明，国民享有的共同文化、共同价值观越是广泛和深厚，越容易建立起较为稳固的国家认同；反之，国家认同难免被刚性化的社群认同所分割。①为了应对边疆治理的现实与国家建设目标之间的差距，中央政府建立了与社会主义国家配套的边疆治理体系，并在社会经济建设的实践过程中逐渐完善，以贯彻国家政治意志，实现社会主义建设的国家目标。

一、"政治集权"与"行政分权"的边疆治理顶层设计

理论上讲，现代主权国家就是要"通过一套制度体制将一定区域的人民整合为一个能够共享制度安排的统一共同体"②，因此国家制度的构建和建设是国家治理体系的根本问题。好的制度不仅可以维护良好的社会秩序、整合社会，而且可以促进生产力的发展。好的国家制度如何产

① 周平：《民族国家认同构建的逻辑》，《政治学研究》2017 年第 2 期。
② 林尚立：《现代国家认同建构的政治逻辑》，《中国社会科学》2013 年第 8 期。

生？从世界上很多国家的历史经验来看，那些在历史长河中能够持久发展、并不断巩固的国家制度，必定是契合了该国的国情和民情，并且能够促使全社会的族群、经济、历史、文化形成内在融合的制度。因此，新中国边疆治理制度的建构需要考虑王朝时期边疆治理的历史经验、边疆与内地的社会文化和经济结构差异，以及由此产生的边疆与其他地区的关系结构。

秦汉以来中国形成了成熟的中央集权制度，同时允许边疆民族地区实行与内地有一定差异的治理制度，边疆在社会制度、生产方式和文化等方面具有一定的自主治理权，这些治理制度包括羁縻制度、边郡制、羁縻州府、册封制、土司制等不同形式。尽管边疆地区都承认中央王朝的最高统治，但是中国边疆与其他地区的关系结构不是单一的地域二元关系，而是包涵着多重差异的结构关系，包括族群宗教结构、阶层结构、经济要素分配结构、社会结构等。同时，边疆社会内部也不是铁板一块，历史上边疆社会内部的宗族、宗教、阶层等关系复杂林立。因此，新中国边疆治理体系顶层设计的首要任务，是建构可以完成社会主义国家内在契合的政治制度，这也是边疆治理体系的逻辑出发点。

边疆治理制度要完成国家的内在契合，在广袤的边疆建构起具有稳固社会心理和文化传统的国家认同，这不仅是边疆治理的目标，也是中国作为一个社会主义主权国家的内在要求。但对于中国这样疆域辽阔又古老的大国而言，要实现这种契合并不容易。近代以来，辛亥革命虽然成功推翻了帝制，但是在中华民国时期国家陷入了军阀混战的状态，甚至还出现了国家政体层面上帝制与共和制交替出现的混乱局面。从世界历史来看也有类似情况，如 1789 年的法国大革命推翻了统治法国几个世纪的波旁王朝，终结了君主制，但大革命之后法国在很长时期内陷入政治体制不稳定的局面，直到1958年戴高乐实施第五共和国政治体制①后才建立了一个相对稳定有效的政府，较好地实现了国家内部的融合。中华人民共和国的成立是"任何人都没有预见到（马克思当然从未做过这种预言）'先进的'西方世界中最现代的革命理论竟然会深深根植于

———————————

① 戴高乐：《希望回忆录》（第 1 卷），上海人民出版社，1973，第 30 页。

'落后的'亚洲这片最古老的国土上"①。在新中国建立之时，已有的理论都难以完全设计出适合中国的边疆治理体系，新中国的边疆治理只能从实践中一步步摸索。中华人民共和国成立后，中央根据边疆民族地区的历史传统与现实条件做出重大理论和实践创新，就是在边疆民族地区实施"民族区域自治制度"，这成为边疆治理的根本政治制度。

民族区域自治制度作为边疆治理体系的根本政治制度，是中国共产党在长期的革命实践中摸索出来的、适合中国国情和民情的制度。早在抗日战争期间，中国共产党通过在边疆民族地区实施区域自治制度，成功地动员和组织了边疆民族地区的人民加入到革命阵营，共同抵御外侮。《关于回回民族问题的提纲》《关于抗战中蒙古民族问题提纲》等纲领性文件是在抗战时期形成的对于民族区域自治实践的理论总结。1947年内蒙古自治区在中国共产党领导下宣告成立，标志着民族区域自治实践的成功。革命战争时期实施区域自治制度，不仅广泛团结了边疆民族地区的人民群众，还有力地维护了国家领土的完整。中华人民共和国成立后，宪法明确规定各民族一律平等，从政治上确立了各民族都是社会主义大家庭中的平等一员，在制度上保障边疆各族人民当家作主的权利。

如何理解中华人民共和国成立以后的民族区域自治制度，是理解边疆治理体系的核心。放眼近代以来世界上的政治组织，国家治理结构形式可以简单地分为单一制（共和）和复合制（联邦制）两种。从治理效能的角度来讲，人口和地理规模巨大的国家采用复合制（联邦制）居多。中国是采用单一制国家治理形式的大国，中央政府在单一制国家结构形式下采取民族区域自治制度作为特殊的补充治理制度，是在国家主权框架内对国家内部的某些地区让渡部分治权给地方的制度安排，目的是使国家治理效能最大化。这里需要强调的是，中国的民族区域自治与其他国家有自治权的"地方自治"有着根本不同。中国宪法明确规定："各少数民族聚居的地方实行区域自治，设立自治机关，行使自治权。各民族自治地方都是中华人民共和国不可分离的部分。"民族自治区制度是维护中央政府权力前提下的区域自治，自治区居民都是中国公民，有履行宪

---

① 莫里斯·迈斯纳：《毛泽东的中国及后毛泽东的中国》，四川人民出版社，1989，第2页。

法职责、拥护共产党的领导、维护国家安全的义务。

此外，民族区域自治是中国共产党借鉴中国王朝时期边疆治理的历史传统，在新历史阶段解决新问题的政治智慧的表现。王朝中国自秦汉以来作为中央集权的国家持续了两千多年大一统的局面，在国家微观治理体现为"皇权不下县"，即实际执政的系列政统和知道应该这样统治天下的系列道统的分别是儒家政治理论的基础，也是中国传统政治结构中的一个重要事实①。这种在政治上实施中央集权的同时在地方治理上实施行政分权，是维持大国统治和有效治理的最好方式。政治与行政分别而行的治理经验不仅在中国历史中有良好的体现，世界历史中也有反面的例证。本书前面提及的 1789 年法国大革命后的政体交替的局面持续了近 200 年，法国思想家托克维尔认为法国大革命后政体不稳定的原因在于大革命后的法国实施政治分权，国家内部总是被各种分歧意见撕裂而难以形成统一的政治意志。在一个国家内部没有统一的政治意志很难动员广大的国民，也很难将中央政府的全部权力投放在国家想指向的任何目标上面。更为糟糕的是法国同时还实行行政集权，即国家的具体治理事务都掌管在中央政府的官僚机构里，在地方治理事务上面地方反而没有发言权和管理权②。中华人民共和国成立后的边疆治理顶层设计之所以成功，就是因为采取了契合国情和民情的"政治集权"和"行政分权"设计，首先保障在国家版图内，包括边疆地区贯彻实施统一的国家政治意志，在实现领土和主权完整的前提下，最大限度地通过让渡部分行政权力给地方，促进国家的内部整合和社会经济各要素之间的高度契合，这样的边疆治理顶层设计既确保了国家稳定和安全，使得国家可以集中精力进行社会主义现代化建设，也可以让地方灵活处理复杂的地方事务。

二、"一竿子插到底"的边疆治理机制

边疆治理体系的顶层政治制度设计的完成，并不意味着边疆治理就

① 费孝通：《论师儒》，费孝通、吴晗等著：《皇权与绅权》，华东师范大学出版社，2015，第21页。

② 托克维尔：《论美国的民主》，商务印书馆，1997，第301页。

此可以一劳永逸。民族区域自治制度在国家内部构建了族际和地域的特殊治理关系，是特定历史条件下因势制宜、因地制宜的制度安排。中央政府通过这样的制度安排确保少数族群的集体权利，但是这种在国家内部构建的族际关系由于制度而趋于固定化，有可能妨碍边疆的治理效能以及在国家全体国民中贯彻社会主义价值观。为了实现社会主义建设的总体目标，并避免政治制度所造成的族群关系结构固化，中央政府在边疆治理实践中需要建立一套"一竿子插到底"的工作体制和机制，以构成边疆治理体系的枢纽。

在中央政府边疆治理的实践中，边疆治理体制和机制的核心内容是巩固和推进边疆区域的全部人民对社会主义价值观和新中国的认同，以及由此政治共同体所决定的自我身份认同。美国人类学家本尼迪克特·安德森把民族或民族国家视为"一种想象的政治共同体"，尽管这只是学者的一家之言，但是至少表明民众的国家认同多少带有一些主观的成分，边疆治理就是要在实践中实现上述两个认同，从而把社会主义制度和新中国在民众生活中具象化。

边疆民众对国家认同的具象化是在与国家整体的互动中逐渐形成的，民众在此过程中通过生产与生活的实践提升对国家整体的认同感和归属感。中国边疆与其他地区的互动受到地理条件的严重制约①，中华人民共和国成立后，中央政府充分发挥社会主义国家集中力量办大事的制度优势，利用行政力量动员全国的各种资源全方位支持边疆建设。

首先，全国动员支援边疆，实施人才调动体制，其中一项重要的内容是向边疆基层派驻"工作队"。"工作队"是中国共产党进行边疆基层工作的优良传统，是推动边疆民族地区社会经济发展的重要力量，也是边疆治理体制和机制的重要内容。中华人民共和国成立后，中央政府有组织、有计划地在全国各地尤其是东部大城市动员了数以百万计的优秀干部、工人、科技人员和大中专毕业生到边疆扎根。1958年到1963年，中央政府从内地动员了570万青年到边疆和民族地区参加社会主义开发

---

① 罗静：《空间区隔与边疆治理——以中国边疆贫困和国家扶贫行动探讨为中心》，《中国边疆学（第十二辑）》，社科文献出版社，2020，第26页。

和建设工作。[①]他们从四面八方汇聚到边疆参加建设，在边疆成家立业，默默奋斗几十载，与当地居民共同生产生活，与当地少数民族群众建立了深厚的友谊。[②]他们对边疆社会结构的改造和生活方式的改变产生了长期影响，对边疆居民和文化的影响是潜移默化的。正是这几百万知识青年在边疆几十年的驻扎，不仅推动了边疆社会的巨大变化，而且将中央政府权威下沉到边疆基层社会。党的十八大以来，中央政府动员各级政府组织工作队深入偏远乡村进行精准扶贫的帮扶工作，这其中有很多是边疆民族地区。2014 年精准扶贫实施以来，全国共派出 25.5 万个驻村工作队、累计选派 290 多万名县级以上党政机关和国有企事业单位干部到贫困村担任第一书记或驻村干部，至 2020 年 3 月仍然在岗的有 91.8 万人。[③]

其次，中央政府史无前例地组织内地大量的工厂和生产物质搬迁到边疆，支援边疆的经济建设。在 20 世纪 60 到 70 年代，国家实施三线建设战略，内地大批工厂迁移到边疆地区。1964 年至 1980 年三线建设的 17 年间，国家对三线建设工程累计投入资金 2000 余亿元，在三线地区建成大中型骨干企业和科研单位近 2000 个。在交通闭塞、经济薄弱的内地和边疆修建公路 25 万公里；修通了成昆、川黔、贵昆、湘黔、襄渝、太焦、焦枝、枝柳、阳安以及青藏路西宁至格尔木段等 10 条铁路干线（总里程约 8000 公里）；建成了军、民品重大科研、生产基地 45 个，以及各具特色的新兴工业城市 30 个；在西部和边疆地区聚集并培养了一支强大的科技、工业队伍，仅军工部门的工程技术人员就有 20 万名。[④]

中华人民共和国成立后，中央政府建立全国动员的边疆治理体制和机制，在基础设施建设还非常落后的年代里，实现了边疆与其他地区的深入互动和经济要素的全国统筹。此过程不仅帮助全国民众更深入地认

① 中共中央文献研究室：《中共新疆维吾尔自治区委员会新疆工作文献选编（一九四九——二〇一〇年）》，中央文献出版社，2010。

② 《农十师北屯毛纺厂典型材料》，档案号：017—20—0003，新疆生产建设兵团档案馆藏；姚勇、周鲲：《20 世纪 50—60 年代内地工厂迁移新疆的历史考察》，《开发研究》2015 年第 3 期。

③ 习近平：《在决战决胜脱贫攻坚座谈会上的讲话》，新华网：http://www.chinanews.com/gn/2020/03-06/ 9116635.shtml，2020 年 6 月。

④ 孙东升：《我国经济建设战略布局的大转变——三线建设决策形成述略》，《党的文献》1995 年第 3 期。

识了边疆，也增强了边疆民众对国家的认同，并广泛地传播贯彻了社会主义价值观，实现了中央权威下沉到基层社会。全国动员机制还有一个重要意义，即从体制上成功避免了边疆地区陷入由于自身原初条件限制造成的发展陷阱，制度性地解决了全国民众参与边疆建设的动力问题。毫无疑问，全国动员机制是边疆治理体制的核心内容，是把通过生产建设实践将中央权威下沉到边疆基层、在边疆建设中贯彻国家政治意志、实现国家建设目标结合起来的工作枢纽，也是建设社会主义国家共同体的必要条件。

三、跳出民族藩篱的横向区域协调机制

随着时代的发展，边疆地区出现了新的问题亟需解决。在边疆治理制度的大框架结构中，全国动员作为中央政府自上而下发动的边疆治理工作体制在改革开放以后难以为继，因为在市场作为资源配置重要手段的情况下，中央政府难以持续实施大规模的跨地区资源调动。同时，中央政府的工作重心转移到经济建设上，国家发展战略也进行了大的调整。与此同时，中央政府对陆地边疆的开发建设方式也有所调整。

第一，中央政府以中央规划的形式将支援边疆建设制度化。20 世纪 80 年代初，中央责成当时的国家计委牵头，十几个部委参与制订了《边疆建设规划草案》。在改革开放初期，全国各地经济建设都急需经费的情况下，中央财政连续 3 年每年拨出专款 4 亿元，甚至单独编制边疆地区发展规划，促使边疆地区得到很快发展。[①]

第二，中央政府利用宏观政策引导社会资源向边疆地区倾斜。改革开放后，市场机制逐渐在经济中发挥对资源配置的决定性作用，中央政府财政支持对于边疆地区发展的驱动呈减弱的趋势，在市场机制的作用下，边疆与东部沿海地区的收入差距经历了一个先缩小、随后再度扩大并且日趋严重的过程。[②]1998 年西部地区人均 GDP 为 4052 元，折合 488 美元，比东部低 1.34 倍，西部地区的 GDP 仅占全国 GDP 的 13.49%，[③]

---

① 陈宏：《论新中国成立以来的援疆政策》，《新疆师范大学学报》2012 年第 6 期。

② 蔡昉：《城乡收入差距与制度变革的临界点》，《中国社会科学》2003 年第 5 期。

③《中国统计年鉴 1999》，中国统计出版社，1999，第 55、63 页。

西部和东部地区经济发展水平和人民生活水平的差距越来越大，广大的陆地边疆地区大多在西部。同时有关研究也表明，全国整体的经济增长对边疆地区贫困减少的作用并不明显。①因此在 21 世纪初，中央政府因应时代的变化，实施了"兴边富民行动"和"西部大开发"战略，目的在于通过政策手段引导社会资源向边疆地区倾斜，弥补边疆治理的政治制度和治理体制的漏洞，缩小边疆与其他地区的差距。

"兴边富民行动"是 1998 年由国家民族事务委员会首先倡导并推动的工作，覆盖了内蒙古、辽宁、吉林、黑龙江、广西、云南、西藏、甘肃、新疆 9 个边疆省区的 140 个陆地边境县（市、区、旗）和新疆生产建设兵团的 58 个边境团场②，这些区域的面积达 200 多万平方公里，占全国国土面积的 20%多。中央政府在 20 世纪末实施"兴边富民行动"的同时，还实施了"西部大开发"战略。③中国西部地区自古以来就是多民族大聚居、小杂居的地区，至今仍是少数民族和民族自治地方最为集中的区域，因此西部大开发也就是民族地区大开发④。"西部大开发"战略与"兴边富民行动"旨在利用中央行政权力对生产资源进行地区之间逆市场化配置，将资源向边疆落后地区倾斜，以达到国家内部的地区协调发展。研究表明，"西部大开发"的实施通过大量的实物资本投入特别是基础设施投资，促使中国区域经济发展从趋异转向收敛。⑤

第三，改革开放以后中央政府制定了经济发达地区对边疆的对口支援政策，在一定程度上将边疆与内地的人员和经济交流制度化和固定化。

---

① 李小云、于乐荣、齐顾波：《2000—2008 年中国经济增长对贫困减少的作用：一个全国和分区域的实证分析》，《中国农村经济》2010 年第 4 期。

②《兴边富民行动"十三五"规划》，http://www.gov.cn/zhengce/content/2017-06/061content_5200277.htm。

③ 西部大开发覆盖的范围"包括重庆市、四川省、贵州省、云南省、西藏自治区、陕西省、甘肃省、宁夏回族自治区、青海省、新疆维吾尔自治区（新疆生产建设兵团单列）和内蒙古自治区、广西壮族自治区。其他地区的民族自治州（湖南省湘西土家族苗族自治州、湖北省恩施土家族苗族自治州、吉林省延边朝鲜族自治州），在实际工作中比照有关政策措施予以照顾"。中华人民共和国中央人民政府，http://www.gov.cn/gongbao/content/2001/content_61158.htm，2021 年 5 月 28 日。

④ 牟本理：《在中国西部民族地区纪行暨兴边富民行动报告会上的讲话》，《人民日报》（海外版）2000 年 12 月 21 日，第 11 版。

⑤ 刘生龙、王亚华、胡鞍钢：《西部大开发成效与中国区域经济收敛》，《经济研究》2009 年第 9 期。

1979 年通过中央 52 号文件以国家政策的形式将"对口支援"措施正式确定下来。1980 年召开的第一次西藏工作座谈会，标志着全方位对口支援西藏的工作开始。2010 年 5 月召开第一次新疆工作座谈会，全国 19 个省市启动新一轮的对口支援新疆工作。

第四，进入 21 世纪以来，全球经济互动的广度和深度在人类历史上都是首次，中国的陆地边疆在大历史背景下被赋予了特殊的使命，边疆治理也面临新的挑战。党的十九大报告强调中国要"推动形成全面开放新格局"，因为"开放带来进步，封闭必然落后。中国开放的大门不会关闭，只会越开越大"。在全面对外开放战略格局下，边疆地区的发展问题已经不仅仅是国内的社会经济建设问题，周边国家对陆地边疆发展的影响越来越多，由此中央政府实施了一系列新的治理方略和政策。对外而言，陆地边疆分别与邻国以契约的形式建立了国家之间多边或者双边的贸易通道（走廊）①，这些"走廊"为边疆全面对外开放带来新的机遇和空间，也对边疆治理提出了新的挑战。为了因应这些挑战，中央政府建立了自由贸易区，截至 2020 年底自贸区数量增至 18 个②，尤其值得注意的是，广西、云南和黑龙江首次在陆地边疆地区布局自贸试验区。新时代的边疆被赋予新的内涵：广西自贸区将通过深化与东盟的开放合作、推动建设国际陆海贸易新通道；云南自贸区将通过与越南、老挝、缅甸等周边国家合作发展，建设连接南亚东南亚大通道的重要节点；黑龙江自贸区将推动东北全面振兴、着力深化产业结构调整、建设面向俄罗斯及东北亚的交通物流枢纽等。

中华人民共和国作为一个现代主权国家，同时也是一个全新的社会主义国家，必须要构建顶层的制度设计，并在此制度下形成一套治理体系，方能使边疆与整个国家和社会融合为一个有机政治共同体。边疆治理体系在某种意义上就是马克思所表达的要在国家内部达成"一种契

---

① 中蒙俄经济走廊、新欧亚大陆桥走廊、中亚西亚经济走廊、中巴经济走廊、孟中印缅经济走廊、中国-中南半岛经济走廊以及中国-东盟命运共同体。

② 中国 18 个自贸区包括上海、广东、天津、福建、辽宁、浙江、河南、湖北、重庆、四川、陕西、海南、山东、江苏、河北、云南、广西和黑龙江。

约"①。中国作为一个人口、地理规模巨大的政治体，其内部的这种"契约"或者治理结构必定是多层次的，自上而下包括国家政治制度，国家制度安排下用以协调各相关要素的体制或机制、根据时代而灵活处理治理难题的宏观政策。这三个层面的"契约"构成了边疆治理体系。

上述三个层面的"契约"构建始终紧密围绕两大国家建设目标：一是对边疆人民进行广泛而深入的国家认同和社会主义政治理念认同的塑造，使其变成合格的公民；二是把贫穷落后的旧中国变成繁荣富强的社会主义新中国，使得边疆各民族与全国人民一起实现共同富裕。边疆治理体系的构建要围绕上述国家建设目标，在实践中很好地处理中央与边疆的权力支配关系，边疆与其他地区之间的利益分配关系、协作关系等。

边疆治理体系的构成逻辑便是要很好地处理上述结构关系。首先是处理中央与边疆的权力支配关系。中央政府在政治制度的顶层设计上赋予边疆人民当家作主的政治权利，同时以政治集权来贯彻统一的国家政治意志，在边疆民众中建立广泛深厚的社会主义制度认同和国家认同。民族区域自治制度很好地处理了中央与边疆的权力关系，但是在这种政治格局下容易造成族际和地域关系固化，为此中央政府实施"一竿子插到底"的全国动员机制，以克服边疆的地理发展障碍，在提高边疆治理效能的同时广泛深入宣传贯彻社会主义文化和价值观，使得中央权威下沉到边疆基层。其次对于边疆与其他区域之间的结构关系，中央政府与时俱进地采取对口支援、西部大开发、兴边富民、沿边开放等宏观政策，灵活地处理不同时代出现的挑战，以实现边疆与内地共同富裕的社会主义目标。

总体来说，中华人民共和国成立后的边疆治理体系是由"政治制度—体制机制—宏观政策"构成的纵向三位一体政治规则体系，它们之间相辅相成，协调运转，保障国家整体秩序，推动边疆发展。中华人民共和国成立以来，历经70多年的持续建设和发展，今日中国的边疆已经不是地理上的边缘之地和拱卫国家核心的边缘地带，而是作为建设国家

---

① 中共中央马克思恩格斯列宁斯大林著作编译局：《马克思恩格斯全集》（第 3 卷），人民出版社，2012，第 73 页。

的重要力量与其他地区一起平等地参与国家建设。未来边疆和国家的结构关系也会发生改变，会使既有的机制或者政策发生变化，但是不管如何改变，边疆治理体系将永远朝向构建稳固的国家命运共同体的方向继续完善。

第四章 "边疆性"：中国边疆学的学术主体性

新中国成立以后，中国共产党带领全国人民进行的社会主义建设，是人类历史上的伟大创举。新中国的边疆治理不断在实践和理论上进行探索，中国共产党如何治理边疆？取得了什么经验？又有哪些教训，都是中国边疆学的理论所要囊括的。在国家边疆治理的实践中，我们发现同样的问题到了边疆表现出不一样的面向，有时候甚至是完全不一样的问题。同样道理、同一个问题在边疆的解决思路和办法与其他地区有时候是完全不一样的，甚至其间的差异大到难以理解。从学术的角度看，边疆作为一个研究对象体现出的独特"边疆性"，正是中国边疆学的学术主体性所在。什么时候中国边疆学把"边疆性"说明白了、解释清楚了，就可以说中国边疆学的自主知识体系构建的基础部分完成了。

第一节 中国边疆研究的"边疆性"

精准扶贫在全国实施以来，边疆地区的贫困原因和扶贫手段展现出与其他地区不一样的"边疆性"。笔者对云南省的边境县红河县牛红村实施精准扶贫的调查为案例，探讨贫困问题的"边疆性"。调研发现牛红村农民外出务工获得了大量的现金收入，可是这些务工收入并没有转化成在农村发展产业的资本，他们年复一年游走在城市与村庄之间，务工农民中只有极少数农民成功地在城镇定居生活，大多数农民仍然处于游走状态。很多在外务工了十几年的农民又回到家乡，不同的是他们不再重复父辈的生活，不再像祖辈一样完全向土地讨生活，他们利用务工的经验和积累的资金，努力开创新的农村生活，但实际上效果不好。因此这些农民的生活和劳动似乎陷入一个循环：务工——消费——再务工。那么农民们外出务工所赚到的钱都去了哪里？为什么外出务工在帮助农民脱贫以后，没有能够继续带动牛红村民走向富裕？

一、牛红村的基本情况及贫困原因

牛红村位于云南省东南部的红河县垤玛乡，隶属于红河哈尼族彝族自治州，是该州最为偏僻的哈尼族村寨，也是云南省精准扶贫建档立卡贫困村。牛红村所隶属的垤玛乡地处红河、玉溪、普洱三地州市交界处，是红河县所管辖最远的一个乡，距红河县城 123 公里。垤玛乡道路基础设施很落后，乡政府距离国道 213 线与 323 线（两条国道在元江至墨江段有重叠）28 公里，但这 28 公里一直是泥土路，进出十分不便，是制约垤玛乡脱贫的"瓶颈"。

牛红村又是垤玛乡所属的 6 个行政村里最为贫困的行政村。牛红村人均耕地（水田）面积不足 1.5 亩，都是山间的哈尼梯田，尽管还有零星山区的旱地主要种植玉米、荞麦等，但旱地对于牛红人的生计是微不足道的。牛红村民们种植的粮食一般只够半年的口粮，人多地少、土地贫瘠是牛红村贫困的主要原因。截至 2016 年 12 月，牛红村共有 638 户、3280 人，建档立卡贫困户 415 户、1834 人，建档立卡户的比例高达到 65%，贫困面非常大。

牛红村的粮食种植在哈尼梯田中。哈尼梯田[①]的景色美不胜收，但是红河州的哈尼梯田景观主要是在元阳县，云南省政府的旅游配套也集中在元阳地区，因此红河州的其他地区很难分享旅游收入的蛋糕，更别提垤玛乡这样偏远的地区。牛红村哈尼梯田中出产的是红米，产量非常低，年景好的时候每亩产量最多 300 公斤，如果遇到年景不好的时候，牛红村人种植红米还要倒贴化肥种子钱，算下来一亩水稻亏 40 元。在这样的情况下，人均一亩半的田地所产的红米只够维持半年的口粮，牛红村人种植粮食无法解决温饱。尽管村民依靠养殖稻田鸭子和当地的小耳猪等副业贴补家用，但在很长一段时间里，吃饱饭对于牛红人是个问题。即便如此，哈尼族家庭每年都要在微薄的农业产出中留出一些粮食来"烤酒"，以便在重要的节日里饮用，这就使得粮食不足的问题更加严重。

---

① 2013 年 6 月 22 日哈尼梯田被列入世界遗产名录，成为中国第 45 处世界遗产。

牛红村村民的农作物收入不能解决温饱问题，村民还需要用现金在市场中购买粮食，而实际上牛红人在当地获取现金收入的难度非常大，地理位置以及受教育程度偏低等因素都限制了牛红村民在当地市场中通过商品和劳动力的交换获取现金。

首先，牛红村的位置太过偏远，从牛红村下山来到垤玛乡政府所在地驱车至少半个小时，而走出垤玛乡要经过 28 公里的泥土路，才能到连接外界的国道。地理位置的偏远造成市场交易范围仅局限在当地，外面的商人同样也很难进来，当地农产品的同质性又造成村民们兜售农产品十分困难。其次，作为完全的哈尼族村落，牛红村也因袭了哈尼族多生育的传统，当下年轻一代的家庭中生育 4 个孩子非常普遍。牛红村的家庭由于孩子多和长期的贫穷，普遍不重视子女教育，我们的抽样调查结果显示，牛红村的文盲率高达 60%，村庄里的老人基本都不识字，更不会讲普通话，甚至很多年轻妇女也不识字。这种情况随着最近几年国家在农村教育投入力度的加大才有所改变。

正是由于以上原因，牛红村人只得以"乞讨"手段获取现金收入。2011 年，一场名为"微博打拐"的公益活动让来自垤玛乡的大批乞讨儿童进入公众视野，并引起社会各界的关注，包括牛红村在内的几个村寨成了有名的"乞讨村"。乞讨事件曝光之后，垤玛乡的状况引起了上级政府的重视，增加了对牛红村的投入，于是牛红村在 2012 年通了电，2017 年村村通了公路。与此同时，当地政府对乡民进行了专门的劳动技能培训和劳务输出培训，使村民与外界联系增强，牛红村自发外出务工的人也日益增多。现在牛红村几乎每家都有劳动力外出务工，务工的收入已经是牛红村村民最主要的收入来源。

党的十八大以来，牛红村村民的生活和牛红村的基本面貌发生了翻天覆地的变化，温饱已经不是困扰牛红村村民的问题，儿童入学率达到100%，现在牛红村没有一个失学儿童，再也不是乞讨村了。目前耕田已经不是村民的主要生计来源，仅作为家庭收入来源的补充。牛红村人在当地政府的领导下，采取多种方式立志甩掉"乞丐村"的帽子，诸如发展养殖业，兴办新式合作社等，但是目前阶段富余劳动力外出务工仍然是村民脱贫致富的最重要方式。事实上，当地政府也把引导村民外出务工作为脱贫的一项重要举措，并提出"一人外出务工，全家脱贫致富"的口号。牛红村几乎每个家庭的青壮劳力都外出务工，留在家里的是"三八六一九九"（即妇女、儿童及老人）。据垤玛乡政府工作人员介绍，全乡17000多人，常年外出务工的有将近4000人，按照垤玛乡3000左右的家庭规模来算，每一个家庭至少有一个外出务工的劳动力。我们在调研中了解到，一个外出务工的村民一年可以往家里汇入1万元左右现金，家里劳动力多的家庭，汇款会达到2—3万元。从调查的结果来看，牛红村的外出务工家庭并没有出现"大户"，只有为数不多几个会开挖掘机的农户家庭年收入有5—6万元，其余家庭都在1—3万元左右。打工没有出现"大户"主要是由于牛红村农户的受教育水平低，在外务工从事的都是不需要技能的工作，因此收入不高。在牛红村能够接受高中教育的人凤毛麟角，而从事技术性工作最起码需要高中教育水平。

牛红村大量青壮年流向劳动力市场，确实有利于增加农民收入、提高村民生活水平，然而摆脱贫困之后牛红村和村民个人下一步的发展，仍然是一个困扰政府和村民的问题。对于牛红村未来的发展，乡政府层面和农户个体层面出现了认识上的断层：垤玛乡的主要领导认为垤玛乡在未来要发展，还是要在当地创造非农的就业机会，让牛红人不必远走他乡就可以在当地务工，所以乡长积极争取外来投资，在垤玛乡建设了"闷锅酒"①厂，使哈尼族的传统特色产品形成产业化；然而村民们并未把未来的发展致富寄希望于乡里的酒厂，也不热心农村产业的发展，他们依然把外出务工作为增加家庭收入的主要来源。

其次，牛红村村民对于当地的发展还是固守小农思维，期待扩大自己的农业生产规模来致富。我们对牛红村的抽样调查显示，村民们认为未来发展最急迫的是"缺资金"，其比例为53.85%，其次是"缺劳力"（9.2%）、"缺技术"（9.2%）。村民认为"资金"仍然是村民未来个人发展的最主要掣肘，村民们希望有资金可以投资自己的农业生产。现阶段，牛红村的村民早已不再缴纳农业税，政府对农民种粮、购买农机等也实

---

① 闷锅酒是按哈尼族传统的做法所酿制的酒，是所有哈尼族家庭的生活必需品。垤玛乡的闷锅酒在红河县非常有名，蒙自红河学院的老师得知我们课题组要前往垤玛乡调研，还托我们帮着捎带些当地的闷锅酒，足可见垤玛乡的闷锅酒的名气。

行财政补贴，这些举措有利于农民生活的改善，但是要扩大农业生产规模还是需要自己的资金投入。笔者调查发现，牛红村村民自 2012 年开始大规模外出务工，经过几年的积累，目前中等家庭基本都有了些许存款，但是村民们仍然表示没有资金来扩大农业生产规模，那么每年春节汇回来的 3000 万元都去哪里了？这些钱为什么没有能够帮助农民在当地发展农业生产？

二、农业生产逻辑与市场逻辑

牛红村人外出务工的目的是改善自己家庭的生活条件，故牛红村外出务工者很少把务工收入在城市里挥霍掉，而是尽量都带回家。我们的调查显示，目前村民们供子女读书并不构成家庭负担，这主要是由于国家对于农村义务教育的扶持力度很大，不仅仅是学费全免，就连学生的午餐费几乎都由政府来承担了。牛红村许多外出务工者，他们对家乡充满感情，期望在家乡投资而获得更高的回报，他们或者联合外面的朋友，或者跟自己的亲戚一起凑钱为扩大农业生产而投资。个体的家庭养殖与规模化养殖不仅是体现在数量的增加，而是生产逻辑的转变，农民并没有意识到这中间的差别。同时，作为势单力薄的农民个体投资者，仅凭一腔热情在市场中投资，而缺乏现代市场规则的相应知识，必然风险极大，投资失败的概率很高。

（一）精确计算的失误：从个体到规模的差别

很多在外务工的村民都想回到牛红村进行农业投资，他们的见识和经验比较丰富，属于牛红村的"致富能手""经济精英"，他们的受教育程度普遍比一般村民要高，既是爱动脑子的勤快人，也是热爱家乡的人，但是他们的创业过程颇多艰难。在牛红村，当地的种养殖大户非常少，只有零星几个，养殖的规模也不大，最多十几头猪。调研过程中，笔者遇到两个比较干练且有经营管理经验的返乡创业者，一个是独家自然村的朱福光，另一个是牛红村农村电商负责人朱者伟，从他们在牛红村的投资经历可以对其中的风险窥见一斑。

朱福光是牛红村的一个自然村——独家村的村民，独家村只有 4 户居民，所以并入腊约村民小组。朱福光算得上是村里的致富能手了，他高中毕业就外出务工，几年积攒了一笔不少的资金。2017 年 8 月，朱福光与连襟（其妹妹的丈夫）准备合伙在牛红村投资建设养猪场，饲养当地的小耳朵猪。他们将自己全部的积蓄投入到养殖工厂的建设中，朱福光为了节约资金，建设过程不请工人，都是自己亲自在养殖场工地拉沙、砌墙、挖塘。但养殖场建设了一半就停工了，因为投资已经大大超过了他的预算，他已经把自己的积蓄全部花光了。他对笔者说，养殖场何时完工，他一点把握都没有，至于购买种猪的资金更是没有着落。现在朱福光居住的房屋破败不堪，已经属于危房，他希望政府的精准扶贫可以帮他把房屋修葺，但是他家的收入状况已经超过了国家贫困线，不属于建档立卡户，坪玛乡政府和村委会还在商量如何处理他们家的危房改造问题。

笔者分析，朱福光对于投资经营养殖场的风险估计远远不够，是造成他投资失败的主要原因。朱福光对于开办养猪场可以赚钱这点深信不疑，他的信念来自以往的生活经验。以养一头牛的获利为例，一头牛仔的价格是 2000 元，养一年后在市场中出售的价格为 1 万元，这样算下来一头牛一年可以赢利 8000 元。饲养牛的草料来自山上的野草，饲养的过程只是每天派人到山上放牛，每两周喂食盐，而且盐的成本很低，其他方面并不需要特别的资金投入。从简单的账面数字计算，养一头牛的盈利至少一倍以上，因此扩大养殖规模就是赚钱的最好手段。其实，不仅仅是朱福光如此算账，我们调研中了解到几乎所有农户想到的未来致富手段首选就是养殖业（牛、羊、猪），这也可以解释在抽样调查中大多数农民认为自己致富的限制是"缺资金"，农户有了资金首先想到的就是发展养殖业。

实际上，牲畜养殖从 5 头到 50 头不仅仅是数量的增加，其生产逻辑也已经完全改变，大规模的牲畜养殖属于产业生产的范畴，其包含的内容并不仅仅是农业生产的特质，大规模喂养的过程和最后的销售都需要精心的计算。朱福光对于盈利的计算显然并没有考虑这么多。并且，朱福光对于预算的把握能力也与现代化生产的投资思路不匹配，他甚至连运营养殖场的资金都没有准备好就已经开始建造养殖场。在他的理解中，牲畜吃的都是免费的，并不需要投入，因此养的越多赚的越多。调研中我们发现持有这种想法的农户非常普遍,洛玛自然村有一户建档立卡户,他将自己所有的积蓄 3 万元投入鱼塘建设中,鱼塘建到一半时,他已经身无分文,之前他预计鱼塘建成后每年可以带来 20 万元的收入。

从以上案例可以看出,农民从事小农生产和经营所获取的知识、经验和资金并不能帮助他们顺利地转型成为大的养殖场主。从表面上看,甚至农户自己也这么认为,资金是限制发展规模的第一大掣肘,但实际上牲畜养殖规模增大的背后,是家庭农业生产向产业化生产的转变,而农户的生产经验并不足以应对这样的转变,然而他们并没有意识到这一点,因此很多农户的积蓄都被填入这样的鸿沟。从以上两个案例可以看出,个体农民的农业生产从小规模养殖到农业生产大户的转变,并不是单纯的增加资金投入就能解决的,这个转变是农业生产逻辑向工业生产逻辑的转变,这样的转变不会自然而然发生,背后需要现代生产知识和规则的支撑。

（二）契约、信任与市场

农户在经营过程中,也意识到发展规模养殖业必须借助"外力",包括资金、销售等,但是农户个体在与外部世界合作的时候并没有契约意识来保护自己,这也是农户在市场合作和竞争中处于不利地位的原因之一。

朱者伟是牛红村委会宗和村民小组的人,也是牛红村农村电商负责人。他算是牛红村年轻一代中的精英。朱者伟 1986 年出生,中专毕业,后获得红河学院函授本科学历。中专毕业后,他在广州、四川及东北等地务工,平时省吃俭用,积攒了一笔创业基金,后回乡投资 20 多万元（自己积蓄与筹借 10 多万元,另外 10 多万元银行贷款）在牛红村建造了 760 平方米的养猪场,这是牛红村有史以来最大的养猪场,建成以后可以养 500 头猪。

调研时,朱者伟的养殖场虽然已经建成,但是他负债十几万,没有钱购买种猪,他准备再次外出务工赚钱来还债。当初,他在昆明打工时认识了一个朋友,朋友听他说牛红村的小耳朵猪非常有名,很多外地人前去购买,于是这位朋友劝说朱者伟回家建养殖场,只要养殖场建成,剩下的事情（包括资金、运营和销售）都由这位朋友负责。但养猪场建成后，朋友家里出了事情，这样养殖场投资事宜就搁置了。朱者伟谈起此事，十分无奈，他曾想通过村民集资的方式来解决资金不足的问题，但响应者寥寥无几。

朱者伟筹建养猪场的时候，全部家当只有资金 6 万余元，为节约费用，建筑材料都是自己亲自运送进来的，很多建设工程也是自己和妻子动手完成。面对目前养猪场的情况，村委会也是一筹莫展，正好牛红村农村电商事务需要有一定的知识与阅历的人负责，故电商事务暂由他负责。农村电商事务负责人每月工资仅 800 余元，提成根据商品销售金额抽取。这对于朱者伟当前的负债来说，无异于杯水车薪。

村民外出务工以后面对的是陌生人的社会，在这样的社会里奉行的规则与传统的村庄熟人社会是不一样的。陌生人之间的信任构建需要一定的条件，买卖双方甚至合伙人之间都需要契约的保障，经济行为才能够继续下去。村民社会是个熟人社会，熟人社会里祖祖辈辈居住在一起就是最大的契约，人与人之间的欺诈行为代价非常高，背信弃义的人甚至无法在村中继续生活下去，因此农村的村民之间信任度非常高。但是作为陌生人聚居的城市截然不同，陌生人社会的合作需要契约作为保障，契约也是对当事人的制约。上述案例中朱者伟在他的朋友事先没有任何资金和其他形式的投入，也没有签订任何书面的合作协议下，就盲目相信朋友许诺的投资，而倾尽自己全部积蓄投资养猪场。这一方面反映了农户的淳朴，对于许诺的轻信不疑；另一方面也说明了农户没有契约意识，不知道如何保护自己。更深层次的原因是，农民从熟人社会走向陌生人社会以后，生活规则发生了变化，自己并没有转变，从而带来问题。

总体而言，市场的风险大大超出农户的想象，根据农村小农业生产的逻辑在市场里进行投资风险极大，而农户对于市场和投资的判断恰恰来自小农业逻辑，这是农民进行投资的最大风险。

三、农民与习俗的抗争

牛红村村民即使大部分都外出务工，并且常年不在村庄里，但是他们的行为仍然合乎村庄里的习俗和规矩，村庄里的习俗和规矩涉及所有的家庭，这是千百年来维系农村社区的力量。历史上，正是这种力量使得牛红村的村民们能联合在一起共渡难关。但在今天，有些习俗却使每个人都感觉压力很大，却没有人敢于第一个出来打破这个习俗，因为这意味着跟村庄里所有的人切断联系，而这样的后果是任何人都无法承受的。

（一）难以抗争的风俗

牛红村是个完全的哈尼族村落，村民们至今仍然在奉行哈尼族的生活传统，崇尚孝道，事死如事生，因此故哈尼族的葬礼是非常隆重的，一个葬礼至少要杀几头牛（1 头牛的价格是 1 万元）。农业生产中，牛是哈尼人家的重要生产工具，也是家里重要的财产，但村民依据习俗在葬礼中要宰杀耕牛，而且认为宰杀耕牛越多子孙越孝顺。故在哈尼族葬礼过程中，大量的牛被宰杀，多的要宰杀 7 头牛，一般的也要 2—3 头牛，再加上其他方面的消费，因此一次葬礼最少要 4 到 5 万元，多的甚至花费 20 万元。这种习俗使村民攀比成风，很多本就贫困的家庭更因之债台高筑。葬礼开销，对于当事者来说是个沉重的经济负担，但是牛红村没有村民敢第一个站出来打破这种风俗，因为这不仅仅会被村民认为"不孝"，而且也无法对逝去的长辈"交代"。

尽管一次葬礼可能会使一个普通家庭陷入贫困，但村民依然循规蹈矩地遵循这种习俗。除丧葬开销外，其他名目的请客送礼（嫁娶、老人祝寿、儿女满月、乔迁新居等）也是导致村民务工收入难以积累的原因。而且这些无休止的开销，可能使得刚刚从贫困中走出的群众又有返贫危险。这类不良现象的存在给牛红村村民的脱贫致富造成了重大障碍，更不利于村民将有限的资金投入改善生产生活状况上去。

在大力推进精准扶贫工作中，垤玛乡政府与牛红村村委会把移风易俗融入精准扶贫工作中，积极倡导厚养薄葬，以政府主导的移风易俗行动为群众减负。由垤玛乡政府出面，牵头联合 6 个行政村制定了《村规民约》，在《村规民约》中对所有村民的红白事进行规范，倡导操办婚丧喜庆事宜新规，并采取系列措施对葬礼从简者给予资金奖励。牛红村新的《村规民约》约定，村民今后在葬礼上都不再大操大办，能遵守约定的村民，乡里给予 1 万元现金奖励。在厚赏之下，有村民接受约定，并签写了保证书和收据。

然而，对于葬礼从简的移风易俗是否能够一直坚持下去，垤玛乡政府的干部和牛红村人都觉得难度很大。为倡导葬礼从简，垤玛乡政府从本不富裕的财政预算中拨款 3 万元，计划只奖励前三户人家，每户 1 万，亦即后面办理葬礼的农户就没有任何补助了。垤玛乡政府希望借助这 3 户"典型"在全乡推进移风易俗。调研组从垤玛乡政府和牛红村村委会了解到，领取了 1 万元政府奖励的村民，后来购买了一头牛招待亲戚朋友，相当于补办了葬礼，乡政府和村委会感到颇为无奈。至于后面没有补贴的村民，能否继续遵守新《村规民约》还是个未知数，乡政府和村委会心里也没底。

牛红村所辖的腊约村村民小组的第一个大学生朱黑法，对于挑战习俗、葬礼从俭也感觉并不乐观。尽管他接受了高等教育，并且也认为葬礼的大操大办给村民带来沉重负担，丧葬费用远远高于婚嫁[①]，但是未来他认为自己并没有勇气打破习俗。目前是由政府出面强制葬礼从简，以后政府不再出面强制执行了，村民们是否能够坚持下去，他很不乐观。朱黑法是家中的独子，他的爷爷奶奶、外公外婆和爸爸妈妈都还健在。他对于以后"抬老人"（葬礼）的事情十分发愁，因为没有兄弟姐妹可以分担葬礼的费用。按照目前村里的风俗，一次葬礼要花掉 4 到 5 万元，他一个人要给 6 位老人操办葬礼，这将会是沉重的负担。村中葬礼上村民之间收红包和送红包的行为不仅仅是经济的相互支持，更重要的意义是亲情友情的维系，因为在封闭的村庄里，村民之间相互承担着重大的救济责任，红包的意义对于村民来说有点像社会保障。但是实际上，牛红村村民在葬礼上收取的礼金大部分都用于吃喝排场上，挥霍一空，不仅红包钱都吃光了，还要搭上自己的积蓄，可谓劳民伤财。一些本就不富裕的家庭，因为大操大办甚至负债累累，成了"抬个老人穷三代"的典型。

（二）乡土文化中的攀比

牛红村人除了婚丧、嫁娶、满月等请客送礼的活动大操大办外，日

---

① 其实垤玛乡当地婚嫁费用并不高，年轻人实行自由恋爱，双方中意就可结婚，婚嫁费用只一二万元就可，少的几千元也行。与其他地方（也包括部分哈尼族地区，红河县城的彩礼多达十万以上，附近的马扎河乡达到十几万）相比，垤玛乡当地婚嫁费用是非常节俭的。

常生活中也存在大吃大喝现象。垭玛乡乡长周绕斌认为，这些年村子里外出打工的人比较多，但是为什么村民仍然普遍缺少发展生产的资金？那是因为很多人把挣到的钱带回村子里就大吃大喝了，没有用到发展生产上，"有人在外面攒了一年的钱，回来几天就吃光了"。因此，垭玛乡政府在推进精准扶贫中要把"移风易俗"作为一项重要工作来抓，改变历史上哈尼族形成的红白喜事铺张浪费与盲目攀比的乱象，切实给群众"减负"，为文明"添彩"。

牛红村人攀比风盛行。除大操大办丧事外，攀比豪华住房也是近年来的一种现象。牛红村传统住房是竹草土坯建成的，村民们就地取材，盖房子几乎不用花费任何费用。20世纪80年代开始，村民开始建造比较耐用的砖瓦房子。这个过程需要大量的人工，以往建造房屋的时候各家农户都是自己动手，亲戚邻居也来帮忙，所以建造房屋的成本在当地人看来并不高。

最近几年，村民开始建盖城镇里的小洋楼，这对于贫困的牛红村人来说又成为一个沉重的经济负担。牛红村盖新式楼房的成本之所以很高，主要是因牛红村地理位置偏僻，交通不便，建筑材料必须从很远的地方运进来，运输费用比物料费用高很多。调研发现在牛红村，有很多没有完工的二层"露天房"或没有窗户的"烂尾"房，有的已经存在两三年了，因为没有钱继续盖下去，村民们就这样"住"在"露天房"里。牛红村村长带笔者走访了一家建档立卡户，家里新盖的二层小楼，房子虽然使用砖混材料建成了雏形，但是没有窗户，刮风下雨就用木板遮挡一下，家里面是完全裸露的红砖墙面、泥土地面。村长说这家丧失了主要劳动力，原来的房子已经快倒塌，实在无法住人，所以举债盖了这个房子。当笔者问道："可以建盖一层的楼房啊，那样可以用盖二层的钱来简单装修一下。"村民回答："村子里都建盖的是二层、三层楼房，自己建盖一层平房不适用，也没有面子。"村长告诉笔者，建造这样的房子至少需要20万元，因此只有家庭条件好的农户才能承担得起。农民建盖新式住房，本无可厚非，这也是改善农民居住条件的必要举措之一，但是很多农民家里并没有那么多常住人口，在举债建盖新式"洋楼"后，大多数房间都闲置不用，甚至用来堆放杂物。

历史上，传统的哈尼民居的房子有两层，楼上一层用来存储粮食，下面住人或者牲畜。但是农户们认为，只有楼上也可以用来睡觉的新式的房子才是正宗的楼房。建盖新式楼房，几乎花光了农民所有的积蓄，甚至有的农户还被迫借债。这样的住房对村民们"面子"的满足要大于实际的居住意义。

四、钱都去哪里了

牛红村的农户通过外出务工都摆脱了温饱问题，每年务工汇回来的钱（每年 3000 万元人民币）大大地超过乡财政收入（垤玛乡每年的财政收入只有不到 30 万元人民币）。但是村庄里大部分壮年劳动力仍然是常年游走于城市和村庄之间，村里常住人口只有老人和孩子。这种状态不仅仅是牛红村，在中国的广大农村地区都比较常见，也就是常说的"空心化"。细究起来，"空心化"的乡村尽管农民和村庄的物理联系看起来减少了，但仍然是农民的情感联系的故土，仍然是未来的归依地方，因此未来让农业成为有前景的产业、农民成为有吸引力的职业、农村成为安居乐业的美丽家园，不仅仅是政府对乡村振兴的期待，也是农民的个人追求。

鉴于少数民族乡村特有的习俗和个体农民返乡创业中遇到的社会转型带来的结构性障碍，未来乡村基层政府可以在两个方面有针对性地设计一揽子方案，帮助农民把外出务工赚的钱变成未来发展的资本。

一是通过政府在农村倡导新的生活风尚，并将新风尚规范化。在新风尚的带领下，农民不在丧葬仪式上大操大办。为此，乡政府可以成立专门的丧葬委员会，并配套一些资金。由政府出面组织葬礼，取缔过度铺张浪费的仪式，久而久之形成习惯。此举可以为农民家庭解决后顾之忧。农村大量劳动力长期外出，一定程度上造成农村传统社会结构的瓦解。传统乡村是以血缘为纽带的互助共同体，这是农民们长期以来对抗自然和人为灾害，以取得共同利益最大化和个人利益最大化的选择。但是在今天的农村，尤其是像牛红村这样的农村，传统的农业生产已经不是农民生计的主要来源，国家在农村建立的齐全的社会保障机制也覆盖了很多旧有的乡村共同体的功能。因此，村庄里原来维系村民们之间关系的很多习俗在今天变得不合时宜，但是又很难在短时间内取消。这种情况下，政府"有形的手"除了要倡导生活新风尚以外，还要在农村社区建设方面投入力量。

二是乡政府对于农民返乡创业不能任其自由发展，必须意识到农民个体在市场打拼的弱势地位。农民怀着乡土情怀回乡创业，但是由于知识结构、经验和资金的限制，在市场化的经济条件下竞争处于劣势。农民根据农村农业生产逻辑，以为放大规模的农业生产便是产业化生产。实际上，农业的规模化生产和市场化经营背后有一整套现代社会的规则在支撑，而农民尽管也参与其中的一些环节，但是依靠农民自身的力量走向规模化生产，仍然有很多结构性障碍需要克服。乡村政府可以通过发展乡村集体经济，帮助农户个体化解一些市场的风险。

三是未来的乡村振兴依然围绕着三农（农村、农业、农民）的振兴而展开。农民有强烈的建设家乡的意愿，也希望通过农业获取生计基础，国家通过扶贫政策为农村的建设基础设施，这些都是未来中国乡村振兴的希望所在。尽管《实施乡村振兴战略的意见》中强调"坚持农民主体地位。充分尊重农民意愿，切实发挥农民在乡村振兴中的主体作用"，但是在实际工作中，基层政府乃至社会公益组织仍然要在具体的项目中切实引导农民既要符合市场规律进行生产投资，也要按照市场的方式保护自己。总之，乡村振兴是国家的大政方针，是我国几亿农民未来发展的指路明灯和梦想所在，乡村振兴不仅仅是农民的事情，也事关国家整体发展，是全社会的前途和希望所在。经过改革开放四十年的发展，农民的生活水平和自由度获得了空前的提高，但是农民在市场竞争中依然处于弱势地位，农民的致富、农村的振兴仍需要全社会的支持和引导。

第二节　边疆农村如何重新组织起来

个人与社会的关系问题是社会科学研究的恒久主题。我国自 2006 年取消农业税以来，农民自由迁徙进城务工已经是当代农民的新常态生活方式，农民的生产和生活跟祖祖辈辈居住的村庄之间的联系变得松散。党十八大以来，中央将精准扶贫工作机制作为农村扶贫机制创新之一，并在全国各地农村全面实施。精准扶贫政策与以往的扶贫政策不同，是中国扶贫历史上第一次直接面向个体农户的扶贫政策。精准扶贫对于农户和村庄有什么不同影响？作为精准扶贫实施主体的个体农户与村庄场域之间呈现何种关系？

中国实施精准扶贫的成效在宏观上体现于庞大的脱贫人数：自 2014 年以来每年农村脱贫近千万人，2018 年末农村贫困人口比上年末减少 1386 万人①。在微观层面衡量精准扶贫工作成就的一个重要维度，是农户对精准扶贫满意度的评价。最近十年来，大量的研究对于农户对农村扶贫等公共政策评价的影响因素进行了分析，这些分析集中讨论了农户的个体差异以及公共产品提供的差异。由于各地农村扶贫公共政策实施的差异，因此跨地区的满意度评价比较研究很难进行。国家针对精准扶贫政策制订了一致的执行纲领，这为跨地区的比较研究提供了条件。

一、农户对扶贫等公共政策满意度的研究回顾

经济学和社会学中对农户满意度的研究源于商业研究中的"顾客满意度"理论（customer satisfaction index）。顾客满意度理论在 1985 年由美国学者提出，它伴随着美国零售商业的发展而来，随后该理论被普遍应用于经济学、政治学和社会学领域。20 世纪 90 年代以后，中国学者开始应用该理论研究农民的满意度，但是在整个 90 年代的应用并不广泛，国内研究文献中只有零星叙述，直到 2000 年以后针对中国农民的满意度研究才得到广泛的应用。目前国内学术界对农户满意度的研究主要集中在以下三个方面：

一是关于农户对于农村公共品供给满意度的研究，这是在农村开始的比较早的农民满意度研究。这些研究集中探讨政府行为和农民个人等诸多因素对农村公共品供给满意度的影响。李燕凌、曾福生的研究表明，不同地区的社会经济、地理、文化、政府财政支出水平等因素对农户满意度评价有重要干预作用。②朱玉春等的研究则证明，农民个体特征对农

---

① 中华人民共和国国家统计局：《中华人民共和国 2018 年国民经济和社会发展统计公报》，国家统计局网站，https://www.stats.gov.cn/sj/zxfb/202302/t20230203_1900241.html，2019 年 2 月 28 日。

② 李燕凌、曾福生：《农村公共品供给农民满意度及其影响因素分析》，《数量经济技术经济研究》2008 年第 8 期，第 3-18 页。

民满意度的影响是否显著则存在不同的认识。①

二是关于农民对扶贫政策满意度的影响因素研究。这些研究大都利用大规模的数据调查，利用逻辑回归（logit）回归方法对农户扶贫政策满意度背后的影响因素进行归因分析。范国旭和王志凌的研究认为农村的基本医疗保障、农户个体的经济收入状况、村里的交通改善情况及贫困户评选公平程度等因素对农户对脱贫政策满意度评价有显著影响。②刘小珉根据民族调查的数据资料进行的研究显示，民族地区的农户对扶贫开发满意度评价整体还不太高，其中影响最大是家庭人口规模，其次是家庭收入状况，再次为教育程度。尽管这些研究是在不同的区域进行，但是各类研究都表明农户的性别、区域等对其扶贫满意度的影响相对较小。③刘红梅的研究显示扶贫项目的透明度、农户的参与度、农民对减贫政策的知晓度和受益度，都与农户对扶贫政策的满意度呈正相关④。也就是说，政府如何实施扶贫对于农户的满意度的影响比个体因素重要。

三是农民对精准扶贫实施效果满意度的研究。精准扶贫政策的实施只有几年时间，因此最近几年来只有少量研究针对农户精准扶贫政策的实施效果进行评价。张晓佳等利用量表对精准扶贫满意度进行测量，研究内容主要针对农户整体的满意度⑤。刘汉成、关江华的研究表明某些地区的精准扶贫整体满意度比较高，尽管各地区的影响因素不同。⑥但是由于缺少不同地区的数据对比，单纯评价某一地区的精准扶贫满意度高低，难以发现背后的差异。

综合以上文献，大量的经验研究通过问卷调查和各类面板数据，分

① 朱玉春、乔文、王芳：《农民对农村公共品供给满意度实证分析——基于陕西省 32 个乡镇的调查数据》，《农业经济问题》2010 年第 1 期，第 59-66 页。

② 范国旭、王志凌：《贵州山区贫困农户对脱贫政策的满意度评价》，《贵州农业科学》2017 年第 12 期，第 162-166 页。

③ 刘小珉：《农户满意度视角的民族地区农村扶贫开发绩效评价研究——基于 2014 年民族地区大调查数据的分析》，《民族研究》2016 年第 2 期，第 29-41+124 页。

④ 刘红梅：《影响云南农户对扶贫项目满意度的因子分析》，《昆明理工大学学报》（社会科学版）2010 年第 5 期，第 61-65 页。

⑤ 张晓佳、谷栗、宋玉丽等：《以公众满意度为导向的政府精准扶贫绩效评价研究——基于山东省的调查问卷分析》，《经济论坛》2017 年第 8 期，第 127-133 页。

⑥ 刘汉成、关江华：《基于 Logistic 模型的连片贫困区农户精准扶贫满意度的影响因素——以湖北大别山片区为例》，《江苏农业科学》2018 年第 46 卷第 2 期，第 1-5 页。

析了不同地区的农户对于农村公共品供给的满意度、扶贫政策满意度和精准扶贫实施的满意度的差异，以及背后的个体和政策实施影响因素。这些研究对象尽管属于不同地区，但还是呈现了一些地区之间共同的影响因素。在这些已有研究中，对不同地区或者农村社区之间的满意度比较研究非常少，一方面是由于各个地区扶贫政策实施的差异，造成其间对比的难度；另一方面是由于不同地区之间自然条件差异巨大，扭曲对差异的解释。目前文献中只有少量的研究对比了一个省份内部不同区域的农户满意度，曹军会等研究发现是政府的脱贫力度不同导致了精准扶贫满意度的差异①，但是在排除政府因素之外，对于以下问题尚少述及：不同地区之间是否存在满意度的差异？是什么因素主导了这些差异？农村社区和农户个体因素是如何影响精准扶贫满意度差异的？

　　基于上述分析和认识，本研究将对比同属云南省滇西贫困山区的两个少数民族村落，并对比不同村庄农户对于实施精准扶贫政策的满意度，分析造成差异的原因。本研究所用数据来自中国社会科学院《精准扶贫精准脱贫国情调研特大项目》的村庄问卷数据。数据来源的两个村庄同处于云南省滇西边境贫困区域，都是山区类型的少数民族贫困村，在地理条件和社会环境方面具有相似性，而且这两个村庄都是云南省的建档立卡贫困村，都按照云南省统一的精准扶贫工作方法和政策实施精准扶贫，因此可以排除地方政策实施差异对满意度的影响。综上所述，两个村庄具有较强的可比性。

二、研究村庄介绍与研究假设

　　H村和N村分属于云南省丽江市和红河州，都是滇西边境贫困山区的少数民族村庄，在地理区位、生产和生活方式方面有很大的相似性，但是两个村庄的贫困程度、民族构成、道路设施条件等方面有很大差异。本研究结合已有的研究成果和两个村庄的实际条件提出研究假设，并利用调研数据加以验证。

---

① 曹军会、何得桂、朱玉春：《农民对精准扶贫政策的满意度及影响因素分析》，《西北农林科技大学学报》（社会科学版）2017年第4期，第16-23页。

1. 研究对象——H村和N村背景介绍

首先，两个村庄地理条件具有很大的相似性。H村和N村分别隶属于丽江和红河，同属于滇西边境地区，是云南省扶贫工作建档立卡贫困村。而且H村和N村都地处低纬度高海拔的山区，农业生产活动情况相似。此外，H村和N村都位于行政县的交界之处，村民们的日常生活通常需要跨越几个县来完成，与外界的沟通条件相似。

其次，两个村庄的贫困程度差异显著。N村农户的贫困程度要比H村严重许多。在2014年统计的建档立卡户名单中，N村有建档立卡户415户，1834人，贫困发生率为61.52%。H村有建档立卡户110户，447人，贫困发生率为20.84%。因此，从贫困发生的绝对数量和相对比例来看，N村的贫困面比H村农户广。见表4-1。

表4-1　H村和N村人口构成情况表

人口	总户数（户）	建档立卡贫困户数（户）	总人口数（人）	建档立卡贫困人口数（人）	实际贫困人口数（人）
H村	617	110	2145	447	447
N村	648	415	3280	1834	2018

再次，两个村庄的民族构成差异显著。H村和N村虽然都是少数民族村落，但是民族构成方面差异巨大。H村是由6个不同的民族共同组成的村落，N村是单一的哈尼族村落，世居居民为哈尼族的白宏支系。两个村落的民族构成情况见表4-2。

表4-2　H村和N村的民族构成表

村庄		频数（户）	百分比（%）	有效百分比（%）	累积百分比（%）
H村	汉族	5	7.8	7.8	7.8
	白族	18	28.1	28.1	35.9
	傈僳族	2	3.1	3.1	39.1
	纳西族	17	26.6	26.6	65.6
	布朗族	1	1.6	1.6	67.2
	普米族	21	32.8	32.8	100.0
	合计	64	100.0	100.0	
N村	哈尼族	72	100.0	100.0	100.0

最后，两个村庄道路基础设施的差异显著。整体上看，N 村的道路设施建设明显好于 H 村。尽管从 H 村和 N 村建成公路的长度来看，H 村的各项指标要好于 N 村：H 村的通村公路有 40 公里，N 村的通村公里只有 6 公里；H 村的村内通组道路有 121 公里，N 村的村内通组道路有 30 公里。但是由于 H 村的面积大②，农户居住十分分散，H 村最远的一个村民小组到村委会的距离有 20 公里，因此尽管 H 村整体的道路修建里程比 N 村多，但是 H 村未硬化路段长度有 101 公里，还有 5 个村民小组的通村道路是泥土路。

2. 研究假设

根据以上两个村庄的实地调研，本研究在以下的思考中建立假设：

其一，N 村是单一民族构成的村庄，村里的农户之间都有亲属关系，相互之间关系融洽，调研中了解到 N 村筛选建档立卡户的过程比较平静。而 H 村由于是 6 个民族共同居住，各民族之间的文化和生活有较大差异，并且在筛选建档立卡户时有过很多争当建档立卡户的事例发生，因此本研究假设 N 村农户对精准扶贫的满意度要高于 H 村。

其二，N 村的贫困程度比较深，贫困面比较广。根据曹军会的研究，在扶贫力度相当的两个村庄，贫困程度越深的村庄农户对于扶贫的满意度越高，因为农户从扶贫政策中获益比较大，个人生活质量提升明显。精准扶贫工作是中国政府扶贫历史上第一次大规模的以盯准农户个体为扶贫目标的工作，因此本研究认为 N 村这样贫困面大的村落，农户的收益面广，因此满意度也高。

其三，N 村的道路基础设施建设比 H 村好，而 H 村 14 个村民小组中还有 5 个小组的道路是泥土路，雨雪天气条件下机动车完全无法通行。以往的研究表明，农村的道路基础设施建设直接影响农户对于扶贫效果的评价，农民普遍认为修缮道路是政府的事情，不管道路的修缮到底属于哪个扶贫项目，只要修缮道路为生活提供了便利，就会对政府扶贫工作的满意度比较高。

综合以上思考，根据文献以及调研发现的两个村庄的实际情况，本研究假设两个村庄的农户对于精准扶贫的满意度存在差异，并且 N 村农户的满意度要高于 H 村。

三、N 村和 H 村的农户对实施精准扶贫的满意度比较

本研究对于精准扶贫满意度的考察区分了村庄里的两类人群，分别是建档立卡户和非建档立卡户。我们针对建档立卡户询问"你对脱贫结果是否满意"，主要考察对精准扶贫结果的满意度；针对非建档立卡户询问"你们村的贫困户选择是否合理"，意在考察对精准扶贫实施程序的满意度。

1. H 村和 N 村建档立卡户对精准扶贫实施结果的满意度比较

H 村和 N 村的问卷调查数据显示，两个村庄的建档立卡户对于精准扶贫的满意度有显著差异，并且 H 村的满意度要高于 N 村。统计结果显示，H 村 27 位建档立卡户中有 26 位对脱贫结果表示"满意"，只有 1 位表示"不满意"；N 村 49 位建档立卡户有 24 位对脱贫结果表示"满意"，有 16 位对脱贫结果表示"不满意"，占总数的 32.7%，还有 9 位表示"无所谓"，占比为 18.4%。本研究利用 SPSS16.0 对"村庄与家庭脱贫满意度"进行交互分析检验，皮尔森卡方检验（双边）[Pearson Chi-Square Asymp Sig.（2-sided）]的数值为 0.000，小于显著性水平 0.01，即 H 村和 N 村的建档立卡户对于"家庭脱贫结果"的满意度在统计意义上具有显著性。

2. H 村和 N 村非建档立卡户对精准扶贫实施程序的满意度比较

调查结果显示，两个村庄的非建档立卡户对于精准扶贫实施程序的满意度没有差异。H 村 33 位非建档立卡户中有 23 人认为"比较合理"，认为"一般"的有 7 人，占比 21.2%；N 村有 11 位非建档立卡户，认为"非常合理""比较合理"和"一般"的比例分别为 9.1%、45.5%、36.45%。本研究对两个村庄的非建档立卡户"村庄与建档立卡户选择是否合理"这个问题进行交互分析，统计检验皮尔森卡方检验（双边）的数值为 0.211，大于显著性水平 0.01，即 H 村和 N 村的非建档立卡户对于"贫困户选择是否合理"方面没有差异。

综合以上数据分析来看，H 村和 N 村的非建档立卡户对于本村建档立卡户的选择的合理性认同上没有差异，可以认为两个村庄筛选建档立卡户的工作开展得都比较公平，而且村民的认同度也比较高。而 H 村和

N 村的建档立卡户对于精准扶贫效果的满意度存在着显著差异，并且 H 村的满意度要高于 N 村，这项分析结果部分地推翻了本研究的假设：N 村和 H 村的农户对于精准扶贫实施的满意度有差别，N 村农户的满意度要高于 H 村。

针对以上调查结果，本研究继续探究为什么单一民族的村庄满意度更低？为什么贫困度深、贫困面大的村庄的满意度更低？为什么道路设施建设好的村庄满意度低？到底是什么差异造成了满意度假设的逆转？我们假设两个村庄之间的差异可能来自两个方面，一是两个村庄实施精准扶贫的工作方式和内容的差异，二是村庄其他方面的差别。

四、H 村和 N 村精准扶贫满意度差异的分析

本研究通过对比 H 村和 N 村实施精准扶贫工作的程序和内容，发现两个村庄在政策落实方面没有差异。研究发现两个村庄最大的差异在于 N 村外出务工的比例大大高于 H 村，村里的常驻人口只有老人和儿童；而且 N 村没有集体经济，只是在 2016 年精准扶贫工作开始以后，才由村支书牵头成立了两个农业合作社，之前没有任何农业合作组织；同时 N 村农户的幸福感比较低，认为村里其他人比自己生活得好，相对的贫困感比较高。

1.H 村和 N 村在精准扶贫的工作方式和帮扶内容方面的差异

刘红梅的研究表明，村干部开展精准扶贫工作的行为本身会对农户的满意度造成影响[1]，因此本研究对两个村中的建档立卡户询问"村干部是否入户调查"这个问题，以此排除村干部实施精准扶贫工作的差别，以及该差别可能对农户满意度的影响。云南省实施精准扶贫的政策规定，村干部必须到每一个农户家中进行调查，了解其家庭经济状况和致贫原因，这项工作是精准扶贫实施程序中的重要步骤，也是精准扶贫与以往扶贫方式不同的具体体现。

首先，调查数据显示，两个村庄实施精准扶贫的工作程序没有差异。

---

[1] 刘红梅：《影响云南农户对扶贫项目满意度的因子分析》，《昆明理工大学学报》（社会科学版）2010 年第 5 期，第 61-65 页。

调查数据显示，H 村 27 位建档立卡户中全部回答"村干部来家里了解过"；N 村 49 位建档立卡户中有 46 位回答"村干部来过"，占比为 93.9%。通过对两个村庄"认定建档立卡户时村干部有没有来过你家"这个问题进行交互分析检验，Pearson Chi-Square Asymp Sig.（2-sided）的数值为 0.423，大于显著性水平 0.01，即 H 村和 N 村的村干部在入户调查方面没有显著差异，本研究实地调查的结果也支持这个结论。

云南省在实施精准扶贫政策之初便制定了严格的工作流程，增强扶贫项目执行过程的透明度和农户的参与度，防止以往扶贫工作中发生的精英俘获问题。两个村庄抽样调查的数据显示，H 村和 N 村的村委会干部和乡干部都按照《云南省贫困对象动态管理工作方案》规定的工作流程进行了入户调查工作，而且两个村庄建档立卡户在这个问题上的回答也是一致的，因此可以认为 H 村和 N 村在实施精准扶贫政策的程序方面没有差异，从而可以剔除政策透明度和农户参与度对满意度的影响。从本调研的数据来看，云南精准扶贫工作在工作流程的实施方面取得很好的效果。

其次，非建档立卡户对于"本村建档立卡户选择是否合理"这个问题的认识没有差异，这说明没有当上建档立卡户的农户对筛选建档立卡户的公正性是认可的，也从一个侧面说明两个村庄执行精准扶贫政策的差异与农户对于精准扶贫满意度没有相关性。

最后，笔者实地调研中了解到两个村庄的具体扶贫做法也没有实质性的差异：H 村给予每个建档立卡户一头小牛，价值 2000 元，N 村给予每个建档立卡户两头小猪，同样价值 2000 元。因此本研究认为 H 村和 N 村在精准扶贫的帮扶工作上也没有实质差异，从而排除精准扶贫工作实施对农户满意度的影响。

2. H 村和 N 村农户外出务工比例和农业集体经济的数量差异

首先，N 村和 H 村外出务工人员的数量差异巨大，且 N 村明显多于 H 村。调研时，N 村所在的垭玛乡乡长说："N 村最大的产业就是外出务工。"从村庄提供的数据来看，N 村农户外出务工的比例是 51.52%，而 H 村外出务工人员的比例为 31.67%（详见表 4-3）。对 H 村和 N 村的"村庄与村民务工情况"进行交互分析检验，皮尔森卡方检验（双边）的数

值为 0.000，小于显著性水平 0.01，即 H 村和 N 村村民在外出务工方面
有统计意义的显著差异。

表4-3　H 村和 N 村劳动力人口和外出务工人口

村庄	常住人口数（人）	劳动力数（人）	外出半年以上劳动力数（人）	外出半年以内劳动力数（人）	外出到省外劳动力数（人）	外出到省内县外劳动力数（人）
H 村	1800	970	200	300	30	40
N 村	3280	1217	560	350	280	490

其次，两个村庄的集体经济差异显著。由于 N 村外出务工比例高，
平时村庄的劳动力非常少，因此村中没有专业大户，也没有农业企业和
家庭农场，甚至在 2016 年之前没有一个农民合作社，可以说 N 村的集
体经济活动和组织几乎是空白。而 H 村有两个家庭农场、4 个专业大户、
3 个农业企业、20 个农民合作社。

3. H 村和 N 村农户生活满意度与文化程度的差异

实践和理论都表明，外出务工是过去几十年来农民增加现金收入的
最主要手段，因此理论上讲，外出务工的人数与村庄里农户的收入应该
呈正相关，但是出人意料的是，N 村外出务工人员的比例是 51.52%，贫
困发生率却高达 61.52%。同样，H 村外出务工人员的比例只有 31.67%，
贫困发生率却只为 20.83%。文章认为造成这样差异的原因，主要是与两
个村庄农户的文化程度差异有关，N 村农户的文化程度较低，外出务工
大多从事低端劳动，因而限制了其收入提高。

首先，调查结果显示两个村庄农户的受教育程度差异显著，N 村农
户的受教育程度低于 H 村。N 村成年人的文盲率是 68.1%，26.4%的人
只受过小学教育，受过初中教育的人只有 5.6%。H 村的文盲率只有
12.5%，接受过初中教育的比例为 57.8%。通过对两个村庄被访者"村庄
与村民文化程度"进行交互分析检验，皮尔森卡方检验（双边）的数值
为 0.000，小于显著性水平 0.01，即 H 村和 N 村村民的文化程度有统计
意义的显著差异。

其次，两个村庄农户的幸福感差异显著，H村农户比N村农户感觉自己更幸福。H村64位被访者中感觉"非常幸福"和"比较幸福"的比例为35.9%，而N村只有9.7%。通过对"村庄与感觉自己是否幸福"进行交互分析检验，皮尔森卡方检验（双边）的数值为0.001，小于显著性水平0.01，即H村和N村的被访者在感觉自己是否幸福方面有统计意义的显著差异。

再次，两个村庄的农户对于自己过去5年的生活改变的认知是一致的。H村的被访者感觉生活与5年前比"好很多"和"好一些"的比例有95.3%，N村为85.7%。通过对"村庄与过去5年生活的评价"进行交互分析检验，皮尔森卡方检验（双边）的数值为0.263，大于显著性水平0.01，即H村和N村的被访者在对过去5年生活的评价方面没有统计意义的显著差异。

最后，两个村庄的农户对于自己在村庄中生活水平的认知差异显著，N村农户的自我认同度比较低。H村的被访者普遍（75%）认为自己的生活与本村多数人比"差不多"，但是N村的被访者大多数（65.3%）认为自己的生活比本村多数人"差一些"。通过对"村庄与本村多数人的生活对比"进行交互分析检验，Pearson Chi-Square Asymp Sig.（2-sided）的数值为0.000，小于显著性水平0.01，即H村和N村的被访者在与本村多数人的生活对比方面有统计意义的显著差异。

五、边疆农村如何重新组织起来

我们通过对H村和N村的建档立卡户"对脱贫结果是否满意"、非建档立卡户对"你们村的贫困户选择是否合理"进行交互分析并检验，发现两个村庄精准扶贫满意度有显著差异，并且H村的满意度高于N村，研究结果推翻了我们原来的假设。

第一，发现两个村庄在实施精准扶贫政策的程序方面没有显著差异，即精准扶贫的标准执行程序在两个村庄得到了很好的实施，因此可以排除由于扶贫工作的差异造成农户满意度差异。精准扶贫是我们国家扶贫历史上的一次重大突破，国家不仅仅是为5000多万个贫困户建立了电子档案，并对每个建档立卡户进行有针对性的帮扶，而且还制定了严格的扶贫工作流程和精准的帮扶措施，以确保政策在执行过程中的精准性。云南省扶贫办制定的《云南省贫困对象动态管理工作方案》对于建档立卡户的评议过程有详细的规定，重点突出了扶贫政策的透明度和农户的参与度，尽力避免由于扶贫工作的差异造成农户不满意。尽管 H 村和 N 村的农户对于精准扶贫的满意度有显著差异，但是两个村庄的被访者对于精准扶贫政策的执行过程以及具体的帮扶措施的评价并无实质差异。这是精准扶贫政策的重大成就。

第二，为什么单一民族构成的村庄的满意度低于多民族村落？为什么经济基础差的村庄的满意度低于经济基础好的村落？为什么道路设施好的村庄满意度低于道路设施差的村庄？这三个问题统一指向了两个村庄的这些差异：外出务工比例、村庄集体经济和村民生活满意度。本研究构建了一个解释框架：由于 N 村农户外出务工比例高，村中几乎没有劳动力常年在村里从事农业生产，因此造成 N 村的集体经济和集体社会生活的缺失。由此，生活在 N 村的农户在村庄日常生活里经济和社会活动的交集非常少，农户之间传统上因为农业生产而结成的纽带不复存在，导致村民的社区参与感弱，个人幸福感低，相对贫困感非常强烈。所以 N 村的农户即使在享受到精准扶贫的帮扶措施后，仍然感觉村中其他村民的生活比自己好。

本研究认为山区的农村社会由于土地的零散状态，以及靠天吃饭的农业属性，农户在农业生产过程中基本不需要劳动协作，因而呈现出完全的小农个体经济的状态。在小农的经济状态下，由于人类社会归属的需求，农村社区活动对于个人的自我认知非常重要。个体劳动的农民通常会将社区或者血缘亲戚作为个人生活的参照群体，通过将自身的某一方面与参照群体进行对比，从中完成对自我的认知。农业税取消以后，大量农民走出农村进城务工，导致农村社区生活缺失，因此农户不能在社区交往过程中完成参照群体的交流，自我认知的参照系统由以往的农村熟人社会逐渐转变为城市生活。因此农民回到农村社区后，尽管个人生活相对于从前务农时期获得很大的改善，但是由于参照群体的转换，仍然会产生相对贫困感，攀比心理非常严重，从而个人的生活幸福度降低。农户总觉得村子里别人过得比自己好，甚至政府的扶贫也是别人得到的更多，尽管他们并没有证据，但是这样的心理造成了其对政府扶贫政策的低认可度。

第三，本研究认为 N 村地理位置远离行政中心，其享受扶贫项目的机会较之中心地带少，这也是造成 N 村农户对于精准扶贫政策满意度低的重要原因。N 村是红河县所辖最远的一个乡，从 N 村到红河县城所在地逸萨镇的距离有 123 公里，从 N 村所在的垤玛乡到最近的国道有 28 公里，而且是泥土路，公共交通只能不定期抵达垤玛乡。N 村农户有 80% 的人没有去过县政府所在地（逸萨镇）。自国家 2006 年取消农业税，并对农村进行反哺政策以来，便在农村施行各类扶贫项目，县域是各类扶贫项目的基本承接行政单位，而县域对于各类扶贫项目的分配往往首先从县行政中心开始向外辐射，因此距离县域行政中心距离遥远的乡村得到项目的概率要小于位置近的乡村。N 村是距离县行政中心最远的乡村，村民们普遍感觉与县里其他乡村相比，N 村得到的项目少。红河县的相关负责人也承认以往的扶贫项目大多集中投向有发展潜力的乡村，一般是地理位置好的乡村。因为在整体资金有限的情况下，如果过于分散使用扶贫资金，难以产生规模效应和可持续的发展效果。国家的精准扶贫是精准到户的扶贫政策，但是 N 村农户不能分辨每次国家扶贫政策背后的意图，N 村对精准扶贫满意度低的一个原因是因为长期以来与周围地区相比的失落感所致。尽管精准扶贫政策已经很好地纠正了项目扶贫时期的地域不平等性，但是农户纠正以往项目扶贫时的认知差异仍需要时间。

综上所述，农村社区因素对于不同地区实施精准扶贫政策满意度的影响非常大，农村社区并不是农户个体的简单集合，乡村振兴也不是每一个农户的经济发展的简单相加，乡村的真正振兴一定是作为一个有机的、整体的面貌呈现。2018 年《中共中央国务院关于实施乡村振兴战略的意见》明确指出，乡村振兴的方向是让农业成为有奔头的产业，让农民成为有吸引力的职业，让农村成为安居乐业的美丽家园。农村作为有机的社会生态的社区，在农民大规模外出务工的时代背景下，加强农村集体经济和农村社区建设，重建农民在乡村中的社会纽带，让农民在农村生活中重获归属感和融入感，是乡村振兴的关键所在。

第三节　新时代中国边疆治理的新思路新实践

边疆的"边疆性"不仅仅体现在国内边疆治理的内容上，21世纪世界范围内的全球性问题也使得中国的"边疆性"呈现出全球时代特征。中国边疆地区由于特殊的区域位置、复杂的国际国内环境以及历史遗留等诸种因素的叠加，使得潜在的诸多问题日益显性化，其复杂性超过以往任何历史时期。党的十八大以来，党中央带领全国人民迎难而上，开拓进取，取得了改革开放和社会主义现代化建设的历史性成就。习近平总书记在深刻总结历史经验、深入边疆省区考察调研的基础上，发表了一系列重要讲话和指示、批示，全面并深刻地回答了新形势下中国边疆治理的一系列重大理论和现实问题，提出了富有创见的边疆治理新论断与新思想；同时在国家治理实践的具体过程中，创制并实施了一系列卓有成效的边疆治理战略，形成了新时代中国边疆治理体系。

一、新时代边疆治理体系的主要内涵

针对新时期边疆治理面临的新情况与新问题，党中央不断创新治理理念和思路，形成了一个完整的"边疆治理"体系，这个体系包括一个核心——"治国必治边"的重要思想；两大目标——促进边疆地区的发展与维护边疆地区的稳定；三大格局——边内治理、边疆治理与边外治理的结合。

（一）一个核心——"治国必治边"的重要思想

2013年3月，习近平总书记在参加十二届全国人大一次会议西藏代表团审议时提出了"治国必治边"的边疆治理新思想。这一论断高度概括了边疆治理在党和国家全局工作中的特殊重要地位。"治国必治边"治理新思想及其引领下的边疆治理方略，源于以习近平总书记为核心的党中央对当下边疆地区经济社会发展环境的整体性认识。

1. 中国政府在国际舞台上尽显大国风范

近年来，不管是"一带一路"、金砖国家开发银行，还是与韩国、澳大利亚的自贸区谈判，中国政府创制了一个又一个的议程。对此，美国国家

情报委员会称，相对财富和经济力量正"持续"且"史无前例地从西方转向东方"①。然而与整体强大的经济实力不相称的是，我国边疆的经济社会发展水平较为落后，一些传统安全、非传统安全问题日益彰显。显而易见，通过有效的治理举措，建设一个稳定、发展、安全的边疆是时代的要求。

2. 中国边疆治理体系的完善是国家治理能力的重要标志

新时代边疆治理体系完善与否，是衡量中国国家治理能力的一个重要标志。对于一个国家而言，边疆民族地区处于国家的最外缘，从管理学的角度看，治理效率存在一个递减的边际效应。加强对边疆地区的治理，形成国家构建所必需的向心力、凝聚力，是推进国家治理所面临的迫切任务。

3. 中国边疆地区特殊的战略地位决定了"治国必治边"

2017 年 5 月，国务院发布的《兴边富民行动"十三五"规划》明确提出："边境地区地处我国对外开放的前沿，是确保国土安全和生态安全的重要屏障，在全国改革发展稳定大局中具有重要战略地位。""实施兴边富民行动，对于推动边境地区经济社会快速发展，提高各族群众生活水平，加强民族团结，巩固祖国边防，维护国家统一，增进中外睦邻友好具有特殊重要意义。"②以新疆和西藏为例，中央政府将新疆定位为"我国西北的战略屏障""实施西部大开发的重点地区""我国向西开放的重要门户"，以及"全国重要的能源基地和运输通道""新疆工作在党和国家工作全局中具有特殊重要的战略地位"③等；而西藏则是"国家安全屏障""生态安全屏障""重要的战略资源储备基地""重要的高原特色农产品基地"，以及"重要的中华民族特色文化保护地"和"面向南亚开放的重要通道"④等。

① 罗伯特·莱肯：《美国必须忘掉中东，关注另一个方向的中国》，《参考消息》2014 年 12 月 4 日，第 14 期。

② 国务院办公厅：《兴边富民行动"十三五"规划》，2017 年 6 月 6 日，http://www.gov.cn/zhengce/content/2017-06/06/content_5200277.htm，访问日期：2017 年 10 月 20 日。

③ 新华社：《2014 年 4 月 27 日至 30 日习近平在新疆考察》，http://www.xinhuanetcom/politics/c1110509757.6.htm，访问日期：2017 年 11 月 21 日。

④ 俞正声：《在西藏自治区成立 50 周年庆祝大会上的讲话》，《人民日报》2015 年 9 月 9 日，第 2 版。

4. 中国边疆地区成为对外开放的前沿和窗口

在经济全球化不断推进及我国"一带一路"实施的大背景下，边疆地区已经成为中国实施对外开放的前沿和窗口。党的十八届三中全会提出要扩大内陆沿边的对外开放，构建开放型经济新体制[①]，向世界发起共建"一带一路"的倡议。由此，中国边疆各省区由传统意义上的边缘地带变成了对外开放的前沿，未来还会成为联通中国与外部世界的经济、贸易枢纽，甚至可以参与到国际的区域社会发展中，进而谋取成为国际地区的"区域中心"。[②]

（二）两大目标——促进边疆地区的发展与维护边疆地区的稳定

自改革开放以来，得益于国家经济的快速发展和边疆地区的稳定，边疆各省区的经济不断发展，民生持续改善。但就整体而言，由于特定的历史、地理等因素，边疆省区的经济社会发展水平相对落后。为此，党的十八大以来，以习近平总书记为核心的党中央特别强调发展对于边疆地区的重要性。习近平总书记在考察新疆时曾指出："发展仍是解决新疆一切问题的关键，要坚定不移推动新疆更好更快发展，同时发展要落实到改善民生上、落实到惠及当地上、落实到增进团结上，让各族群众切身感受到党的关怀和祖国大家庭的温暖。"[③]

我们必须认识到，当前乃至未来很长一段时期内，边疆地区各种不稳定因素依然存在，反分裂、反恐怖斗争仍然是长期的、复杂的，维护民族团结、维持边疆大局稳定的任务依然艰巨。缘于此，以习近平总书记为核心的党中央在不同场合均强调了维护边疆稳定的重要性。2014年4月，习近平总书记在新疆考察时提出："新形势下，新疆工作的着眼点和着力点要放在社会稳定和长治久安上。这是做好当前新疆工作的总目标。"[④]同年5月，习近平总书记在第二次中央新疆工作会议上再次强调：

---

① 《中共中央关于全面深化改革若干重大问题的决定》，2013年11月15日，http://www.90v.cn/jrzg/content_2528179.htm.2013-11-15，访问日期：2017年12月20日。

② 冯建勇：《"一带一路"的中国边疆研究新视角》，《新疆师范大学学报》（哲学社会科学版）2016年第1期，第34-41页。

③ 《习近平主持第二次中央新疆工作座谈会》，《人民日报》2014年5月30日，第1版。

④ 《把祖国的新疆建设得越来越美好——习近平总书记新疆考察纪实》，2014年5月4日，http://politics.people.com.cn/n/2014/0504/c1024-24968469.html，访问日期：2016年11月10日。

"社会稳定和长治久安是新疆工作的总目标。必须把严厉打击暴力恐怖活动作为当前斗争的重点，高举社会主义法治旗帜，大力提高群防群治预警能力，筑起铜墙铁壁、构建天罗地网。要并行推进国内国际两条战线，强化国际反恐合作。"① 在 2015 年 8 月召开的第六次中央西藏工作座谈会上，习近平总书记强调，"西藏工作的着眼点和着力点必须放到维护祖国统一、加强民族团结上来，把实现社会局势的持续稳定、长期稳定、全面稳定作为硬任务，各方面工作统筹谋划，综合发力，牢牢掌握反分裂斗争主动权"②。

李克强同志以新疆为例，对如何认识发展与稳定的关系做了很好的阐释。他在第二次中央新疆工作会议上提出："发展和稳定密不可分、相辅相成。社会稳定和长治久安是新疆工作的总目标和主要任务。着眼于长治久安的发展，是社会稳定的重要源泉，是民族团结的强大推力，是改善民生的根本保证。必须围绕稳定谋发展，通过发展促稳定。新疆的发展要体现新要求、开创新局面。要更加重视贴近百姓，更加重视惠及当地，更加重视保护环境，更加重视改革开放……确保到 2020 年新疆全面建成小康社会目标基本实现。"③

（三）三大格局——边内治理、边疆治理、边外治理的结合

如果从以边疆为"中心"的视角来观察，我们会发现，在某一特定边疆地区的两侧，分别为国家的"内地与边疆过渡带"、周边国家边疆。一个国家对某一边疆地区的治理，不仅仅涉及本国领土一侧（边疆和"边疆与内地过渡带"），在某一特定时期内，还涉及与周边国家关系的问题。边疆治理经常围绕边界而展开，它以特定的边界为中心，包括区域内治理与区域外国家关系维护。这其中区域内治理应当包括两方面的内涵：一方面是对特定边疆地区本身的治理；另一方面则是加强内地、过渡带与特定边疆地区的联系。显而易见，从联系—发展的哲学观点出发，如果国家在边疆治理中能够加强内地、过渡带与边疆的经济、社会、文化

---

① 《习近平主持第二次中央新疆工作座谈会》，《人民日报》2014 年 5 月 30 日，第 1 版。

② 《习近平的治藏方略》，2016 年 11 月 26 日，http://www.ccln.gov.cn/hotnews/141972-1.shtml，访问日期：2017 年 10 月 25 日。

③ 《习近平主持第二次中央新疆工作座谈会》，《人民日报》2014 年 5 月 30 日，第 1 版。

对接，自然可对边疆治理产生积极效应；反之亦然。

特定边疆区域治理。党的十八大以来，以习近平总书记为核心的党中央依据边疆地区的基本情况，提出了"一带一路""建设海洋强国""治国必治边，治边先稳藏"，以及"维护新疆社会稳定和长治久安"等边疆治理战略。

边内治理。在全球化经济进程中，一些国家为保护本国利益，往往会采取更为内敛与保守的经济、政治、文化政策，提高贸易保护壁垒，采取竞争性保护政策。在此情形下，我国边疆省区必将面临潜在的困难。因而，我们应把边疆治理的重心放在国内，通过中央政府的顶层设计，优化区域经济格局和国土空间，拓展国内市场，将边疆省区作为重要市场进行开辟，经由东西部区域协调发展计划，优化边疆省区的自我发展能力。鉴于此，李克强同志在 2013 年 8 月 19 日召开的"促进西部发展和扶贫工作座谈会"上指出："中国经济发展最大的回旋余地在西部边疆省区。该地区在区域协调发展总体格局中具有优先位置，是经济持续健康发展的重要支撑力量。"[①]2016 年 12 月 23 日，在审议西部大开发"十三五"规划的会议上，李克强同志再次强调："西部边疆地区是全面建成小康社会的重点难点，也是我国发展重要回旋余地。"[②]

当前，党中央特别注重加强内地、过渡带与边疆省区的联系，从制度层面推动东部发达地区与西部边疆省区的协调发展，鼓励东部发达地区对西部边疆省区进行对口援助，发达地区特别是东部地区通过对国家的贡献和财政转移渠道，落实对落后地区的支援帮助。除此以外，应该鼓励落后地区的人口到发达地区务工经商，直接分享东部地区经济发展的好处。

2016 年 3 月，中央政府发布了《国民经济和社会发展第十三个五年规划纲要》（简称《十三五规划》）。《十三五规划》对协调中国各地区的发展进行了顶层设计：未来五年，我国将"实施西部开发、东北振兴、

---

① 李克强：《我国经济发展最大的回旋余地在中西部》，2013 年 8 月 19 日，http://news.xinhuanet.com/politics/2013-08/19/c_117004016.htm，访问日期：2016 年 11 月 22 日。

② 时再：《李克强部署西部大开发，强调用改革开放创新增强发展内生动力》，2016 年 12 月 25 日，http://news.ifeng.com/a/20161225/50472488_0.shtml，访问日期：2016 年 12 月 26 日。

中部崛起和东部率先的区域发展总体战略，完善区域发展机制，促进区域协调、协同、共同发展，努力缩小区域发展差距"①。2016 年 10 月，国家发展和改革委员会正式印发《关于贯彻落实区域发展战略促进区域协调发展的指导意见》（简称《指导意见》）。该《指导意见》意在统筹协调东中西部和东北地区四大板块，优化经济发展空间格局，"促进东西部区域协调发展、协同发展、共同发展，目标在五年内形成区域发展新格局"②。关于对口援助计划，习近平总书记强调指出，这是促进边疆省区社会发展和长治久安的重大国家战略，必须长期坚持。2016 年 7 月 20 日，习近平总书记在银川主持召开了"东西部扶贫协作座谈会"并发表重要讲话，强调对口援助的重要意义，即"东西部扶贫协作和对口支援，是推动区域协调发展、协同发展、共同发展的大战略，是打赢脱贫攻坚战，是加强区域合作、优化产业布局、拓展对内对外开放新空间的大布局，是实现先富帮后富、最终实现共同富裕目标的大举措"③。习近平总书记指出，为进一步做好东西部扶贫协作和对口支援工作，必须采取系统的政策和措施，具体包括："提高认识，加强领导；完善结对，深化帮扶；明确重点，精准聚焦；加强考核，确保成效。"④

边外治理。随着经济全球化的加速演进，世界各个国家的利益和命运更加紧密地联系在一起。对于中国来说，很多问题不再局限于国家内部，很多挑战也不再是一国之力所能应对。在巨大的国际挑战面前，任何一个国家都不能独善其身，各国通力合作乃是大势所趋。这就决定了中国不能关起门来搞边疆治理，必须融入世界，积极构建开放合作的边疆治理新格局。

党的十八大以来，以习近平总书记为核心的党中央积极倡导"一带

---

① 《中华人民共和国国民经济和社会发展第十三个五年规划纲要》，2016 年 7 月 8 日，http://www.npc.gov.cn/wxzl/gongbao/2016-07/08/content_1993756.htm，访问日期：2016 年 11 月 10 日。

② 傅苏颖：《发改委目标 5 年形成区域发展新格局，区域协调迎政策红利》，2016 年 10 月 12 日，http://finance,sina.com.cn/roll/doc-ifxwrap-v1383567.shtml，访问日期：2017 年 11 月 22 日。

③ 《习近平主持召开东西部扶贫协作座谈会并发表重要讲话》，2016 年 7 月 21 日，http://www.mod.gov.cn/topnews/2016-07/21/content_4698251.htm，访问日期：2017 年 10 月 15 日。

④ 《习近平主持召开东西部扶贫协作座谈会并发表重要讲话》，2016 年 7 月 21 日，http://www.mod.gov.cn/topnews/2016-07/21/content_4698251.htm，访问日期：2017 年 10 月 15 日。

一路"，以构筑人类命运共同体为目标，以参与全球治理为载体，着力在维护周边局势、融入世界的进程中发展边疆、壮大边疆。自"一带一路"倡议提出以来，边疆各省区反应积极。云南、广西的学者对自身在实施"一带一路"中所处的连接东南亚、印度洋的桥头堡地位进行了广泛论证；新疆学者对于如何发挥新疆在丝绸之路经济带中的核心作用从历史和现实两个层面上仔细梳理，并提出建设性建议①；海南、福建等沿海地区（这些地区以往并不被认为是传统过的边疆地区）的研究者则试图将本省置于"勾连东西方海上交通的枢纽位置之上"②。与此同时，新疆提出"紧紧围绕建设丝绸之路经济带核心区推进全方位开放"；云南表示要"更加自觉主动地把云南的开放发展融入国家一带一路"；西藏强调要"积极融入丝绸之路经济带"；海南表态要"在建设 21 世纪海上丝绸之路中发挥主力军作用"；福建提出要"抓住国家建设丝绸之路经济带、21 世纪海上丝绸之路的机遇"；广西将自身定位为古代"海上丝绸之路"的重要发祥地，是新时期面向东盟开放合作的重要窗口和门户，表示要"积极参与、推动 21 世纪海上丝绸之路建设"。③

二、新时代边疆治理实践的重要内容

当代中国的边疆治理与历史时期的边疆治理有很大不同。古代的边疆治理，自秦王朝以降迄至清前中期，"严华夷之辨"，边疆治理以维护王朝统治为目标。清朝晚期及 20 世纪初民国时期，对边疆地方的治理，重在确立对边疆地区统治的合法性，维护国家领土完整。因而，构建边疆地方对中央政府的政治认同是至高无上的使命。于是，无论是"五族共和"，还是"中华民族是一个""宗支理论"，均服从于此目标。时至今

---

① 唐立久、穆少波：《中国新疆"丝绸之路经济带"核心区的建构》，《新疆师范大学学报》（哲学人文社会科学版）2014 年第 2 期，第 19-24 页；秦放鸣、孙庆刚：《新疆在"丝绸之路经济带"建设中的定位和选择》，《新疆大学学报》（哲学社会科学版）2013 年第 6 期，第 14-17 页。

② 黄端：《福建参与"一带一路"建设的地位作用及相关建议》，《福建理论学习》2014 年第 8 期，第 18-21 页；王正伟：《民族地区要在服务"一带一路"倡议大局中大有作为》，《求是》2015 年第 14 期，第 3-5 页。

③ 参考冯维江：《丝绸之路经济带：战略目标、实施基础与方案设想》，中国人民大学重阳金融研究院主编《欧亚时代——丝绸之路经济带研究蓝皮书 2014—2015》，中国经济出版社，2014，第 185-186 页。

日,处于全球化的背景之下,构筑边疆地方对国家的政治认同固然重要,但另外两个任务也被摆在同样重要的位置:一是如何在全球化的时代推进边疆地区的经济社会发展;二是以边疆为枢纽、窗口或核心区,加强与周边国家的交流与合作。基于此,本书对新时代边疆治理重大实践进行梳理和阐述。

(一)"一带一路"倡议下的边疆开发开放战略

2013年9月和10月,习近平总书记在对哈萨克斯坦和印度尼西亚进行国事访问时,提出了共建"丝绸之路经济带"和"21世纪海上丝绸之路"的倡议。后来,这两个倡议合并称作"一带一路"倡议。2014年,习近平总书记在中央民族工作会议上指出:"建设'一带一路'对民族地区特别是边疆地区是个大利好,要加快边疆开放开发步伐,拓展支撑国家发展的新空间。"2015年3月,中央政府发布《推动共建丝绸之路经济带和21世纪海上丝绸之路的愿景与行动》(以下简称《愿景与行动》),强调相关边疆省区为实施"一带一路"的"核心区""战略支点""重要门户""重要窗口"或"辐射中心"。边疆地区地位的重要性由此可见一斑。《愿景与行动》规划对于新疆、东北三省和内蒙古、广西、云南、福建等边疆省区在"一带一路"倡议中的具体定位给出了明确解释;同时,强调新疆应"发挥新疆独特的区位优势和向西开放重要窗口作用,深化与中亚、南亚、西亚等国家交流合作,形成丝绸之路经济带上重要的交通枢纽、商贸物流和文化科教中心,打造丝绸之路经济带核心区"[1];东北三省和内蒙古应"发挥内蒙古联通俄蒙的区位优势,完善黑龙江对俄铁路通道和区域铁路网,以及黑龙江、吉林、辽宁与俄远东地区陆海联运合作,推进构建北京——莫斯科欧亚高速运输走廊,建设向北开放的重要窗口"[2];广西可"发挥广西与东盟国家陆海相邻的独特优势,加快北部湾经济区和珠江—西江经济带开放发展,构建面向东盟区域的国际

---

[1] 国家发改委、外交部、商务部:《推动共建丝绸之路经济带和21世纪海上丝绸之路的愿景与行动》,2015年6月8日,http://news.xinhuanet.com/gangao/2015-06/08/c_127890670.htm,访问日期:2016年11月20日。

[2] 黑龙江日报编辑部:《西通欧洲东出海——写在"龙江丝路带"跨境通道全线贯通之际》,《黑龙江日报》、东北网,https://heilongjiang.dbw.cn/system/2016/04/25/057191936.shtml,2016年4月25日。

通道，打造西南、中南地区开放发展新的战略支点，形成 21 世纪海上丝绸之路与丝绸之路经济带有机衔接的重要门户"[①]；云南应"发挥云南区位优势，推进与周边国家的国际运输通道建设，打造大湄公河次区域经济合作新高地，建设成为面向南亚、东南亚的辐射中心"[②]；地处沿海的福建则支持"建设 21 世纪海上丝绸之路核心区。充分发挥深圳前海、广州南沙、珠海横琴、福建平潭等开放合作区作用，深化与港澳台合作，打造粤港澳大湾区"[③]。

我国大力倡导"一带一路"，在区域经济方面有利于促进生产要素向边疆省区流动和聚集，加快改善内陆边疆地区发展环境，推动内陆边疆地区经济社会又好又快发展，形成西部大开发与西部大开放相互促进的良好局面，从而实现区域协调发展的重要目标。从具体实践看，我国一些边疆省区借力"一带一路"倡议，在推进边疆对外开放、促进区域经济社会发展方面，取得了重要成果。本书以西北边疆的新疆和西南边疆的广西为例略作阐述。随着《实施意见》和《行动计划》的相继出台，新疆明确了向西开放发展的发展定位、主要目标、关键举措和重点项目。目前，新疆维吾尔自治区政府正努力把新疆建成陆上丝绸之路经济带的区域性交通枢纽。新疆各地、各节点城市也充分发挥特色与优势，整体推进形成"大合唱"。例如：乌鲁木齐市制定了"丝绸之路经济带核心区建设实施方案"；塔城正在努力将巴克图口岸打造成智慧型口岸；霍尔果斯经济开发区努力打造中国向西开放的重要窗口；"克州确立了全力打造丝绸之路经济带核心区门户巴经济走廊重要节点和南疆对外开放重要通道的战略构想"[④]。广西壮族自治区则逐步形成了"四维四沿"国际国内合作新格局。所谓四维，就是广西向东西南北四个方向寻求广泛合作：向南与东盟国家合作；向东与粤港澳台对接；向西、向北增强服务西南、

① 黄志勇：《加快形成面向国内国际开放合作新格局》，手机广西网，https://v.gxnews.com.cn/a/12540367。

② 环球网：《"一带一路"具体方案出炉，中国四大区域全面开放》，https://finance.huanqiu.com/article/9CaKrnJS4TX?imageView2/2/w/228，2015 年 12 月 7 日。

③ 参见福建省人民政府网：《福建省 21 世纪海上丝绸之路核心区建设方案》。

④ 佟向东：《充分用好建设丝绸之路经济带核心区这一抓手》，2017 年 1 月 3 日，http://news.iyaxin.com/content/content_10186523.htm，访问日期：2017 年 11 月 26 日。

中南地区开放发展功能，向发达国家开放。所谓"四沿"的对内开放格局是指：广西沿海，打造北部湾经济区开放发展升级版；沿边开放，构筑边疆民族地区开放发展新高地；沿江开放，形成珠江—西江经济带开放发展新优势；沿线开放，释放高铁和高速公路沿线，发展新活力①。

（二）"促进新疆社会稳定与长治久安"总目标指导下的治疆实践

2010年5月17日至19日，备受瞩目的首次中央新疆工作座谈会在北京召开。这次会议是在我国全面建设小康社会进入关键时期、新疆发展和稳定面临重大机遇和挑战的新形势下召开的，是中央政府首次组织召开为新疆经济社会发展出谋划策的工作会议。为期3天的会议为新疆未来的社会经济发展规划了蓝图，提出了新疆发展的时间表和战略步骤。会议通过了《中共中央、国务院关于推进新疆跨越式发展和长治久安的意见》，为新疆地区的跨越式发展和长治久安提出了具有指导意义的基本构想与战略布局。此次新疆工作座谈会针对新疆经济社会发展的部署，无论是在涵盖的规模和范围上，还是在支持和推进的力度上，都是前所未有的，其目标在于"推动新疆的跨越式发展和长治久安"。

"总的来看，新疆发展势头良好，社会大局稳定，这充分证明我们党的治疆方略是正确的，必须长期坚持，保持战略定力。但也要看到，新疆的反分裂斗争具有长期性、复杂性、尖锐性。"②目前，新疆治理面临的一个现实问题是，当新疆社会经济行进在快速发展的轨道之际，一些地区或一些行业的人们却由于历史性、地缘性等因素，无法搭上"发展的列车"，势必也就无法分享新疆经济快速发展带来的成果。因而，也导致了一些社会旧有矛盾和新的矛盾碰撞叠加，社会呈现出阶段性的脆弱性，而这些发展中的社会利益问题极易被敌对势力利用，成为引发社会安全的隐患。

鉴于此，2014年5月，在第二次中央新疆工作座谈会上，习近平总书记明确指出："以邓小平理论、'三个代表'重要思想、科学发展观为

---

① 《东博会举办地广西——以"四维四沿"新格局有机衔接"一带一路"》，《人民日报》2016年9月10日，第10版。

② 人民日报社论：《牢牢把握新疆社会稳定和长治久安总目标》，《人民日报》2014年5月30日，第1版。

指导，坚决贯彻党中央关于新疆工作的大政方针，围绕社会稳定和长治久安这个总目标，以推进新疆治理体系和治理能力现代化为引领，以经济发展和民生改善为基础，以促进民族团结、遏制宗教极端思想蔓延等为重点，坚持依法治疆、团结稳疆、长期建疆，努力建设团结和谐、繁荣富裕、文明进步、安居乐业的社会主义新疆。"习近平总书记针对十八大以来新疆面临的新情况和新趋势，做出了从希冀"推动新疆跨越式发展和长治久安"到致力于"维护新疆社会稳定和长治久安"的转变。此种转变展现了以习近平总书记为核心的党中央与时俱进的新疆治理理念。这表明，党中央将紧紧围绕长治久安这个总目标，在新常态的大背景下，不再汲汲于"跨越式发展"，而是认真处理好发展与稳定的关系。为此，我们"要坚定不移推动新疆更好更快发展，同时发展要落实到改善民生上、落实到惠及当地上、落实到增进团结上，让各族群众切身感受到党的关怀和祖国大家庭的温暖"①。2014 年 4 月，习近平总书记在新疆考察时一针见血地指出："发展是解决一切问题的关键，也是解决新疆问题的总钥匙。"②同时，我国应高度重视新疆稳定。"把严厉打击暴力恐怖活动作为当前斗争的重点，高举社会主义法治旗帜，大力提高群防群治预警能力，筑起铜墙铁壁、构建天罗地网。要并行推进国内国际两条战线，强化国际反恐合作。"

近年来，习近平总书记多次就新疆治理问题做出重要批示和指示，不仅为新疆工作指明了方向，并且丰富、发展、深化了党中央的治疆方略。新疆维吾尔自治区党委和政府坚决贯彻中央关于新疆工作的大政方针，全面落实两次中央新疆工作座谈会精神和自治区党委各项决策部署，围绕社会稳定和长治久安总目标，推动经济社会高速发展，地区生产总值由 5437 亿元增加到 9400 亿元左右，年均增长 10.7%，增速由全国第 29 位跃升至前列；积极"践行'民生优先、群众第一、基层重要'理念，始终把保障和改善民生作为工作出发点和落脚点，解决了各族群众关注

---

① 人民日报评论员：《紧贴民生推动新疆更好更快发展》，2014 年 6 月 4 日，http：//www.gov.cn/xinwen/2014-06/04/content_2693927.htm，访问日期：2016 年 11 月 10 日。

② 《把祖国的新疆建设得越来越美好——习近平总书记新疆考察纪实》，《人民日报》2014 年 5 月 4 日，第 1 版。

的诸多突出问题；维护稳定能力也得到了提高，坚持依法治疆，完善了社会要素管控机制，实现了维稳工作常态化，并且依法开展严厉打击暴力恐怖活动专项行动，维护了全疆社会大局的稳定"①。

（三）"治国必治边，治边先稳藏"战略指导下的治藏实践

西藏地处祖国西南边疆，是重要的国家安全屏障，党中央历来高度重视西藏工作。新形势下的西藏治理主要围绕以下四个问题展开：（1）如何在西藏稳定和发展的基础上维护国家安全和长治久安；（2）如何确保西藏经济社会持续健康发展；（3）如何不断提高西藏各族人民物质文化生活水平；（4）如何保护西藏生态环境。这是做好新形势下西藏工作必须回答的四大实践课题。

基于四大实践性议题，党的十八大以来，以习近平总书记为核心的党中央高度关注西藏治理问题，就西藏稳定和发展面临的重大理论、现实问题做出一系列重要批示、指示和论述。2013 年 3 月，习近平总书记在参加十二届全国人大一次会议西藏代表团审议时提出了"治国必治边，治边先稳藏"的重要思想，形成了从"稳藏""治边"到"治国"的新理念、新思想、新战略。这些重要思想对于推进西藏长足发展、长治久安具有重大意义。2015 年 8 月，在中央第六次西藏工作座谈会上，习近平总书记科学分析了西藏工作面临的形势和任务，深刻指明了西藏工作的着眼点和着力点，就实现西藏和四省藏区的全面小康与长治久安做出了战略部署。这是当前和今后一个时期西藏工作的纲领性文献，为实现西藏长足发展和长治久安指明了方向和路径。2015 年 9 月，在西藏自治区成立 50 周年庆祝大会上，中央代表团带来由习近平总书记题词"加强民族团结，建设美丽西藏"的贺匾，表达了党中央对西藏各界维护祖国统一、民族团结、宗教和睦、社会和谐的殷切希望。

党的十八大以来，西藏自治区党委和政府深入贯彻落实"治国必治边、治边先稳藏"的重要战略思想和"加强民族团结、建设美丽西藏"的重要指示，"贯彻落实依法治藏、富民兴藏、长期建藏、凝聚人心、夯

---

① 《新疆维吾尔自治区 2016 年政府工作报告》，2016 年 1 月 18 日，http://www.xinjiang.gov.cn/xxgk/gzbg/zfgzbg/2016/260685.htm，访问日期：2016 年 11 月 28 日。

实基础的重要原则。"① "坚持党的治藏方略，同时得益于全国各省区的援助，经济获得了健康快速发展，社会事业取得全面进步，人民生活亦得到显著改善，生态环境保持良好，社会大局则持续稳定。"②俞正声同志对此给予高度评价，认为："（西藏）各项社会事业全面进步，医疗卫生教育事业突飞猛进，人民生活水平大幅提升，西藏优秀传统文化得到保护和弘扬，城乡面貌发生显著变化，生态环境保持良好。民族团结不断巩固，民族区域自治制度进一步完善，少数民族干部茁壮成长，平等团结互助和谐的社会主义民族关系日益深化，群众的宗教信仰自由得到了充分尊重和保护。各族人民坚定不移地进行反分裂斗争，不断挫败达赖集团和国际敌对势力的分裂破坏活动，西藏进入持续稳定的新阶段。"③

（四）"建设海洋强国"战略及其实践

中国是一个发展中的海洋大国，拥有 18 000 多 km 的大陆海岸线，从北到南有渤海（面积 7.8 万 km²）、黄海（面积 38 万 km²）、东海（面积 77 万 km²）和南海（面积 350 万 km²）四大海区，并与朝鲜、韩国、日本、越南、菲律宾、马来西亚、文莱和印尼等 8 个国家隔海相邻，海洋与我国的国家安全、周边稳定、经济发展和社会进步息息相关。然而，受历史上"重陆轻海"思想的影响，我国海洋疆域研究在相当长的时期内未受到应有重视。尽管我国海疆研究起步晚，但是近年有不少成果问世，其中一些在国内外产生了重大的影响。进入 21 世纪以来，我国与周边相关国家因岛屿主权、海洋划界以及油气资源争夺等问题的冲突进一步复杂化。中国与菲律宾、越南、日本、韩国等国围绕黄岩岛、南沙群岛、钓鱼岛、苏岩礁等岛礁主权多次发生争端。为维护国家领海安全，有识见者致力于思考一个现实问题，即如何才能最大程度上维护中国海疆主权地位。

2012 年，胡锦涛同志在十八大报告中提出，"提高海洋资源开发能

---

① 《习近平在中央第六次西藏工作座谈会上发表重要讲话》，2015 年 8 月 26 日，http://poli-tics.people.com.cn/n/2015/0826/c1024-27516628.html，访问日期：2017 年 11 月 10 日。

② 《2016 年西藏自治区政府工作报告》，2016 年 1 月 27 日，http://leaders.people.com.cn/n1/2016/0206/c58278-28115896.html，访问日期：2016 年 11 月 9 日。

③ 《西藏 50 周年庆祝大会举行　俞正声发表重要讲话》，国务院新闻办公室网站，http://www.scio.gov.cn/ztk/dtzt/2015/33355/33359/Document/1447359/1447359.htm。

力，发展海洋经济，保护海洋生态环境，坚决维护国家海洋权益，建设海洋强国"①，这是中华民族发展史上第一次提出"建设海洋强国"目标，它不仅对中华民族的永续发展具有深远影响，对世界的和平与发展亦具有重要意义。2013 年 7 月 30 日，习近平总书记在中共中央政治局第八次集体学习会上就研究"建设海洋强国"战略部署发表了重要讲话，对"建设海洋强国"的重要意义、具体内涵及发展道路做了明确阐释。他指出，中国既是陆地大国，也是海洋大国，拥有广泛的海洋战略利益，海洋在国家经济发展格局和对外开放中的作用愈来愈显重要，在维护国家主权、安全、发展利益中的地位更加突出，在国家生态文明建设中的角色更加显著，在国际政治、经济、军事、科技竞争中的战略地位也明显上升；"要进一步关心海洋、认识海洋、经略海洋，推动我国海洋强国建设不断取得新成就。"②习近平总书记还着重谈到了维护国家海洋权益问题，将维护海洋权益视为国家核心利益，"坚持用和平方式、谈判方式解决争端，努力维护和平稳定"③。

我国"建设海洋强国"的战略目标，就是增强全民海洋意识，提升海洋强国软实力，落实到实践当中来，大致表现在四个方面。（1）增强海洋管控，建设强大海洋力量，守好"蓝色国门"，维护海上权益；（2）发展海洋经济，让海洋成为经济的"蓝色动脉"，让海洋经济成为国民经济发展的新引擎、新支撑；（3）发掘、建设海洋文化。中国沿海地区厚重的海洋文化是中华文化的重要组成部分，发扬光大海洋文化，增强全民海洋意识，是对中华文化的一种提升；（4）发展海洋科技，以科技的突破作海洋经济文化生态建设的支撑。具体来说，在维护海洋权益方面，中国政府沉着应对所谓的"南海仲裁案"，推动南海问题重新回到直接当事国对话协商解决的正确轨道，维护了国家主权和地区稳定；在发展海洋经济、科技方面，得益于"建设海洋强国"战略和"一带一路"倡议，

---

① 胡锦涛：《坚定不移沿着中国特色社会主义道路前进为全面建成小康社会而奋斗》，《人民日报》2012 年 11 月 18 日，第 1 版。

② 习近平：《进一步关心海洋认识海洋经略海洋，推动海洋强国建设不断取得新成就》，《人民日报》2013 年 8 月 1 日，第 1 版。

③ 吴绮敏、吴乐珺、赵成：《中国特色大国外交攻坚开拓之年——外交部长王毅谈 2016 年中国外交》，《人民日报》2016 年 12 月 22 日，第 3 版。

沿海省市按照全域统筹、陆海统筹的思路，围绕全面融入"一带一路"的指导方针，将本地区打造成为海洋强国战略支点①；在海洋文化培育方面，一大批专家学者梳理中国海洋文化的历史脉络，呈现历史上中国作为海洋国家的一面，一些沿海地方政府亦着力发掘和保护地方性海洋文化特质。

马克思指出："人们自己创造自己的历史，但是他们并不是随心所欲的创造，并不是在他们自己选定的条件下创造，而是在直接碰到的、既定的、从过去继承下来的条件下创造。"②党的十八大以来，党中央形成的边疆治理体系与边疆治理实践，既是在波诡云谲的国际形势与"逆水行舟，不进则退"的国内环境下创造出的新思想与新实践，又是当代马克思主义中国化的重大理论成果。我们认为，根据十八大以来党中央的边疆治理思想与实践呈现出来的特点和取得的巨大成就，大致可将党中央边疆治理的特点和贡献归纳为以下四个方面：一是全面重塑了中央政府边疆治理体系，突破传统的窠臼，同时注意吸收国际经验，创造出具有中国特色、中国风格、中国气派的边疆治理理论体系；二是因地制宜地制定相关边疆区域发展战略；三是重塑边疆历史社会地位，使之成为中国对外开放的"核心区""枢纽""窗口""支点"或"节点"；四是构建了边内治理、边外治理、边疆治理的三重治理格局。

---

① 李群：《争当建设海洋强国的排头兵——深入学习贯彻习近平同志关于建设海洋强国战略的重要论述》，《人民日报》2014年12月23日，第7版。

② 马克思：《路易·波拿巴的雾月十八日》，《马克思恩格斯选集》（第8卷），人民出版社，1995，第121页。

第五章　"新边疆"与"旧边疆"：中国边疆学的概念体系

进入新时代中国边疆正在发生历史性的定位转向，由于国际格局和国家发展战略及发展理念的转变，边疆从拱卫中央的边缘地带转而为对外开放的前沿、国家的生态屏障和全国共同富裕重点区域。

第一节　中国边疆新定位的历史逻辑与时代背景

一、中国边疆新定位的历史逻辑

中国历代中央王朝严守"华夷之辨"，多将边疆地区作为特殊区域予以对待，秉承"守中治边""守在四夷"的边疆治理思想，进而施以与"腹心地带"有别的治理方略。一方面，历代王朝表现出轻视边疆的思想，强调"务德广化，不事遐荒"，或"先事华夏而后夷狄"，抑或"来者纳之，去者不追"；另一方面则受"华夷之辨"观念的影响，对边疆地区展现出强烈的文化优越感，故而有"修文德以来之，被声教以服之"的边疆治理思想。至于历史上具体的边疆治理方略，大致包括："（1）朝贡与纳质；（2）羁縻之治与土司制度；（3）和亲与盟誓；（4）教化与互市；（5）设治拓道与移民屯垦。"①总体而言，古代中国的边疆治理思想肇基于"华夷之辨"，多将边疆视为一个消极意义的存在，从而以被动的姿态予以对待，实际上折射出基于"中原中心主义"而形成的"差序治理"模式。此种边疆治理思想及其实践既根源于特定的历史文化传统，又受

---

① 周平：《中国边疆治理研究》，经济科学出版社，2011，第45-57页。

制于当时内地和边疆经济社会的发展水平。

如果说传统中国的边疆治理思想在一个相对封闭的历史时空里尚能勉强维护王朝国家与边疆地方的隶属关系及疆域，那么在迈入一个开放的近代民族国家时代之际，"守在四夷"的边疆治理思想显然已不能有效应对西方列强对边疆地方的觊觎。清朝晚期，中国边疆地区面临的多次领土、主权危机即是充分的例证。伴随着条约体制与民族国家体系对中国的冲击，19世纪末到20世纪初，清朝开始在近代国家的话语体系内审视边疆治理，希冀将传统的"天下中国"改变为近代的民族国家，试图透过"建省""新政"等举措，确立对原本被视为"遐荒之地"的边疆地区的领土主权。然而，这次尝试尚未完全成形，便因清朝统治的崩溃而夭折。1912年中华民国成立，它从一开始即以构建"五族共和"的民族国家而自诩。这是因为在民族国家纷起的时代，国家间的边界界限越发清晰。一个国家政权的合法性取决于民族认同与国家认同的一致性，因此国家对于地处边缘的边疆地区的统合越发迫切。在此情势下，传统的"华夷之辨""守在四夷"的边疆治理思想，在现代民族国家体系框架内显然已经没有的价值和意义。毕竟，民族国家要求全体国民对国家保持绝对的忠诚，并且要求一种无异议的至高无上的权力。如果以此标准来衡量民国时期中央政府对边疆地区的治理，尽管民国政府从政治、经济、文化、教育等诸领域对边疆地区实施了均质化的治理，但由于中央政府实力羸弱，总体上仍以中国封建社会传统的"羁縻之术"为主，其结果，民国时期的边疆治理效果并不显著。

中华人民共和国成立以来，中央政府在边疆地区进行了政权建设，并通过对边疆地区的开发与建设实现对边疆基层社会的改造，在边疆治理方面取得了众多成效，具体表现在四个方面。"（1）有效地巩固了国家政权，维护了国家领土主权权益；（2）促进了边疆地区社会经济的发展，改善了边疆人民的生活；（3）改善了边疆民族与内地汉族之间的关系，提升了边疆民族对中国国家的政治认同感；（4）巩固了国家边防，维护了边疆地区的稳定与安全。"[①]需要指出的是，尽管中央政府在边疆

---

① 周平：《中国边疆治理研究》，经济科学出版社，2011，第97-100页。

治理方面取得了比较显著的成就，但整体而言，这一时期的边疆与边疆治理的地位仍有进一步提升的空间。

党的十八大以来，以习近平总书记为核心的党中央提出了"推进国家治理体系与治理能力现代化"的重要理念。2013 年 11 月 12 日，党的第十八届中央委员会第三次全体会议通过了《中共中央关于全面深化改革若干重大问题的决定》，首次提出了"国家治理体系和治理能力现代化"①的重要理念。2014 年 12 月，习近平总书记在江苏省调研时又提出"协调推进全面建成小康社会、全面深化改革、全面推进依法治国、全面从严治党，推动改革开放和社会主义现代化建设迈上新台阶"②四个全面的治国思想。2015 年 2 月 2 日，习近平总书记在中央党校"省部级主要领导干部学习贯彻十八届四中全会精神全面推进依法治国专题研讨班"的开班式上，集中论述了"四个全面"战略布局的逻辑关系③。2015 年 10 月召开的十八届五中全会上正式提出了"治国理政新理念新思想新战略"④。《中国共产党第十八届中央委员会第五次会议公报》同时提出"破解发展难题，必须牢固树立并切实贯彻创新、协调、绿色、开放、共享的发展理念"⑤。有关"治国理政"的顶层设计思想，集中回答了在今后一段时期内如何深化改革、如何治理国家等一系列理论问题，是对新时代中国特色社会主义理论的有益补充和创新。此间，习近平总书记还就国家治理体系与治理能力问题做过重要阐述："国家治理体系和治理能力是一个国家制度和制度执行能力的集中体现。国家治理体系是在党领导下管理国家的制度体系，包括经济、政治、文化、社会、生态文明和党

---

① 中华人民共和国中央人民政府：《中共中央关于全面深化改革若干重大问题的决定》，2013 年 11 月 15 日，http://www.gov.cn/jrzg/2013-11/15/content_2528179.htm，访问日期：2017 年 10 月 15 日。

② 《特别关注：习近平"四个全面"战略思想》，2016 年 11 月 10 日，http://theory.people.com.cn/n/2015/0227/c112851-26607255.html，访问日期：2017 年 10 月 20 日。

③ 《习近平在省级主要领导干部学习贯彻十八届四中全会精神 全面推进依法治国专题研讨班开班式上发表重要讲话》，2015 年 2 月 3 日，http://military.people.com.cn/n/2015/0203/c172467-26495348.html，访问日期：2017 年 11 月 10 日。

④ 《十八届五中全会公报全文》，2015 年 10 月 29 日，http://wwwcaixin.com/2015-10-29/100867990.html，访问日期：2016 年 10 月 2 日。

⑤ 《中国共产党第十八届中央委员会第五次会议公报》，国务院新闻办公室网站，http://www.scio.gov.cn/ztk/dtzt/2015/33681/33685/Document/1454775/1454775.htm。

的建设等各领域体制机制、法律法规安排，也就是一整套紧密相连、相互协调的国家制度；国家治理能力则是运用国家制度管理社会各方面事务的能力，包括改革发展稳定、内政外交国防、治党治国治军等各个方面。"①

边疆治理是"推进国家治理体系和治理能力现代化"的重要组成部分，"边疆治理体系和治理能力现代化"的总目标也被提上了日程。

2013年3月，习近平总书记在参加十二届全国人大一次会议西藏代表团审议时提出了"治国必治边"的边疆治理新思想。这一论断高度概括了边疆治理在党和国家全局工作中的特殊重要地位，是新时代以习近平总书记为核心的党中央基于"治国理政新理念"而提出的边疆治理新理念，是对中国共产党边疆治理理念的丰富和创新。近年来，以"治国必治边"边疆治理新思想为引领，党中央从国际与国内两个大局、历史与现实两个维度出发，在具体的边疆治理实践中提出了"一带一路""海陆统筹，海陆并重""建设海洋强国""治国先治边，治边先稳藏""维护新疆社会稳定和长治久安"等重要倡议。基于理论构建的视角观察，新时代中央政府的边疆治理新思想与边疆治理新实践构成了一个相对完整的边疆治理体系。这一体系来源于习近平总书记"国家治理体系与治理能力现代化"的重要思想，是新形势下治国理政思想的重大创新，也是马克思主义中国化的进一步发展。

二、中国边疆新定位的时代背景

（一）边疆的地理区位和世界时局

中国的沿边是个复杂的概念。第一，沿边是个巨大又广阔的地理分布。中国的陆地边境线自东部的辽宁省丹东市的鸭绿江口，到西部广西壮族自治区防城港市的北部湾，总长约2.2万公里。根据《中华人民共和国陆地国界法》的界定，陆地国界所在的边境省叫作边疆，包括辽宁、吉林、黑龙江、内蒙古、甘肃、新疆、西藏、云南、广西九个省区。狭

---

① 《习近平论国家治理体系和治理能力》，2014年1月1日，http://www.guancha.cn/politics/2014_01_01_196638.shtml，访问日期：2016年11月10日。

义的沿边地区指的是边境县市,中国有139个边境县市,其国土面积191万平方公里,约占我国国土面积的 20%[①]。第二,沿边是地广人稀的地方,广阔的沿边地区人口较少。2016年底,139个边境县的总人口为2375万,其中乡村人口1426.39万,城镇人口929.14万,城镇化率为39.11%。第三,沿边是"老、少、边、穷"的地区,是少数民族集中的地区,少数民族人口占总人口的50%以上,而且受制于地理和资源限制,尚处于工业化起步阶段,因此开发开放总体水平不高,经济社会发展严重滞后,贫困问题突出。第四,沿边是自然资源丰富的地区,并承担着中国的生态屏障的功能。第五,沿边是维护国家安全的前沿地区。我国沿边地区与14个国家接壤:朝鲜、俄罗斯、蒙古、哈萨克斯坦、吉尔吉斯斯坦、塔吉克斯坦、阿富汗、巴基斯坦、印度、尼泊尔、不丹、缅甸、老挝和越南。周边国际政治环境复杂。因此从国家安全角度来审视,沿边特殊的地理区位决定了其战略地位和承担的历史使命。

在大航海时代以前,陆地交通运输是长距离国际贸易的唯一方式,因此历史上的沿边地区在前现代是中国对外交流的主要门户。比如云南省自古以来就是中国与东南亚、南亚地区进行文化和经济贸易交流的枢纽和门户,是古代丝绸之路的交通要道和货物集散地,具有十分重要的战略地理位置。近代以来云南的对外开放始自19世纪后期,清政府相继开放了蒙自、思茅、河口、腾冲、昆明为通商口岸,继而又修筑滇越铁路,进一步推动了云南省与东南亚的经济往来。抗日战争时期,随着滇缅公路和中印公路的通车,云南成为国家重要的战略大后方,承担着军事物资进出口通道的职能,当时云南的进出口贸易额分别占全国的7.5%和4.5%[②]。

随着航海技术的进步和远洋贸易的开展,陆地交通由于成本高、运输货物量小而逐渐被海运所替代,加之新中国成立后面临着复杂的国际环境,因此沿边地区逐渐成为封闭的地理区域,主要承担着拱卫腹地和核心区域的任务,很多都是军事管理区。冷战结束后的世界呈现出开放

---

① 国家统计局农村社会经济调查司:《中国县市社会经济统计年鉴》,中国统计出版社,2011。
② 刘满佳:《南方丝绸之路的新生——云南民族地区的对外开放》,《中国民族》2002年第4期。

的趋势，中央政府敏锐觉察到世界形势的转变，积极调整国家的发展战略。1992 年，沿边开放正式启动，意图以开放来发展边疆，稳定边疆，同时以边疆为窗口加强与东盟、南亚、中亚、蒙古、俄罗斯等周边地区、国家深化经贸合作。

（二）共同富裕是社会主义本质要求

"十四五"规划和二〇三五年远景目标指出，"共同富裕是社会主义的本质要求，是人民群众的共同期盼。我们推动经济社会发展，归根结底是要实现全体人民共同富裕"①。这是当前以及未来一段时间我国经济社会发展的指导思想。边疆以自身优势融入国家新发展格局，是"实现全体人民共同富裕取得更为明显的实质性进展"的远景目标必须重视的。"我国已转向高质量发展阶段"②是党中央对我国经济社会发展的精准判断，"高质量发展就是体现新发展理念的发展，是经济发展从'有没有'转向'好不好'"③，而发展"好不好"比"有没有"的内涵要复杂得多，尤其对于经济发展长期滞后的陆地边疆地区更是如此④。习近平总书记提出，要在推动边疆民族地区高质量发展上闯出新路子，在服务和融入新发展格局上展现新作为，在推动绿色发展上迈出新步伐，在巩固发展民族团结、社会稳定、边疆安宁上彰显新担当。⑤边疆高质量发展闯出"新路子"的前提是厘清边疆高质量发展的内涵是什么，以及边疆如何因地制宜、扬长补短，走出一条适合边疆地区的高质量发展路径，如何才能保障边疆安宁稳固和实现边疆人民生活幸福。

---

① 《中共中央关于制定国民经济和社会发展第十四个五年规划和二〇三五年远景目标的建议》，人民出版社，2020，第 54 页。

② 《中国共产党第十九届中央委员会第五次全体会议公报》，中华人民共和国中央人民政府网，https://www.gov.cn/xinwen/2020-10/29/content_5555877.htm，2020 年 10 月 29 日。

③ 《关键是做好自己的事情！习近平这样论述高质量发展》，求是网，http://www.qstheory.cn/zhuanqu/2019-07/29/c_1124812946.htm，2019 年 7 月 29 日。

④ 今天学术界对于中国边疆的定义仍然不是特别清晰，一般所说的中国边疆地区是陆地边疆，指有国境线经过的 9 个省区，包括黑龙江、吉林、辽宁、内蒙古、甘肃、新疆、西藏、云南、广西，9 个边疆省、自治区的地理面积占国土面积的 61.46%。除以上陆地边疆之外还有沿海域，本书所称边疆皆指陆地边疆，不包括海疆。

⑤ 参见《习近平在广西考察：解放思想深化改革凝心聚力担当实干，建设新时代中国特色社会主义壮美广西》，中国政府网，2021 年 4 月 27 日。

第二节 时代大潮中边疆的历史新定位

"一带一路"倡议实施以来，边疆地区成为中国最活跃的经济地带，边疆的对外开放使得边疆的定位发生历史性改变。伴随着经济全球化与社会发展区域化的深入，边疆地区可以借助地缘的优势，从周边国家或地区获得自身发展所需的资源，边疆地区不再因远离中央地带而被边缘化，相反甚至成为区域中心。比如1992年以前广西对自身的定位为"经济文化发展落后的边疆民族省区"，后来由于中越陆路边界的勘定，以及国家沿海沿边开发战略的实施，广西逐渐认识到自身的地缘优势，并在历年经济社会发展规划文件中重点强调其作为唯一与东盟海陆相连的边疆省区的优越地理条件。最近，作为对"一带一路"倡议的因应，广西提出要将自身打造为 21 世纪海上丝绸之路的新门户和新枢纽。[①]

一、开放的边疆是中国统筹国内国外两个大局的支点

陆地边疆地区担负着我国和周边国家之间几乎所有的经济贸易、客运、货运往来的任务，是我国与邻国交流的重要通道，并且在两个国家之间和多个国家之间的经济贸易交流中起着重要作用。我国是周边朝鲜、蒙古国、越南等国的第一大贸易伙伴，缅甸的第二大贸易伙伴，周边国家是我国开展区域经济合作的优先选择，目前已有东西呼应的自贸区平台、上海合作组织、"10+3""10+1"等重要区域合作机制，还有与周边国家开展的多个次区域经济合作，2020 年东盟已成为我国第一大贸易伙伴。

沿边地区也是内陆腹地对外开放的窗口。沿边开放 30 年来形成了重点开发开放试验区、沿边国家级口岸、边境城市、边境经济合作区和跨境经济合作区等沿边重点地区，它们是我国深化与周边国家和地区合作的重要平台，是沿边地区经济社会发展的重要支撑，是确保边境和国

---

① 吕余生主编：《释放先导效应，共建海上丝路：泛北部湾经济合作回顾与展望》，广西人民出版社，2014，第 119 页。

土安全的重要屏障，沿边地区正在成为实施"一带一路"倡议的先手棋和排头兵，在全国改革发展大局中占有十分重要的地位。沿边地区是我国对外开放的重要门户，是我国深化与周边国家和地区合作的重要平台，是体现我国与邻为善、与邻为伴、睦邻安邻富邻的重要窗口。新时代沿边的对外开放有新的历史任务，即继续深化与周边国家的经贸关系，同时实现周边外交战略，打造周边命运共同体。

沿边的对外开放是国内发展与对外开放战略的交汇，开放的沿边带来的不仅仅是边疆地区的发展和稳固，更是国家的繁荣风向标。沿边的对外开放打破了地区间、国家间相互封闭的状态，推动相互间的贸易往来和交流。沿边开放标志着我国在对外开放中角色的重要转变，即由资本、技术、管理输入者向输出者转变。党的十九大报告指出，"推动形成全面开放新格局"，以"一带一路"建设为重点，"形成陆海内外联动、东西双向互济的开放格局"[①]。

习近平总书记在 2022 年博鳌亚洲论坛开幕式上的讲话中提到，当今世界，开放融通的潮流滚滚向前。人类社会发展的历史告诉我们，开放带来进步，封闭必然落后。世界经济正在逐渐融合成一个难以分割的整体，区域经济一体化是经济全球化的趋势，各国经济社会发展日益相互联系、相互影响，推进互联互通、加快融合发展成为促进共同繁荣发展的必然选择。沿边的地理区位是国内国外两个大局的交汇处，沿边开放只有立足边疆，才能切实统筹好两个大局。

二、开放的边疆是国家内部协调发展的必然

历史上，我国边疆地区尤其是内陆边疆地区，由于自然条件、地理环境和历史原因的限制，社会经济发展水平与内地和东部沿海地区一直有较大差距。新中国成立后，国家实施地区平衡发展战略，利用国家行政力量配置社会和经济资源，对边疆地区进行大力开发和支援，具体包括合理安排工业布局和加强基础设施建设等。因此，在新中国成立后的前 30 年里，边疆地区的经济社会发展迅速，与内地和东部沿海地区的差

---

① 中共中央宣传部：《习近平新时代中国特色社会主义思想三十讲》，学习出版社，2018。

距一度在逐渐缩小。但是改革开放以来，在市场机制的作用下，边疆地区尤其是内陆边疆地区的人才和资源大量往东部沿海地区流动，尽管在20世纪90年代，国家选择一些内陆边境城市实施沿边开放战略，但这些沿边开放城市对边疆地区经济发展的带动作用仍然有限，边疆地区尤其是内陆边疆地区和东部沿海地区之间的发展差距又逐渐拉大。正是在这一背景下，进入新时代后，中国边疆地区的对外开放问题再次被提升至国家战略的高度。

从21世纪初国家推出"兴边富民行动"和"西部大开发"等一系列战略政策可以看出，在21世纪头十年里，中国边疆治理仍然以经济发展和地区稳定为主要旋律，因为这个时期，中国边疆地区全面对外开放的条件还不具备，这主要是因为我国与邻国尚有领土纠纷没有解决。我国陆地与14个国家相邻，近代以来一直存在各种领土纠纷。2004年《中华人民共和国和俄罗斯联邦关于中俄国界东段的补充协定》和 2008 年《中华人民共和国政府和俄罗斯联邦政府关于中俄国界线东段补充叙述议定书》①的签订，标志着中俄两国4300多公里长的边界线全部划定，再没有一处空白。②目前，除了与尼泊尔和印度尚有领土纠纷未解决以外，我国与其他12个国家都签署了边界条约与协议。中国与邻国边界问题的基本解决，为中国边疆地区的全面对外开放奠定了基础。

2013年，中央在总结改革开放历史经验的基础上，提出"一带一路"倡议，这深刻地影响并改变了中国对外开放的格局，中国的对外开放从原来以沿海地区开放为主，转变为沿海沿边内陆协同开放、整体开放。③2015 年，国务院印发《中共中央国务院关于构建开放型经济新体制的若干意见》，明确指出："对外开放是我国的基本国策。……扩大沿边开发开放，形成全方位开放新格局。培育沿边开放新支点。将沿边重点开发开放试验区、边境经济合作区建成我国与周边国家合作的重要平

---

① 肖丹：《中苏（俄）边界谈判中的黑瞎子岛问题述论》，《党史研究与教学》2011年第3期。

② 唐家璇：《中俄黑瞎子岛问题谈判内幕》，《湘潮》（上半月）2011 年第3期。

③ 中国社会科学院：《中国社会科学院"一带一路"国际智库在京启动》，中国社会科学院网站，2018 年 5 月 14 日。

台，加快沿边开放步伐。"①

对于边疆地区来说，这是继开放边境口岸、兴边富民、西部大开发之后，迎来的又一个里程碑式的发展机遇。进入新时代，我国边疆地区对外开放政策的转变具有重大的历史意义。"一带一路"倡议将边疆地区推到了对外开放的前沿阵地。广大边疆地区尤其是内陆边疆地区从过去仅仅作为贸易通道被动承接内地商品进出口的过关业务，发展成为主动对外开放的前沿阵地。从被动开放转变为主动开放，这给广大边疆地区尤其是内陆边疆地区的发展带来了前所未有的历史机遇。

（一）沿边开放推动边疆思想解放和体制改革

沿边地区是国家的地理边陲，因为地理位置偏远，交通落后，在交通和通讯都不发达的时代，沿边地区对外面的世界了解很少，人们的思想墨守成规，因此改革开放政策实施多年后，沿边地区不仅在行动上，而且在思想观念上都是滞后的。新中国成立以后实施了 30 年全面的计划经济，改革开放后沿边地区的观念很难转变过来，工业生产依然是"生产靠指令、材料靠调拨、资金靠贷款、产品靠包销、亏损靠补贴"，农业生产则是"养牛为种田，养猪为过年，养鸡为买盐，种地才是本分"的小农意识。

对于沿边地区而言，对外开放起着推动沿边社会和经济发展的作用。

以习近平同志为核心的党中央，把开放确立为五大发展理念之一，这是在深刻总结国内外发展经验教训，针对我国发展中的突出矛盾和问题提出来的，把开放在发展中的作用、地位提升到了新的层次和水平，对我国破解发展难题、增强发展动力、厚植发展优势具有重大意义。在改革开放 40 年后的新时代，改革与开放仍然是我国发展的两大动力。习近平总书记指出，改革必然要求开放，开放也必然要求改革；要以扩大开放促进深化改革，以深化改革促进扩大开放。这些重要论断全面丰富了新时期改革开放互动的理论与实践。

沿边地区的开放之路就是对改革和开放关系最好的注脚。比如云南

---

① 《中共中央国务院关于构建开放型经济新体制的若干意见》，中华人民共和国中央人民政府网，2015 年 9 月 17 日。

省德宏州瑞丽市的姐告，曾经是一个封闭落后的边境县，在开放以后与缅甸进行边境贸易，使得历史上一直从事农业生产的少数民族农民开始走出山寨，加入到边境贸易市场。开放改变了寨子里农民长期以来的保守观念，通过边境贸易而走上了自主发展的富裕道路。瑞丽姐告的开放，还促进了一项制度改革，创下了全国第一。姐告边境贸易区是我国第一个按照"境内关外"模式实行特殊管理的边境贸易区。所谓"境内关外"就是在我国境内，海关辟出一个专门区域，在此区域中进出的货物就相当于进口和出口，区内可以免关税。这个区域内的企业可以不出国门，就能享受进出口的有关优惠政策，而且通关速度更快。自成立以来，姐告不再是过去简单的进出口物资"中转站"，而成为中国面向东南亚、南亚的物流中心，由从事简单的易货贸易转变为一般贸易为主的多种贸易方式，由边境贸易区转变为完全的自由贸易区。姐告边贸区已经成为云南乃至全国开拓东南亚、南亚国际市场的桥头堡。这种探索为我国边境市县建立跨国加工贸易区，做大做强边境贸易提供了一个可资借鉴的有效管理模式。"境内关外"政策铸就一条黄金通道，2012 年姐告口岸进出口贸易总额分别占德宏州、云南省和全国对缅贸易的 80%、60%、25%以上，每年平均出入境人员达 600 万人次，出入境车辆达 100 万辆次，分别居全国陆路口岸第一位和第三位[①]。随着中国-东盟自由贸易区的全面建设，瑞丽国家重点开发开放试验区和桥头堡战略的不断推进，姐告边境贸易区正成为拉动德宏州乃至云南发展外向型经济的战略支点，一扇开启东南亚、南亚国际市场的"金大门"。

对外开放是我国的基本国策。在国际政治经济环境深刻变化的时刻，"当前，中国改革已进入深水区，牵一发而动全身，要敢于啃硬骨头"。国家提出构建开放型经济新体系，对我国新一轮沿边开发开放也提出新的要求，赋予了新的内涵，明确指出要"创新开放模式，促进沿海内陆沿边开放优势互补"，"加快沿边开放步伐，允许沿边重点口岸、边境城市、经济合作区在人员往来、加工物流、旅游等方面实行特殊方式和政

---

① 蓝玉芝、明雄忠：《瑞丽市姐告实施"境内关外"10 周年系列报道之三——和谐理念展示"境内关外"第一城的魅力》，德宏傣族景颇族自治州人民政府网：https://www.dh.gov.cn/Web/_F0_0_28D0791P480BL8KQO0HEODVETB.htm，2010 年 10 月 20 日。

策"，将沿边开放推向了新的发展阶段，沿边开放也必将推动中国改革成功趟过深水区。

（二）沿边开放增强了边疆地区的"造血能力"

沿边开放使得沿边地区充满了生机与活力，从根本上增强和带动了边疆地区的"造血能力"，促进了边疆经济发展和社会进步。

1987 年 4 月，中共中央、国务院在《关于民族工作几个重要问题的报告》中强调指出，新疆、西藏、云南等省区和其他一些少数民族地区，既具有对外开放的优越地理条件，又有丰富的地下、地上资源和独特的旅游资源，进一步搞好开放，就能把某些劣势变成优势，加快经济的发展。同年，国家民族事务委员会等十几个部委联合向国务院提出《关于积极发展边境贸易和经济技术合作、促进边疆繁荣稳定的意见》。1991 年 4 月，国务院办公厅批转了这个文件，并积极推动边境贸易，在随后的 1992 年国家正式实施沿边开放战略，陆续批准珲春、黑河、绥芬河、满洲里、二连浩特、伊宁、博乐、塔城、畹町、瑞丽、河口、凭祥、东兴 13 个沿边城市为开放城市，这 13 个沿边开放城市加上辽宁丹东，国家一共批准设立了 14 个国家级边境经济合作区，享受现行的国家开放优惠政策。

边疆地区由于自然条件和历史原因而发展滞后，有大量的贫困人口。历史上的中央王权每年要从国库中向边疆地区发放"协饷"，以维持其社会经济运转。新中国成立后，中央政府每年对边疆地区进行转移支付，以支援边疆的发展和建设。沿边开放是解决边民生活、稳定边疆的重要手段。首先，沿边的对外开放使得中国和邻国的边民可以通过货物贸易互补余缺，从而解决了边民生活物资匮乏的问题。沿边的对外开放能有效增加边民的收入，通过边境贸易创造就业，释放减贫效应，维护边疆繁荣稳定[①]。其次，沿边开放推动当地经济转型和农业剩余人口就地就业。沿边地区是传统的农业地区，农业人口众多，农民除了从事农业生产没有其他方面的技能，边境贸易的发展推动了沿边农村剩余劳动力的

---

① 余淼杰、高恺琳：《中国-东盟自由贸易区的经济影响和减贫效应》，《国际经济评论》2018 年第 4 期，第 9+102-125 页。

转移，成为边民增收致富的重要渠道。比如 2006 年云南瑞丽 10 万居民，有 3 万多人参与边民互市，几乎覆盖了全市 50%的家庭。[①]作为内陆边疆省份的云南，1980 年对外贸易 1.1 亿美元，2010 年达 133.6 亿美元，增长了 100 多倍。

"七五"规划强调：对于陆地边境地区，在强调农林牧基础优势和加强工业的基础上开展边境贸易，"逐步把主要陆地边境口岸建设成具有一定经济基础的、以对外贸易为主要职能的口岸城镇，加强重要边防地段邮电、通信、道路、岸线等的建设，促进文化教育卫生事业的发展"。[②]国家"十二五"规划强调：加强经济贸易措施，将兴边富民行动进一步强化，鼓励边境地区的贸易发展，"进一步加大扶持力度，加强基础设施建设，强化生态保护和修复，提高公共服务水平，切实改善老少边穷地区生产生活条件，贯彻落实扶持民族地区发展的政策，大力支持西藏、新疆和其他民族地区发展，扶持人口较少民族发展。深入推进兴边富民行动，陆地边境地区享有西部开发政策，支持边境贸易和民族特需品发展"。[③]"十四五规划"在区域协调发展和边疆地区发展方面突出了国土安全、边疆经济社会发展、铸牢中华民族共同体意识、海洋边疆和总体国家安全观五个层面，强调"以农产品生产区、重点生态功能区、能源资源富集地区和边境地区等承担战略功能的区域为支撑，切实维护国家粮食安全、生态安全、能源安全和边疆安全，与动力源地区共同打造高质量发展的动力系统。增强边疆地区发展能力，强化人口和经济支撑，促进民族团结和边疆稳定"。新时代以来，国家提出"一带一路"倡议，陆地边疆在国家发展战略中的定位转变成为国家发展的前沿地带，从过去的被动保守守边变为积极主动的发展守边，如费孝通先生说过："要发展边疆，要巩固边防，非得要在生活上繁荣起来不可。"[④]

沿边开放使得边境上的生活繁荣起来，并且增强了边境地区的财政

---

① 余淼杰、高恺琳：《中国-东盟自由贸易区的经济影响和减贫效应》，《国际经济评论》2018 年第 4 期，第 190 页。

②《中华人民共和国国民经济和社会发展第七个五年计划（1986—1990）》，人民出版社，1986，第 101-103 页。

③ 中华人民共和国国民经济和社会发展第十二个五年规划纲要，人民出版社，2011。

④ 费孝通：《社会调查自白》，上海人民出版社，2009，第 238 页。

自给能力，边疆可以通过开放自己"造血"，减轻了国家的财政负担，也有利于提升我国边境民族地区的经济社会发展水平，促进民族团结和边疆稳定。沿边开放以来，边境贸易对沿边区域经济增长的贡献不断增大。近几年，对外贸易对沿边地区生产总值的贡献率平均达 40%左右，开放型经济对沿边口岸县（市）财政的贡献更大，不少县（市）财政收入及增加额中边贸所占比率高达 60%～70%。"边贸财政"的特征十分突出。[1]

沿边对外开放解决边疆地区自身造血能力最为突出的一个案例是云南省的沿边开放城市瑞丽。瑞丽与缅甸相邻，是隶属于德宏傣族景颇族自治州的一个县级市，作为德宏州辖下的五个县区之一，瑞丽 2020 年 GDP 达 167.02 亿元，占德宏州 2020 年 GDP 的 29.02%，是德宏州的"经济重镇"，瑞丽的发展完全得益于对外开放。瑞丽对外贸易进出口总额由 1978 年的 0.0006 亿元增至 2018 年的 716.91 亿元，增长 119.5 万倍。1991 年瑞丽的边境贸易总额占云南全省边贸总额的 70%，占全国边贸总额的 34%，是中国最大的边贸口岸[2]。瑞丽人均生产总值由 1978 年的 327 元增加到 2018 年的 51300 元，增长 155.9 倍。瑞丽对缅甸的贸易连续多年占云南对缅甸贸易的三分之二左右、占中缅贸易的四分之一左右。瑞丽已成为中缅贸易最大的陆路口岸城市。瑞丽由于边境贸易活跃，吸引了大量外来人口的涌入，自第六次人口普查以来，瑞丽的人口增长近五成。第七次全国人口普查数据显示，2020 年瑞丽全市总人口（常住人口）为 26.76 万人，比 2010 年第六次全国人口普查结果增加 8.7 万人，增长 48.17%。瑞丽的边境贸易还给德宏州带来巨大的财政收入。1984 年德宏州的财政收入只有 3000 多万元，随着边境贸易的发展，1993 年德宏州的财政收入突破 2 亿元，10 年增长了近 6 倍，其中边境贸易提供的财政收入占总收入的 45%。[3]

三、边疆开放与国家战略利益的契合

1992 年，在东部沿海地区开放 13 年以后，中央政府推出沿边开放

---

① 崔玉斌：《我国沿边开放 20 年的回顾与前瞻》，《北方经贸》2013 年第 3 期。
② 《云南千年对外开放史 今朝迎来绝佳机遇期》，《都市时报》2011 年 6 月 6 日。
③ 陈铁军：《云南 30 年的沿边开放历程、成就和经验》，社会科学出版社，2015，第 14 页。

政策。中央政府最初的沿边开放策略所提供的只是政策，即把沿海开发区的优惠政策直接搬到沿边地区。沿边地区对于未来开放前景的想象也是以东部沿海城市为模板，但是在后来的开放实践中，沿边地区受制于地理区位和基础设施等因素，不可能变成上海和深圳的模式。沿边在对外开放的进程中走出了自己的路，不仅仅为国家稳边、固边、兴边提供了必要的保障，也成为联通内陆腹地和域外的桥梁，从长远来看，更为重要的是沿边开放为中国在复杂的世界格局中成功地开创了新的战略地带，增加了中国在国际社会的战略回旋余地。

（一）沿边开放促进稳边、固边、兴边

沿边地区是一个特殊区域，肩负着维护国家安全的重要使命，因此沿边的对外开放首要需要考虑的是开放如何促进稳边、固边、兴边。

第一，沿边地区对外开放的初衷和任务与东部沿海地区是不一样的。东部沿海地区对外开放的初衷是希望通过引进发达国家的资金、技术、人才和先进的管理经验来帮助中国提升产业生产水平，加入国际产业分工，同时以沿海作为窗口使中国的产品销售到国际大市场中，为国家创造财富，为我国的经济与世界经济全面对接创造条件，从而带动和促进中国的现代化建设和国际化水平。沿边地区对外开放首要考虑的是怎么通过开放更好地养活自己，减轻国家的财政负担，带动边疆地区的经济发展，从而减轻了国家守边的成本。

在 1992 年沿边正式开放之前，边境地区已经进行了有益的尝试，并取得了很好的效果。早在 20 世纪 80 年代初期，云南省德宏州边境贸易的成功尝试，就为沿边开放树立了典范，也加强了中央政府日后全面开放沿边城市的信心。1985 年开始，德宏州实行"以贸易为先导"的发展战略，大胆改革边贸管理体制，开辟边境贸易区，通过边贸带动其他领域的发展。德宏州的对外开放使其成为全国经济发展最快的地区之一。从 1979 到 1988 年，德宏州的社会总产值、国民生产总值和国民收入年均增长率均达到 20%左右，不但比云南省的平均水平高出 6 到 7 个百分点，而且比全国也高出 5 到 6 个百分点。德宏州对外开放以后呈现出如此快的发展速度，对于一个长期靠国家财政补贴的少数民族边境地区来说是惊人的。

德宏州的开放使当地的财政收入大幅度增长，由长期吃国家财政补贴转为向国家上缴。1988 年德宏州地方财政收入比 1980 年增长 37 倍，当年财政收入的 51.2% 来自边贸税收。2004 年瑞丽财政收入的 80% 都是由边贸所贡献。沿边的对外开放政策使得德宏州由一个鲜为人知的边境小镇成为全国内陆转口贸易口岸和西南对外开放的重要窗口。经过 30 多年的对外开放，目前从德宏州销向缅甸的中国商品，又经缅甸转口到印度、巴基斯坦、斯里兰卡、尼泊尔、泰国等南亚和东南亚国家，从德宏州进口的国内市场紧缺的各种原材料，销往全国 20 多个省、市、自治区，有力地支持了国内企业的发展。德宏州的对外开放也促进了周边国家的对外开放，推动了政府间贸易关系的发展。同时，中缅边境贸易也对越南、老挝产生了积极影响。[①]

沿边开放为边疆省区调整和优化产业结构提供了强大动力和保障。如新疆沿边开放引进邻国的石油、煤炭等能源矿产资源，并在当地进行开发和深加工；内蒙古沿边地区打造绿色农畜产品加工基地和风能、太阳能、稀土等新能源新材料基地；云南通过走出去和引进来做强烟草、冶金和旅游、医药、新材料等产业。边疆各省区通过沿边开放做大了优势产业，培育了新兴产业，形成了特色产业，提高了边疆区域经济整体竞争力。

第二，沿边开放给国家带来的不仅是经济效益，还带来社会效益。我国是一个多民族国家，80% 以上的少数民族和 95% 以上的民族自治地区在西部内陆地带和边疆地区，因此推进沿边开放有利于民族经济的发展、民族间的和睦和国家边疆的稳定，同时也向全世界表明中国政府积极致力于各民族经济、社会和文化的发展，带领全国各族人民共同富裕。边民在边疆和边境地区生产生活，对于国家而言所体现的不仅是经济意义，更为重要的是国土安全的意义。在传统农业和工业生产时代，国家的经济发展需要土地、劳动力和自然资源，它们是国家发展的核心要素，国家之间在边境上的冲突往往是争夺土地、劳动力和自然资源。今天，中国提出"一带一路"倡议，边疆和边境在国家战略中有新的定位，边

---

① 唐立久、胡晔：《沿边开放：中国对外开放战略的新视角》，《经济问题探索》1991 年第 2 期。

境对于国家的安全和发展的意义已经不同于以往。

第三，沿边开放秉持"以人民为中心"的理念，把保障和改善民生作为对外开放的出发点和落脚点，开放为了人民，开放依靠人民，开放成果由人民共享。沿边开放不仅仅要建设基础设施，重要的是带领周边地区和当地群众参与到经济建设中，分享对外开放带来的好处，提高人民收入水平。沿边开放缩小了东西部区域发展不平衡的问题，带动沿边地区的就业、技术进步、财政增收，保障和完善民生，最终实现共同富裕。

（二）沿边开放成为联通腹地与域外的桥梁

沿边开放不能仅仅从沿边的角度来衡量，也不能仅仅用沿边所在的边疆省区来衡量。如果仅从外贸增长对地方生产总值增长的贡献率来看，沿边地区的外贸贡献率比沿海地区要低很多，比如 2011 年沿边省区的外贸贡献率仅为 39.5%左右，东部沿海地区则有 70%左右。沿边省区比沿海地区低 30 个百分点[①]。沿边开放对于内陆腹地、对于国家统一大市场、对于邻国的积极影响、对于地区安全和国家安全的影响，从长远来看超过简单的经济意义。

1. 沿边开放整合内陆腹地的市场和产业链

沿边地区拥有与周边国家文化相近、语言相通等优势，是内陆省区的对外交流的桥梁和纽带。从 1992 年沿边开放至今 30 余年，对沿边开放有诸多诟病。第一，沿边成为所谓的"通道经济"，比如云南的边境贸易，进出口商品以过境为主，进口商品的 80%以上销售到省外，满足国内市场的需求，出口商品的 80%以上来自省外，这也是边疆省份外贸对当地 GDP 贡献率占比低的主要原因。2000 年以来沿边地区的边贸进出口占全国进出口的比重一直保持在 1%左右。第二，沿边的出口商品结构单一，以纺织、小机电、百货、农副等劳动密集型和资源密集型产品为主，批量小、品种杂、经营分散。进口则以资源类的农、副、林、水产品为主[②]。这些边境贸易产品附加值较低，易受自然条件、交通运输等因素影响。第三，还有人对沿边开放提出很多批评，比如沿边开放的发展

① 崔玉斌：《我国沿边开放 20 年的回顾与前瞻》，《北方经贸》2013 年第 3 期。
② 章海源：《我国沿边开放问题及发展方向研究》，《中国经贸》2017 年第 8 期。

方式落后，对外经贸合作的规模小、层次低、机构不合理、粗放发展的特征突出，沿边开放的区域经济支撑力不强，沿边开放的管理体制和政策不尽合理。①

面对沿边开放经济的诸多问题，如果仅仅算经济账是不行的，沿边开放起到了整合内陆腹地的市场和产业链的不可替代的作用。

第一，沿边开放对于内陆腹地具有配置资源的通道功能。在沿边开放的前 20 年时间里，沿边省区进口总额高速增长，年均增长速度达 20.69%，快于沿海 3.05 个百分点。进口总额占全国的比重由 2.74% 上升为 4.32%，上升 1.58 个百分点。沿边省区进口的能源、原材料，70% 左右销往内地和沿海地区。沿边出口的增长速度虽然不高，但出口额 70% 左右的货源也是采购于沿海地区②。沿边开放所形成的大通道对于保障国家能源资源安全，支持内地和沿海地区经济可持续发展发挥了重要作用。

第二，沿边对外开放带动了内陆地区的市场整合，为全国统一大市场的形成奠定了基础。沿边的开放不仅仅是沿边的事情，在沿边开放之初，边疆省区对沿边开放的定义就是带动所在省的改革开放和经济腾飞。1992 年 4 月 13 日中共吉林省委召开会议，认为要充分利用珲春的地理优势和资源优势，实行全方位改革开放，以珲春为窗口大力引进外资和国外先进技术，带动吉林省积极参与东北地区和世界各国的经济合作，把珲春建设成为综合的、外向型的、现代化的、富有特色的开放城市，带动吉林省改革开放和经济腾飞。沿边开放的实践证明了其对边疆省区的带动作用，沿边开放带动中国边疆省区的经济繁荣超过了历史上任何时期。

第三，沿边开放不仅仅是对于沿边所在的边疆地区的带动，还有对于内陆腹地的整合。始于 1984 年的"西南六省市七方经济协调会"是我国改革开放以来最早的跨省区经济合作，六省市七方分别为四川、云南、贵州、广西、西藏、重庆、成都，其中广西、云南和西藏是边疆省区。

① 崔玉斌：《我国沿边开放 20 年的回顾与前瞻》，《北方经贸》2013 年第 3 期。
② 崔玉斌：《我国沿边开放 20 年的回顾与前瞻》，《北方经贸》2013 年第 3 期。

从 1984 年到 2005 年间，六省区市间大中型经济协作项目超过 1 万项，相互投资 3000 多亿，组织交易会成交商品 500 多亿元，修建省际断头公路 64 条[①]，西南六省在昆明联合举办多届商品交易会和昆明进出口商品交易会，共同以沿边为窗口构筑面向东南亚市场的交易平台。

第四，沿边开放除了与邻国有产品互补外，也是东部沿海地区产业转移的承接者。随着中国对外开放程度的提高，东部沿海地区完成产业升级，逐渐发展为技术密集型和资金密集型产业，传统的劳动密集型和技术附加值低的产业生存空间减小，继而需要转移出东部地区去寻找更适合的土壤去发展，也为东部地区腾出其他产业的发展空间。沿边地区具备劳动力、土地、邻国境外市场等综合成本优势，适合东部沿海地区的产业转移。

2. 带动邻国边境地区的经济社会发展

沿边开放还起到了安邻、富邻、睦邻的作用。沿边开放与邻国做边境贸易，可以使邻国的丰富资源更加方便快捷低成本地进入中国市场，满足国内其他地区生产的需求，同时中国的工业品通过边境贸易进入邻国市场，满足了邻国生产生活的需求，带动邻国的经济社会发展。我国沿边地区所接壤的国家中，除了俄罗斯以外，其他国家基本属于联合国认定的发展中国家，经济社会发展水平低于我国。沿边地区向邻国打开大门，不仅仅促进了我国边疆地区的经济社会进步，也带动了邻国的发展。沿边地区的开放，使得中国的工业品、日用品、医药用品等必需品通过边境贸易进入到邻国，满足了邻国民众生产生活的需要，由此带动了邻国的经济发展。比如，云南周边邻国的工业基础比较薄弱，工业制成品的自给率极低，特别是与云南接壤的邻国日用消费品短缺。云南通过边境贸易，使中国的商品进入到东南亚市场。根据对缅甸的调查，1985 年中国商品在缅甸北部的市场占有率为 20%，1987 年为 65%，1992 年中国商品在缅甸首都仰光的占有率为 25%[②]。

第一，沿边的开放带动了邻国边境城市的发展。比如与中国瑞丽姐

---

① 蒙君：《六省区高层共谋大西南合作新跨越》，《经济信息时报》，2005 年 8 月 17 日第 003 版。

② 李洁、赵云忠：《云南外向型经济》，德宏民族出版社，1997，第 174 页。

告相邻的缅甸边境城市木姐，在中国沿边开放以前只是一个封闭落后的小地方，由于中国政府给瑞丽对外开放的政策，缅甸中央政府也支持其边境小镇木姐的建设，以积极对接中国的沿边开放。目前缅甸木姐市已经从缅甸的一个边境小镇转变成为一座新兴的现代化小城市。

第二，沿边开放不仅仅是通过边境贸易使邻国受惠，还通过投资等方式帮助邻国进行经济和社会建设。比如云南省派出施工队伍、技术和服务，为缅甸建成了被称为"缅甸三峡电站"的邦朗电站，投产后的发电量占到缅甸全国的30%。云南还为老挝承建了万荣水泥厂，结束了老挝不能生产水泥的历史，为加快老挝现代工业发展创造了重要条件。

第三，沿边开放还带动了邻国的社会文化教育事业的发展。2008年云南省利用中央财政安排的2亿元专项资金启动边境县国门学校建设，计划在云南25个边境县建设28所国门学校。国门学校为周边邻国的孩子创造了良好的学习环境，周边国家的孩子来读书也全部免费，据不完全统计，周边国家每年在云南边境各县就读中小学的孩子达3万多人[1]。由于国门小学和边境贸易的开展，周边国家兴起了学习中文热，很多东南亚华侨也把孩子送到边境地区读书，不仅方便生意而且有利于孩子学好中文。

第四，我国沿边地区都是生态资源丰富的地区，沿边与周边国家共享生态循环系统，沿边是中国和邻国的生态屏障。比如吉林省的珲春市东北虎豹国家公园是全国唯一的虎豹之乡，东北虎豹的活动范围不受国境线限制的，生活范围跨域俄罗斯、中国和朝鲜。此外，位于东北虎豹国家公园旁的图们江口湿地被列为亚洲重点鸟区，每年春去秋来，壮观的雁鸭类迁徙大军便在此停息补充能量，然后沿着国家公园内南北走向的山脉继续南下。再比如云南有元江（红河）、澜沧江（到越南后称湄公河）、怒江（出境后称萨尔温江）和独龙江（伊洛瓦底江河源有东西两支，东源叫恩梅开江，发源于中国境内察隅县境伯舒拉山南麓，中国云南境内称之为独龙江）四条国际河流。中国邻国处于河流的下游，因此沿边的生态安全也直接影响中下游邻国的安全，沿边不仅仅是中国的生态屏

---

[1]　陈铁军：《云南30年的沿边开放历程、成就和经验》，社会科学出版社，2015，第161页。

障，也是邻国的生态屏障。

沿边的开放受邻国和国际局势的影响很大。沿边开放以来，中国边疆各省区对外开放的热情很高，积极谋划，采取很多措施与周边邻国开展经济贸易合作，但从总体效果上看，中国北部边疆、东北边疆与周边国家区域合作，与广西、云南与周边国家的区域合作相比有很大差距。中国东北三省的沿边开放受地缘政治环境影响很大。黑龙江省面对俄罗斯远东地区，尽管黑龙江省积极性很高，但俄罗斯远东地区无论人口数量还是经济开放程度都使中俄区域合作受到局限。图们江区域合作长期以来被国际社会所看好，联合国积极进行推动，中国学术界特别关注，有的学者甚至提出了中国应建立"有形多环战略"，中国与俄罗斯和朝鲜共同建立"图们江地区开发区""东北亚经济合作环"等。吉林省对图们江区域合作十分关注。但到目前为止，图们江区域合作依然步履艰难，面临很多挑战和困难。但是沿边开放的大门永远不会关上，沿边开放与周边国家命运共同体建设是久久为功的，尽管国际环境有诸多困阻，中国总以最大的诚意来安邻、富邻、睦邻。

（三）沿边开放增加了中国在国际格局中的战略储备

新时代以来，陆地周边邻国对中国沿边对外开放的影响越来越大，中国的发展离不开与周边国家的良性互动，习近平总书记从"地理方位""自然环境"与"相互关系"三个维度分析，得出"周边对我国都具有极为重要的战略意义"的结论，明确指出思考周边国家的问题、开展周边外交要有立体、多元、跨越时空的视角①。

立体、多元、跨越时空的视角是未来沿边开放的思想纲领。沿边与周边国家的交往不仅仅是边境地区之间的简单互动，还涉及陆海内外联动问题、内地与陆疆和海疆的经济融合问题，以及东部和内陆地区与边疆地区发展的融合问题。沿边与周边邻国的多元化的互动证明了沿边与周边国家安全与发展的辩证关系。进入新时代以来我国周边国家的政治、经济、社会格局都发生了很大变化，我国同周边国家的经贸联系更加紧

---

① 中央政府门户网站：《习近平：让命运共同体意识在周边国家落地生根》，https://www.gov.cn/ldhd/2013-10/25/content_2515764.htm。

密、互动空前密切,这充分说明了对于中国沿边来说,沿边发展本身就是最大的安全,对周边国家来说,边境地区的发展本身也是最大的安全问题,是周边地区安全问题的总钥匙。

1. 沿边开放在周边国家开拓新的市场和产业链

中国与邻国在现代工业生产链条上有较大的差异性,因此分工合作和互补的空间非常大。比如,中国目前大量的过剩工业品在周边国家缅甸、老挝、越南、印度、巴基斯坦等国存在着较大的需求。同时周边很多国家又是自然资源丰富的地区,比如老挝、缅甸、越南和俄罗斯的木材等。中国与周边邻国的经济发展具有互补性,为中国和邻国的经济发展提供了广阔的合作空间,也有利于我国外贸产业规避欧洲和美洲大市场的经济危机及政治风险。

2. 沿边开放是中国地缘政治与国际政治的战略储备

进入 21 世纪以来,中国对外开放的国际环境发生了重大变化,国际贸易日益呈现出区域化、集团化特征,并由此推动贸易数量惊人的增长,因此地缘政治对于中国的发展起着越来越重要的影响,经济利益的融合使得国家和地区之间的依存度越来越深,中国参与国际分工的模式也随之调整。

改革开放以来,中国快速的经济发展震憾了世界。在短短一代人的时间里,中国从一个贫穷落后的农业国一举变成了全球最大和最具活力的制造业中心。周边国家沿边地区开放开发和工业化水平总体落后于我国。与我国毗邻的俄罗斯、哈萨克斯坦、蒙古、缅甸、老挝、越南等国的接壤地区,多为该国落后地区、边远地区或未开发地区,远离国内中心市场,产业基础薄弱,投资吸引力不强,自主发展能力严重滞后。周边国家边境口岸基础设施建设相对中国普遍薄弱,毗邻地区的道路、水电等基础设施不能适应日益扩大的双边经贸合作的需要。相比而言,中国沿边地区开放开发的基础相对比较好,开放开发的热情也比较高。而周边国家政策的不确定性比较大,由于政治互信不足,周边国家普遍对我国防范心理较重。同时,中国由于庞大的体量和不断崛起的经济,再加上与西方世界不一样的制度,成为西方国家的重要经济竞争对手。俄罗斯作为世界领土第一大国,拥有着苏联传下来的强大的军事力量让西方国家忌惮。中俄之间的合作除了有经济的互补性，俄罗斯还有极为丰富的资源和广阔的国土面积，中国则有着极为活跃的经济和最全面的工业体系。在面临西方国家制裁和打压时也是彼此的重要的战略储备。

随着中国的国际贸易量的增加，中国的对外开放受国际政治的影响程度超过以往。传统上我国的对外贸易大多是通过沿海口岸经由海运完成的，中国货物通往美洲、欧洲、西亚和南亚等地的航路都是通过太平洋完成。从中国的东部沿海出发，绕过马六甲海峡，进入印度洋后抵达主要市场。马六甲海峡是连接沟通太平洋和印度洋的咽喉要道，每天经过马六甲海峡的船只中有近六成是中国船只。马六甲海峡是东西方各国都虎视眈眈的地方。因此，从国家经济安全的层面出发，亟需开辟新的国际运输通道。沿边开放建立的国际大通道，也是地缘政治和国际政治新通道。比如，如果能开辟从我国云南进入印度洋的出海通道，要比绕道马六甲海峡进入印度洋缩短 2000—4000 公里的路程，节约 5 到 8 天时间，降低物流成本，提高贸易效率，可以成为马六甲海峡的战略储备选项。作为沿边开放区的瑞丽，处在中华经济圈、东盟经济圈和南亚经济圈的结合部，是中国实施南向印度洋战略的重要门户。从能源安全的角度上看，从缅甸经瑞丽到昆明的输油管道，绕开了"马六甲困局"，从陆地上开辟为中国向印度洋、南亚、非洲、欧洲的货物中转站，对中国的地缘战略安全具有举足轻重的意义。

此外，沿边开放是推动人民币国际化的重要步骤。中国要成为世界一流强国，人民币国际化是必然的趋势，但这不是一蹴而就的，必定是长期的过程。在实践过程中，人民币国际化的路线必然是先在周边邻国推进，即人民币周边化，然后再发展到区域化和国际化。沿边的对外开放推动了国际区域人民币结算进程。

中国通过沿边与邻国的经济贸易合作，给周边国家带来了经济利益和安全利益，促进国家间的共同发展。良好的地区合作将会形成力量，支撑亚洲的经济发展，从而增强第三世界国家反对西方霸权主义、维护世界和平与经济发展的国际力量，形成崭新的世界格局，对世界经济发展态势产生影响。

第三节 新发展理念下边疆的历史新定位

边疆区域在中国历来属于欠发达地区，"经过 30 多年的快速发展，我国经济建设取得历史性成就，同时也积累了大量生态环境问题，成为明显的短板"①。边疆地区的进一步发展受生态制约很大。"老百姓过去'盼温饱'，现在'盼环保'；过去'求生存'，现在'求生态'。"②

一、边疆地区生态面临的问题

尽管西部边疆地区经济发展和工业化程度落后于中东部，却是全国生态资源的源头区域，生态资源极其丰富，对全国的经济和社会发展起着生态支持和屏障的重要作用。据统计，全国森林覆盖率 18.21%，其中 80% 在边疆民族地区；84% 的草地资源分布在内蒙古和新疆两个自治区；③青藏高原聚集着我国大部分的冰川，而且是长江、黄河、澜沧江的发源地；西南地区是独特动植物物种的富集区，仅云南一省就拥有 17000 多种高等植物、6550 多种药材、1700 多种脊椎动物。④

边疆地区具有丰富的生态多样性，但也是生态环境极为脆弱的地区。由于历史原因和工业化进程引起的破坏以及气候变化等因素的影响，边疆地区自然环境的退化趋势日益严重，水土流失、土地沙化、草原退化、濒危动植物灭绝、自然灾害频发等现象若不采取有效行动进行治理，将继续恶化。比如我国目前沙漠和沙漠化土地呈不断扩展态势。20 世纪 50 年代到 70 年代末期，我国平均每年增加沙漠化土地 1500 平方公里；进入 90 年代增加到 2460 平方公里，相当于一个中等县的土地面积。著名的鄂尔多斯草原，由于长期掠夺性经营和粗放耕作，造成严重水土流失，致使沙化面积由 50 年代初的 1000 万亩扩展到 80 年代初的 6000 万亩，

---

① 《习近平总书记系列重要讲话读本》，学习出版社、人民出版社，2016，第 232 页。
② 《习近平总书记系列重要讲话读本》，学习出版社、人民出版社，2016，第 233 页。
③ 《中国林业统计年鉴 2005》，中国林业数据库：http://data.forestry.gov.cn/lysjk/indexJump.do?url=view/moudle/searchData/showDetail&keyid=1460fl_lynj，访问日期：2016 年 7 月 10 日。
④ 《云南林情》，中国林业数据库：http://data.forestry.gov.cn/lysjk/indexJump.do?url=view/moudle/searchData/showDetail&keyid=100316&search=云南，访问日期：2016 年 7 月 10 日。

占草原面积的 50% 以上。[①]林业统计年鉴显示，边疆地区的土地沙漠化面积占全国的 87.3%。[②]

二、边疆的生态决定了国家生态安全

经历几十年的建设，尽管边疆地区发展取得了世人瞩目的伟大成就，但是我们也看到边疆地区终究受地理环境、自然条件和气候条件的制约，注定无法通过模仿东部地区的发展模式而获得同样的成功。今后边疆地区怎么发展？发展成什么样子？这是边疆治理要回答的根本问题。

马克思认为："人直接地是自然的存在物。人作为自然存在物，而且作为有生命的自然存在物，一方面具有自然力、生命力，是能动的自然存在物；这些力量作为天赋和才能、作为欲望存在于人身上；另一方面，人作为自然的、肉体的、感性的、对象性的存在物，和动植物一样，是受动的、受制约的和受限制的存在物，也就是说，他的欲望的对象是作为不依赖于他的对象而存在于他之外的。"[③]因此，马克思生态文明的出发点就是要重新审视人与自然的关系，摒除人类中心主义。马克思认为人是从自然界中生成的，是自然界的一部分，人与自然互相包含、渗透、交融地存在着。

由于马克思以前的传统思想把人与自然的关系看作征服与被征服的关系，人类的生产实践活动无视自然，造成了人类生存的危机。恩格斯在《自然辩证法》一文中系统地阐明了辩证唯物主义的自然观，他警告人类："不要过分陶醉于我们人类对自然界的胜利。对于每一次这样的胜利，自然界都对我们进行报复。每一次胜利，起初确实取得了我们预期的结果，但往后和再往后却发生完全不同的、出乎预料的影响，常常把最初的结果又取消了。"[④]同时更加直接明了地指出："我们每走一步都要记住：我们统治自然界，决不像征服者统治异族人那样，决不是像站在

---

① 董光荣等：《我国荒漠化现状、成因及防治对策》，《中国沙漠》1999 年第 4 期。

②《各地荒漠化和沙漠化情况》，中国林业数据库：http://data.forestry.gov.cn/lysjk/indexJump.do?url=view/moudle/searchData/showDetail&keyid=1001609&search=，访问日期：2016 年 7 月 10 日。

③马克思：《1844 年经济学哲学手稿》，人民出版社，1985，第 124 页。

④《马克思恩格斯选集》（第 4 卷），人民出版社，1995，第 383 页。

自然界之外的人似的——相反地,我们连同我们的肉、血和头脑都是属于自然界和存在于自然之中的。"[①]

马克思、恩格斯的生态文明思想不仅仅是依据自然哲学的思辨而凭空产生,还基于对那个时代工业文明实践的观察和反思,有着深刻的时代背景。马克思、恩格斯看到了当时资本主义生产力空前提高所付出的沉重的环境污染代价。自工业革命以来,人类征服自然的行为把大地弄得千疮百孔。恩格斯在《英国工人阶级状况》中以具体形象的方式表达了这种观点:"桥底下流着,或者更确切地说,停滞着艾尔克河,这是一条狭窄的、黝黑的、发臭的小河,里面充满了污泥和废弃物,河水把这些东西冲积在右边的较平坦的河岸上。天气干燥的时候,这个岸上就留下一长串龌龊透顶的暗绿色的淤泥坑,臭气泡经常不断地从坑底冒上来,散布着臭气,甚至在高出水面四五十英尺的桥上也使人感到受不了。此外,河本身每隔几步就被高高的堤堰所隔断,堤堰近旁,淤泥和垃圾堆成厚厚的一层并且在腐烂着,桥以上是制革厂;再上去是染坊、骨粉厂和瓦斯厂,这些工厂的脏水和废弃物统统汇集在艾尔克河里。"[②]

三、边疆是中国可持续发展的保障

马克思、恩格斯关于"人与自然"关系的哲学思想虽然过去了一百多年,但是放到当今的中国仍然没有过时,对我们建设中国特色社会主义生态文明有积极的指导意义。

以习近平为总书记的新一代党的领导集体认真总结以往的成功经验,对发展的认识上升到了新的境界:发展"必须是遵循经济规律的科学发展,必须是遵循自然规律的可持续发展"。[③]通过对经济规律、自然规律和社会规律的认真总结,结合对当前中国面临的具体国情进行准确体察,以习近平为总书记的新一代领导集体创造性地提出了"五位一体"中国特色社会主义总体布局,即"经济建设、政治建设、文化建设、社

---

① 《马克思恩格斯选集》(第4卷),人民出版社,1995,第383页。

② 《马克思恩格斯选集》(第4卷),人民出版社,1995,第331页。

③ 习近平:《遵循经济规律科学发展 遵循自然规律可持续发展》,新华网,http://news.xinhuanet.com/politics/2014—07/08/c_1111518411.htm。

会建设、生态文明建设"互相融合、互为一体的布局。在总布局里面，"生态文明建设"的提出不仅是就生态环境层面发展模式的变革，而且更是政治、经济、文化、社会各个领域的综合变革；"五位一体"的总布局不是经济建设、政治建设、文化建设、社会建设与生态文明建设的简单相加，而是一种内在统一的联合体，是中国国情下形成的中国特色社会主义的新道路。这个总布局标志着我国社会主义现代化建设进入新的历史阶段，对于边疆可持续发展有重大的战略引领作用。

我国边疆地区由于历史地理和自然的原因，大部分是欠发达地区。习近平总书记强调："中国是一个发展中的大国，建设现代化国家，走欧美'先污染—后治理'老路行不通，而应探索走出一条环境保护的新路。"[①]这对于边疆地区的发展有很强的指导意义。

以往"发展经济、消除贫困"被认为是提高边疆地区发展水平的主要手段，但是，我国西北和华北等地区开发型扶贫政策实践的效果并不理想。这就表明，生态环境与经济发展有关，但在某些特定情况下，经济发展可能并不是改善生态环境的最为有效的途径。这需要我们对生态环境建设进行一些深层思考。因此，边疆地区的生态建设不仅需要国家从制度、技术资金等方面全面支持，更需要在观念意识上进行转变。

习近平总书记在多个场合强调，"我们既要绿水青山，也要金山银山。宁要绿水青山，不要金山银山，而且绿水青山就是金山银山"。[②]"绿水青山"和"金山银山"之间的辩证关系便是对发展经济和保护生态的最好解释。我们边疆治理追求的目标是经济发展和生态保护双丰收，实际上经济发展和保护生态并不矛盾，生态保护好了就可以带动经济发展。保护生态与发展经济的辩证关系为今后边疆的发展指明了方向，破解了边疆的发展难题。

总之，建设美丽中国，实现边疆地区的可持续发展，"要像对待生命一样对待生态环境，把不损害生态环境作为发展的底线"，[③]牢固树立"保护生态环境就是保护生产力，改善生态环境就是发展生产力"的意识，

---

①习近平：《习近平总书记系列重要讲话读本》，学习出版社、人民出版社，2014年，第234页。
②习近平：《习近平总书记系列重要讲话读本》，学习出版社、人民出版社，2014年，第230页。
③习近平：《习近平总书记系列重要讲话读本》，学习出版社、人民出版社，2014年，第233页。

把绿色发展的理念融入边疆地区经济社会发展的各个方面，推进边疆地区全体人民奔小康，建设美丽富饶的边疆。

第四节 国家发展战略下边疆的历史新定位

一、共同富裕视域下边疆高质量发展的基本内涵

高质量发展是党的十九大以来发展理念的重大创新，但谈到高质量发展，人们首先联想到的是经济增长和经济领域的发展，这里有中国发展实践的思维路径依赖问题。改革开放以来，中国经济实现了高速增长，这不仅彰显了中国特色社会主义制度的优越性，也是中国发展成就的显著特征，但目前以及未来摆在中国面前的问题，是如何破解"发展起来以后的问题"，这是一个中国发展历史上的全新命题，只有把高质量发展的内涵搞清楚了，才能指导目前以及未来发展的实践。"高质量发展不只是一个经济要求，而是对经济社会发展方方面面的总要求；不是只对经济发达地区的要求，而是所有地区发展都必须贯彻的要求"，"各地区要结合实际情况，因地制宜、扬长补短，走出适合本地区实际的高质量发展之路"。[①]中国的陆地边疆地区发展长期落后于其他地区，边疆的高质量发展对于实现全体人民共同富裕具有重要的意义。边疆地区有不同于其他区域的特殊的地缘政治要求，以及地理、气候、社会结构等特征，因此在追求全体人民共同富裕的国家战略目标下，边疆高质量发展有其特殊的内涵。

（一）边疆稳固与安宁是共同富裕的前提，边疆高质量发展是立足于国家整体大局的发展

中国陆地边疆地区对于国家而言，有不同于其他区域的重要意义。费孝通在论述中国边疆问题时指出："在两千多年的时间里，有一个重要的历史现象：天下未乱边先乱，天下已定边未定。观边疆治乱兴衰，可

---

① 《〈两会受权发布〉习近平参加青海代表团审议》，新华网，http://www.xinhuanet.com/politics/leaders/2021-03/07/c_1127181075.htm 2021 年 3 月 7 日。

知国家统一还是分裂，国力强盛还是贫弱，民族和睦还是纷争，都与边防有着密切的联系。"①边疆的稳固与安宁事关国家整体大局，是实现全国人民共同富裕的前提和基础。

首先，边疆高质量发展的出发点是边疆稳固与安宁。陆地边疆对于国家而言担负着重要的守疆卫土职责。在中国 2.2 万公里漫长的国境线上，国民的幸福稳定生活是边疆高质量发展的重要内容。没有安定幸福的边疆，全体人民共同富裕无从谈起。

其次，边疆的自然条件仍然是高质量发展的重要基础和影响因素。边疆 9 个省区长期以来发展滞后于东部地区有其深刻的自然原因。1935年地理学家胡焕庸发现了我国人口密度对比线，1982 年的人口普查数据显示，这条人口密度对比线东半壁的国土面积占全国的 42.9%，却居住着全国 94.4%的人口。这表明新中国成立以来，尽管我国非常重视西部地区经济的发展，但是与东部地区之间的差距没有多大的变化。②我国边疆 9 个省区除了黑龙江、吉林、辽宁和广西，其他省区都位于胡焕庸线的西半壁，胡焕庸线在很大程度上解释了边疆地区发展滞后的原因。边疆地区的地貌大部分属于高原、山脉、荒漠冰川、干旱草原，因此人口和产业聚集能力比东半壁相差甚远。自然地带的差异造成地区发展差异，是人的因素无法克服的。③在自然条件的制约下，边疆地区实现高质量发展面临的思想困境更为突出，与东部发达地区相比尤其需要新的发展理念和思想支撑，即边疆高质量发展到底是发展什么？

（二）共同富裕是全面富裕，边疆高质量发展是全方位的发展

共同富裕具有丰富的内涵，"共同"不仅仅是指全体人民，"共同"更为深层次的含义是社会文明的进步和人的全面发展，"富裕"也不仅仅是经济、物质的丰裕，还包含社会、精神的方方面面。共同富裕视域下的边疆高质量发展必须是全方位的发展。

边疆高质量发展到底是发展什么？首先要破除"发展就是经济增长"的观念。"二战"以后世界各地的发展实践表明，经济增长不可能自动带

---

① 费孝通：《致"兴边富民行动"领导小组的一封信》，《民族团结》2000 年第 3 期，第 8-9 页。
② 参见胡焕庸：《中国人口的分布、区划和展望》，《地理学报》1990 年第 2 期，第 139-145 页。
③ 参见陆大道：《中国区域发展的新因素与新格局》，《地理研究》2003 年第 3 期，第 261-271 页。

来普遍的幸福，如果经济增长不与公平分配、社会价值目标相联系，它甚至会带来贫富两极分化、政治腐败、社会动荡、生态环境恶化、价值观念扭曲等现象。简单粗暴的经济增长如果扣除对人文、环境和生态的破坏，带给人类社会的价值甚至可能是负的，因此边疆的高质量发展必须是追求社会经济文化生态的全方位发展，而不仅仅是经济指标的增长。

（三）共同富裕是中国式现代化的本质要求，边疆高质量发展要跳出西方现代化理论的窠臼

西方的现代化理论认为，现代化只有一个，即欧美的现代性制度安排，其他国家和地区的现代化不过是源自西方现代性的复制扩展而已。换句话说，西方的现代化不是一般意义上的社会变迁和生活质量的改善，而是指如何以欧洲近三五百年的变迁模式为依据，学习、模仿、追赶欧洲模式的过程。总的来说，西方现代化理论有两个基本主张：一是认为经济增长比不增长好，快速增长比缓慢增长好；二是认为所谓"落后"国家地区若采取有效的方法，是可以追上"发达"国家地区的。

边疆高质量发展必须跳出西方现代化理论的窠臼。首先，要把边疆从经济增长的思想枷锁中解救出来。如前所述，边疆囿于自然条件，不能一味地追求经济增长速度，尤其是将丰富多元的人类需求和自然生态化约成单一的经济向度，并不能反映人们的"幸福"和"获得感"。其次，要撕去边疆"落后"的标签。边疆的经济增长速度滞后于东部沿海地区，但是边疆生态和文化的多样性是国家和全体人民重要的财富，而这些财富很难以经济计价。因此，边疆要实现高质量发展，就要在实践中走出物质文明、政治文明、精神文明、社会文明和生态文明协调发展的中国式现代化道路，避免掉入有经济增长而无实质发展的单一现代化泥潭。

二、新中国成立后国家推动边疆地区发展的历程

1954 年，毛泽东同志在第一届全国人民代表大会第一次会议上提出，要"将我们现在这样一个经济上文化上落后的国家，建设成为一个

工业化的具有高度现代文化程度的伟大的国家"①。这次会议将在 20 世纪末实现工业、农业、交通运输和国防现代化定义成为国家建设目标。1964 年，周恩来同志在第三届全国人民代表大会的政府工作报告中，提出要"在不太长的历史时期内，把我国建设成一个具有现代农业、现代工业、现代国防和现代科学技术的社会主义强国"②，进一步将社会主义现代化明确为农业、工业、国防和科学技术现代化的"四个现代化"，并且将"四个现代化"与社会主义强国的国家目标联系起来。毫无疑问，新中国成立后边疆地区的建设，也是全面实现社会主义现代化国家目标的一部分。在不同的历史时期，国家有着不同的发展理念、政策和实践，其历程大致可以分为两个时期，而新中国成立后的前 30 年和改革开放后的 40 年。

（一）新中国成立以来近 30 年间国家推动边疆地区发展的理念、政策与实践

新中国成立初期，中国区域之间的差异巨大。早在 1956 年，毛泽东同志就在调查研究的基础上发表了著名的《论十大关系》，其中提到了沿海与内地的关系，强调地区之间发展差异过大是中国实现全面现代化的重大障碍。中国近代工业的地域分布在总体上很不平衡，主要偏重于沿海沿江一些通商口岸城市，这种状况也限制了工商业的社会影响，③同时，边疆地区很多地方甚至还处在比较原始的社会阶段。在这种状况下，新中国成立后近 30 年间，中央政府采取均衡发展的战略，利用行政力量动员全国的人力和物力全方位地支持边疆建设，力图尽快改变边疆的落后面貌，并整合到社会主义现代化建设的宏图中。

首先，中央政府在边疆建立生产建设兵团屯垦戍边，力图加快实现边疆农业现代化。屯垦戍边是王朝时代边疆治理的成功经验，中国历代王朝都有"屯垦兴，则国防固；屯垦废，则边防乱"的边疆治理理念。

---

① 中共中央文献研究室：《毛泽东年谱（一九四九——一九七六）》（第二卷），中央文献出版社，2013 年，第 283 页。

② 《在第三届全国人民代表大会第一次会议上周恩来总理作政府工作报告》，《人民日报》1964 年 12 月 31 日。

③ 参见戴鞍钢、阎建宁：《中国近代工业地理分布、变化及其影响》，《中国历史地理论丛》2000 年第 1 期。

新中国成立后，中央政府开始在边疆地区实施大规模、有计划的屯垦戍边事业。1949 年 12 月 25 日，毛泽东同志在《军委关于一九五〇年军队参加生产建设工作的指示》中指出："中华人民共和国的军队，在和平时期，在不妨碍军事任务的条件下，应有计划地参加农业和工业的生产，帮助国家的建设工作。"①时任新疆军区代司令员的王震，动员 11 万名指战员在南疆和北疆屯垦种田，在新疆创建军垦农场。1954 年，中央又在黑龙江密山、虎林、饶河一带的荒原上兴办综合性半机械化的农牧企业，屯垦戍边，寓兵于农。②在华南地区先后有 30 万转业军人、知识青年和支边青年加入到华南垦荒植胶大军中。新中国成立后，边疆屯垦戍边先后拓荒近亿亩，不仅缓解了我国耕地不足的困难，丰富了边疆地区的粮油供应，使国家不用千里迢迢从内地调拨粮油支援边疆，还带动了边疆地区的工业现代化建设。③其次，中央政府通过工业产业布局和三线建设，力图加快实现边疆工业和科技现代化。1952 年 12 月 7 日，中央政府发布了《关于少数民族地区的五年建设计划的若干原则性的意见》。1964 到 1965 年，中央政府决定将新建的工业项目摆在三线④，同时将一些一线城市的军工、民工、交通、电力、通讯、文教、卫生等项目也迁往三线。1965 年—1975 年的 11 年间，三线地区共完成基本建设投资1269.67 亿元，其中中央投资占 77%。⑤

新中国成立后近 30 年间，中央政府对西部边疆地区进行了高强度的投资，直接推动了当地的基础建设和生产力发展，边疆地区的工业建设取得了历史性的进步，与东部地区的差距有所缩小。通过对工业布局地理联系率⑥和集中指数的分析，新中国成立后近 30 年间由 59.6 增加到73.3。1952 年，我国工业和人口分布的正负差额各达 40.4，1984 年减少

① 地方史志编纂委员会：《新疆生产建设兵团大事记》，新疆人民出版社，1995，第 17 页。

② 参见许人俊：《新中国屯垦戍边实录》，《炎黄春秋》2002 年第 7 期。

③ 参见费孝通：《中国城乡发展的道路——我一生的研究课题》，《社会》1993 年第 7 期。

④ 按照设想的军事地理区划，沿海为第一线，中部为第二线，后方为第三线，四川、云南、贵州是西南三线。

⑤ 参见宋宜昌：《三线建设的回顾与反思》，《战略与管理》1996 年第 3 期。

⑥ 地理联系率反映两个地理要素在区域分布上的吻合程度。地理联系率大，表示两个地理要素分布比较一致；地理联系率小，表示两个地理要素分布有较大的差异。这里选择工业总产值与人口作为两个要素，差额小，说明工业布局比较均衡；差额大，说明工业布局不均衡。

到 26.7，两者的地理分布逐渐趋向吻合。工业总产值的集中指数 1952 年达到 89.2，在占全国 10.8%人口的范围内，集中了全国工业总产值一半。1984 年，集中指数降到 76.5，集中全国一半工业的区域占全国人口 23.5%，平衡化的趋势相当明显。工业比重下降最明显的是上海与东北两个地区，从 1952 年到 1984 年，上海占全国工业的比重由 19.3%降至 10.6%，东北由 21.6%降至 15.4%。这两个地区仍旧取得平均每年增长 9% 以上的速度。[①]新中国成立后近 30 年间高强度建设了全门类的工业体系，使中国从一个农业国家迅速成为一个工业国家，为此付出的代价是大多数的投资集中在重工业和军事工业项目上，全国人民的生活水平提高的幅度有限。

（二）改革开放以来国家推动边疆地区发展的理念、政策与实践

中央政府在 20 世纪 80 年代初实施改革开放政策，以经济建设为中心便是这一历史阶段的国家战略重点，边疆地区也投入到国家经济市场化建设大潮中。新中国成立后近 30 年间施行的中央行政统筹下的倾斜投资，多布局在交通不便的深山峡谷或人烟稀少的边疆地带，缺乏辐射力，以致未能形成边疆区域经济增长的中心，其吸收就业和带动经济整体发展的功能较弱。改革开放后，中央政府采取了非均衡发展战略，东南沿海地区集合优势生产要素率先发展。东南沿海地区由于地理和人口条件更加适合开展大规模的工业生产，因此，生产要素包括人力资源由边疆地区涌向东南沿海，边疆与东南沿海地区的发展差距日益拉大。以甘肃省为例，甘肃原是工业十分落后的省份，经过新中国成立后近 30 年建设，1975 年工业在全国的比重赶上了人口的比重。但从 1975 年以后，发展速度降了下来，又成为不平衡的一个因素。[②]"七五"时期，六届全国人大四次会议把扶持老少边穷地区尽快摆脱经济文化落后的状况作为一项重要内容。中央政府力图采取灵活的区域协调政策来建设边疆，为边疆地区制定了一系列特殊的帮扶政策，出台了"西部大开发""兴边富民""东西部扶贫协作""对口帮扶"等一系列重大战略决策。在 1999 年

---

① 参见胡兆量：《我国工业布局的变化趋势》，《地理学报》1986 年第 3 期，第 193-201 页。

② 参见胡兆量：《我国工业布局的变化趋势》，《地理学报》1986 年第 3 期，第 193-201 页。

召开的中央民族工作会议上，时任国务院总理的朱镕基同志提出了具体的工作任务，要求"大力加强边境地区的民族工作，继续推进兴边富民行动，为富民、兴边、强国、睦邻做出贡献，巩固祖国的万里边疆"①。在 1994 年到 2004 年的对口援藏工作中，承担对口支援任务的 18 个省市、61 个中央国家部委和 17 个中央企业为西藏提供援助资金约 64 亿元，援助项目约 1698 个，②仅仅在 2010 年到 2014 年，国家对新疆的财政补助就达到 10616.5 亿元。③这些政策旨在推动边疆经济体制改革，发展边疆社会生产力，将政府政策作为一个杠杆，吸引和撬动社会资本到边疆进行生产建设。

改革开放后，中国实施多元化的国际区域合作战略、西部大开发战略、"兴边富民"行动等宏观政策对边疆经济增长具有一定的推动作用，但效率相对低下。比如：1997 年到 2001 年间 GDP 平均增长率东部地区 12 个省区市，9 个超过 9%，其中 6 个超过 10%（分别是北京、天津、上海、江苏、浙江、山东）。中部地区 9 个省区只有 2 个超过 9%。西北地区 9 个省区市只有 2 个（青海和宁夏）超过 9%。同时，我国工业化水平的地区性和地带性差异也日益明显，东部沿海地区已经进入工业化中期阶段，中部地区处于初期阶段的中后期，西部地区则初步完成了由农业社会向工业社会的过渡，刚刚进入工业化的初期阶段。④

边疆地区在改革开放以来这一历史阶段的经济增长表现，要明显滞后于东部沿海地区，在新发展阶段要实现高质量发展，边疆地区与东部沿海地区的经济起点不同，自然条件不同，政治地理地位不同，因此路径也应有所不同。

---

① 朱镕基：《在中央民族工作会议闭幕式上的讲话》，《人民日报》1999 年 10 月 4 日。

② 参见靳薇：《西藏援助与发展》，西藏人民出版社，2010，第 171 页。

③ 参见孙勇：《中国共产党的西藏政策（1989—2005）》，社会科学文献出版社，2014；《全国各地各部门 13 年对口援助西藏 64 亿元》，央视网，https://news.cctv.com/china/20070628/ 107129.shtml，2007 年 6 月 28 日。

④ 参见陆大道：《中国区域发展的新因素与新格局》，《地理研究》2003 年第 3 期，第 261-271 页。

三、边疆高质量发展促进全体人民共同富裕的路径

在新发展阶段，边疆的高质量发展是国家推动实现全体人民共同富裕至为重要的一环。共同富裕是全体人民的富裕，是人民群众物质生活和精神生活都富裕，不是少数人的富裕，也不是整齐划一的平均主义。[①]因此，边疆的高质量发展不是东部发达地区对于边疆的单向度的帮助，而是边疆地区要因地制宜，走出一条适合自己的高质量发展道路，成为国家整体高质量发展的有机组成部分。

（一）边疆高质量发展的基石是铸牢中华民族共同体意识，为实现全体人民共同富裕奠定国家稳定的基础

由于历史和地理原因，我国的边疆地区是多民族聚居地。因此，边疆的发展在某种意义上也是民族地区的发展，"一部中国史，就是一部各民族交融汇聚成多元一体中华民族的历史，就是各民族共同缔造、发展、巩固统一的伟大祖国的历史"。边疆高质量发展的主线，首先要围绕铸牢中华民族共同体，在边疆建设中华民族共有的精神家园，增进边疆各族人民对祖国、对中华民族、对中华文化、对中国共产党、对中国特色社会主义的认同。新发展阶段适逢世界百年未有之大变局，边疆在新的历史方位上，只有把国家安全、祖国统一放在最高位置上，将铸牢中华民族共同体意识作为边疆实现高质量发展的基石，实现全体人民共同富裕才能有国家稳固的基础。

（二）边疆高质量发展要实现人与自然和谐共生，为推进共同富裕保障国家生态屏障安全

新发展阶段边疆的经济起点本身比东部沿海地区低，边疆谋求高质量发展首先要跳出线性发展观的局限，把边疆民族地区从经济增长的线性梯度结构中解放出来。边疆地区囿于地理区位和气候条件的限制，[②]以

---

① 参见《习近平总书记主持召开中央财经委员会第十次会议强调：在高质量发展中促进共同富裕，统筹做好重大金融风险防范化解工作》，新华网，http://www.xinhuanet.com/2021-08/17/c_1127770343.htm，2021 年 8 月 17 日。

② 罗静：《空间区隔与边疆治理——以中国边疆贫困和国家扶贫行动探讨为中心》，《中国边疆学》2020 年第 1 期。

相同的经济指标来追赶东部沿海地区是不符合边疆实际情况的，实际上也很难实现。2020 年，中央出台了《关于新时代推进西部大开发形成新格局的指导意见》，提出了"到 2035 年，西部地区基本实现社会主义现代化，基本公共服务、基础设施通达程度、人民生活水平与东部地区大体相当，努力实现不同类型地区互补发展、东西双向开放协同并进、民族边疆地区繁荣安全稳固、人与自然和谐共生"的发展目标。实践已经证明，片面地追求经济增长值并不能带给人民足够的获得感，对破坏生态环境的代价更是难以估量。边疆是边民生活之地，也是国家的生态屏障和国家政治安全的屏障。边疆的高山、草原和牧区，不仅仅对边民的生活质量有重大影响，对于国家整体的陆地生态系统、江河的发源地和水源涵养区都具有重要的意义。因此边疆高质量发展应实现人与自然的和谐共生，为推进共同富裕保障生态安全。

（三）边疆高质量发展要实现文化社会全方位的发展，为推进共同富裕奠定文化生计多样性基础

边疆是国家的地理边缘之地，长期以来，由于有东部沿海经济发达的"中心"存在，因此也就相对形成了"落后"的边疆，同时也就形成了"中心"与"边疆"在社会、经济、文化等方面的落差。需要注意的是，这些所谓的"落差"是被旧的发展理念建构起来的认识，在此建构下有关边疆的认识和知识，都受到旧有发展理念话语和表述的影响，例如：边疆和内地分别隐喻传统与现代，边疆似乎只有变得如同内地一样才是实现现代化的唯一途径，作为"落后"的边疆只有模仿经济发达地区，才可以实现"发展"。在这样的逻辑安排下，边疆游猎和游牧民族最好定居下来，高山上的民族最好搬到山下来，等等。根据这种旧的发展理念所制定的发展规划可能带来事与愿违的后果。在新发展阶段，边疆高质量发展模式需要转换思路，跳出旧的发展观念来看待边疆。习近平总书记强调高质量发展，不只是一个经济要求，而是经济社会方方面面的总要求。实际上，广阔的边疆地区拥有多姿多彩的民族文化以及最好的生态环境、最美的自然风光，边疆完全可以说是"美的中心"，是良好生态环境的"中心"，边疆的绿水青山就是金山银山。边疆的文化和生计的多样性是推进全体人民实现共同富裕不可或缺的组成部分，边疆正是

以文化和生计的多样性创造了国家发展源源不断的活力和动力，构成了国家文化社会的战略纵深。事实上，边疆的生态环境保护、文化生计多样性、政治稳定和经济发展是辩证统一的。建设维护好边疆生态以及文化生计多样性发展，不仅可以满足人民日益增长的对优美生态环境的需要，而且可以推动实现更高质量、更有效率、更加公平、更可持续、更为安全的发展，才能走出一条生产发展、生活富裕、生态良好的高质量发展道路。

中国新发展阶段要着力推动"实现全体人民共同富裕取得更为明显的实质性进展"，这是中国发展历程的深刻变革，具有里程碑的意义。边疆的高质量发展，对于国家全局具有重大战略意义。边疆在推进落实全体人民共同富裕的进程中不能掉队。

在国家共同富裕的战略目标下，边疆高质量发展的目标并不是指向边疆发展的行为本身，更重要的是要使边疆民众生活出一种更好的状态，过上更加幸福的生活。人民的幸福生活既有物质的，也有精神的成分。边疆要实现高质量发展，最大的挑战在人民的精神生活层面。边疆人民对祖国有忠诚的信仰，对中国共产党领导有坚定的信心，对社会主义制度有不疑的信念，对未来有信心，这些便是边疆高质量发展的精神内涵。这样的发展就是高质量的发展，这样的发展一定可以实现共同富裕。

第六章　全面开放的边疆：中国边疆学的新挑战

从 1992 年国家正式设立沿边的边境经济合作区到今天已经 30 多年，但是沿边的国际贸易额在全国外贸产值中的占比一直都不起眼。2016年沿边地区生产总值 9146.4 亿元，仅占全国的 1.23%；2016 年沿边地区人均生产总值为 37729.41 元，远低于全国 53777.4 元的人均水平；沿边地区人均地方财政收入 2711.5 元，远低于全国的 11542.91 元的人均水平；沿边地区人均全社会消费品零售总额 12483.03 元，远低于全国24033.69 元的人均水平。中国边疆 9 个省区的外贸总额占全国的比重2017 年、2018 年、2019 年、2020 年、2021 年分别为 6.30%、6.41%、6.53%、6.18%、6.05%。[①]

怎么理解沿边的开放与东部开放之间如此巨大的差异呢？有诸多理由可以解释。第一，沿边对外开放时间比东部沿海地区要晚很多。中国的对外开放是自东向西，从东部沿海的试点城市开始逐步扩大到陆地边境。1979 年 7 月，党中央和国务院决定设立深圳、珠海、汕头、厦门四个经济特区，到 1992 年中国开放 14 个沿边城市，这期间整整用了 13年，也就是说在改革开放 40 多年的时间里，沿边开放的时间只占到 1/3。在东部沿海地区对外开放的最初 10 年里，广西和云南的沿边地区还不稳定，很多沿边地区尚属于军事禁区。第二，我国陆地边疆 9 省区地广人稀。陆地边疆 9 省区的地理面积占国土面积的 60% 多；第七次人口普查数据显示，边疆九省区的总人口为 2.74 亿人，占全国总人口的 19.44%；全国人口城镇化率为 63.89%，边疆人口城镇化率为 59.33%。广阔边疆60% 的国土面积上的人口只占全国总人口的 20% 左右，因此人口聚集能

---

① 刘英奎、任国萍、张文娅：《中国沿边开放的主要障碍及对策研究》，《区域经济评论》2022 年第 3 期。

力和产业聚集能力都比较差。第三，陆地边疆9省区属于落后的"老、少、边、穷"地区，是长期受国家政策和资金特殊扶持的地区。第四，我国陆地边疆9省区与14个国家接壤，从东北边疆按逆时针方向分别是：朝鲜、俄罗斯、蒙古、哈萨克斯坦、吉尔吉斯斯坦、塔吉克斯坦、阿富汗、巴基斯坦、印度、尼泊尔、不丹、缅甸、老挝和越南。这些陆地邻国除了俄罗斯和印度的工业化水平略高以外，其他国家大都在最不发达国家之列。沿边地区没有东部沿海地区的区位和海洋运输优势。

上述四条理由用来解释沿边对外开放的"不起眼"是充足的，这也证明了"开放"对于沿边而言不是万能钥匙，沿边不能像东部沿海地区一样"一开放就灵"，那么沿边不开放行吗？除了开放，沿边还有其他发展道路吗？沿边开放对于沿边地区有什么意义？对于边疆有什么意义？对于国家有什么意义？当今世界到了百年未有之大变局的路口，世界进入动荡变革的时期，需要我们用行动去解答"世界怎么了，我们怎么办"。

第一节　边疆开放对边疆的意义——养活自己

1992年这个年份是个有纪念意义的一年，是中国对外开放历史中值得大书特书的一年，那一年中国将改革开放继续推向更为深入和广泛的领域，以彰显改革开放的决心和信心。1992年1月18日到2月21日，邓小平视察南方数省发表重要讲话；1992年1月24日，国务院发出通知进一步开发开放浦东，陆续批准黑河、绥芬河、珲春、满洲里、二连浩特、伊宁、博乐、塔城、畹町、瑞丽、河口、凭祥、东兴、丹东14个城市为沿边开放城市。沿边地区自1992年实施对外开放政策至今已经有30年，开放并没有把沿边变成深圳。沿边的对外开放是主动的政策选择，沿边开放的历程表明了开放并不是万能的，但是沿边如果不开放却是万万不能的。

（一）地理区位和世界时局决定了沿边开放的必然性

中国的沿边是个复杂的概念。

第一，沿边是个巨大又广阔的地理概念。中国的陆地边境线自东部的辽宁省丹东市的鸭绿江口，到西部广西壮族自治区防城港市的北部湾，总长度约 2.2 万公里。根据《中华人民共和国陆地国界法》的界定，将陆地国界所在的边境省叫做边疆，包括辽宁、吉林、黑龙江、内蒙古、甘肃、新疆、西藏、云南、广西九个省区。狭义的沿边地区指的是边境县市，中国有 139 个边境县市，其国土面积 191 万平方公里，约占我国国土面积的 20%[①]。

第二，沿边是地广人稀的地方，广阔的沿边地区的人口较少。2016 年底 139 个边境县的总人口为 2375 万，其中乡村人口 1426.39 万，城镇人口 929.14 万，城镇化率为 39.11%。

第三，沿边是"老、少、边、穷"的地方，是少数民族集中的地区，少数民族人口占总人口的 50% 以上，而且受制于地理和基础设施，尚处于工业化起步阶段，因此开发开放总体水平不高，经济社会发展严重滞后，贫困问题突出。

第四，沿边是自然资源丰富的地区，承担着中国的生态屏障的功能。

第五，沿边是国家安全的前沿地区。我国沿边地区与 14 个国家接壤：朝鲜、俄罗斯、蒙古、哈萨克斯坦、吉尔吉斯斯坦、塔吉克斯坦、阿富汗、巴基斯坦、印度、尼泊尔、不丹、缅甸、老挝和越南。这些邻国是西方大国的地缘政治地带，周边国际政治环境复杂。因此从国家安全角度来审视，沿边特殊的地理区位决定了其战略地位和承担的历史使命。

世界在大航海时代以前，陆地交通运输是国际贸易的唯一方式，因此历史上的沿边地区是中国对外交流的主要门户。比如云南省自古以来是中国与东南亚、南亚进行文化和经济贸易交流的枢纽和门户，是古代丝绸之路的交通要道和货物集散地，具有十分重要的战略地理位置。近代以来云南的对外开放始自 19 世纪后期，清政府相继开放了蒙自、思茅、河口、腾冲、昆明为通商口岸，继而又修筑滇越铁路，进一步推动了云南省与东南亚的经济往来。抗日战争时期，随着滇缅公路和中印公路的通车，云南成为国家重要的战略大后方，承担着军事物质进出口通道的作用，当时云南的进出口贸易额分别占全国的

---

① 国家统计局农村社会经济调查司：《中国县市社会经济统计年鉴》，中国统计出版社，2011。

7.5%和 4.5%[①]。

随着航海技术的进步和远洋贸易的开展，陆地交通由于成本高，每次运输货物量小而逐渐被海运所替代，再加之新中国成立后所面临的复杂国际环境，沿边地区逐渐成为封闭的地理区域，主要承担着拱卫腹地和核心区域的任务，很多都是军事管理区，彼时沿边的发展并不是主要的国家意图。冷战结束后的世界呈现出开放的趋势，中央政府敏锐地觉察到世界形势的转变，积极调整国家的发展战略，将 80 年代推行的改革开放政策继续深入地推向全社会。1992 年 1 月 18 日到 2 月 21 日，邓小平视察武昌、深圳、珠海、上海等地并发表重要讲话，主要内容就是要求改革开放胆子要大一些，敢于试验，不能像小脚女人一样，看准了的，就大胆地试，大胆地闯，判断的标准应该主要看是否有利于发展社会主义社会的生产力，是否有利于增强社会主义国家的综合国力，是否有利于提高人民的生活水平。1992 年，沿边开放正式启动，国家意图是以开放来发展边疆，稳定边疆，同时以边疆为窗口加强与东盟、南亚、中亚、蒙古、俄罗斯等周边国家深化经贸合作，带动国家融入世界。

（二）沿边开放推动沿边地区思想解放和体制改革

沿边地区是国家的地理边陲，在历史上一直是是山高皇帝远的地方，是封闭保守的代名词，因为地理位置偏远，交通落后，在没有互联网和广播电视都不发达的时代，沿边地区对外面的世界了解很少，人们的思想墨守成规，因此当中央政府实施改革开放政策十几年以后，沿边地区不仅在行动上，而且在思想观念上都是滞后的。新中国成立以后实施了 30 年全面的计划经济，在改革开放后沿边地区的观念很难转变过来，工业生产依然是"生产靠指令、材料靠调拨、资金靠贷款、产品靠包销、亏损靠补贴"，对于农业生产则是"养牛为种田，养猪为过年，养鸡为买盐，种地才是本分"的小农意识。

对于沿边而言，对外开放起着推动沿边社会和经济改革的作用。现在"改革开放"作为叙事背景已经成为一个固定搭配的词汇，但是作为历史进程，改革和开放之间并不是并列的，不仅仅是政策步骤不并列，

---

① 刘满佳：《南方丝绸之路的新生——云南民族地区的对外开放》，《中国民族》2002 年第 4 期。

更重要的是逻辑上也不是并列的。1978 年提出改革开放政策的时代背景是我国实施了 30 年的计划经济，市场作为一个概念在理论上对于中国而言是陌生和遥远的，更不用说在实践中如何实施市场化改革。因此在改革开放初期，其实开放比改革更重要，开放是改革的前提，通过开放来了解西方发达国家的市场经济运行的规律和经验，只有坚持开放才能够倒逼国人认清传统计划体制的弊端，从而设计符合国情的改革方案和体制机制，促进经济社会持续健康发展，也只有开放才能促使中华文明融入世界现代化进程，实现世界和平发展和人类命运共同体。

改革开放初期，开放推动了改革。沿海改革开放的实践表明，在改革开放的征程中，每当经济发展速度减缓的时候，改革亦徘徊不前，继而由开放推动和倒逼改革。因此改革与开放是相互推进的，改革为开放创造前提，升放又能进一步推进改革的深化。以习近平同志为核心的党中央，把开放确立为五大发展理念之一，这是在深刻总结国内外发展经验教训，针对我国发展中的突出矛盾和问题提出来的，把开放在发展中的作用、地位提升到了新的层次和水平，对我国破解发展难题、增强发展动力、厚植发展优势具有重大意义。在改革开放 40 年后的新时代，改革与开放仍然是我国发展的两大动力。习近平总书记指出，改革必然要求开放，开放也必然要求改革；要以扩大开放促进深化改革，以深化改革促进扩大开放。这些重要论断全面丰富了新时期改革开放互动的理论与实践。

沿边地区的开放之路就是对改革和开放关系最好的注脚。比如云南省德宏州瑞丽市的姐告，曾经是一个封闭落后的边境县，在开放以后与缅甸进行的边境贸易，使得历史上一直从事农业生产的少数民族农民也开始走出山寨，加入到边境贸易市场。开放改变了寨子里农民们长期以来的保守观念，从事由边境贸易而走上了自主发展的富裕道路。瑞丽姐告的开放，还促进了一项制度改革，创下了全国第一。姐告边境贸易区是我国第一个按照"境内关外"模式实行特殊管理的边境贸易区。所谓"境内关外"就是在我国境内，海关辟出一个专门区域，在此区域中进出的货物就相当于进口和出口，区内可以免关税。这个区域内的企业可以不出国门，就能享受有关进出口的优惠政策，而且通关速度更快。自成立以来，姐告不再是过去简单的进出口物资"中转站"，而成为中国面向东南亚、南亚的物流中心，由从事简单的易货贸易转变为一般贸易为主的多种贸易方式；由边境贸易区转变为完全的自由贸易区。姐告边贸区已经成为云南乃至全国开拓东南亚、南亚国际市场的桥头堡。这种探索为我国边境市县建立跨国加工贸易区，做大做强边境贸易提供了一个可资借鉴的有效管理模式。"境内关外"政策铸就一条黄金通道，姐告口岸进出口贸易总额分别占德宏州、云南省和全国对缅贸易的80%、60%、25%以上，每年平均出入境人员达600万人次，出入境车辆达100万辆次，分别居全国陆路口岸第一位和第三位。随着中国-东盟自由贸易区的全面建设，瑞丽国家重点开发开放试验区和桥头堡战略的不断推进，姐告边境贸易区正成为拉动德宏州乃至云南发展外向型经济的战略支点，成为一扇开启东南亚、南亚国际市场的"金大门"。

对外开放是我国的基本国策。当前国际政治经济环境深刻变化，习近平总书记曾指出："当前，中国改革已进入深水区，牵一发而动全身，要敢于啃硬骨头。"国家提出构建开放型经济新体系，对我国新一轮沿边开发开放也提出新的要求，赋予了新的内涵，明确指出要"创新开放模式，促进沿海内陆沿边开放优势互补"，"加快沿边开放步伐，允许沿边重点口岸、边境城市、经济合作区在人员往来、加工物流、旅游等方面实行特殊方式和政策"，将沿边开放推向了新的发展阶段，沿边开放也必将推动中国改革成功趟过深水区。

（三）沿边开放增强了边疆地区的"造血能力"

沿边开放使得沿边地区充满了生机与活力，从根本上增强和带动了边疆地区的"造血能力"，促进了边疆经济发展和社会进步。

1987年4月，中共中央、国务院在批转《关于民族工作几个重要问题的报告》中强调指出，新疆、西藏、云南等省区和其他一些少数民族地区，具有对外开放的优越地理条件，又有丰富的地下、地上资源和独特的旅游资源，进一步搞好开放，就能把某些劣势变成优势，加快经济的发展。同年，国家民委等十几个部委联合向国务院提出《关于积极发展边境贸易和经济技术合作、促进边疆繁荣稳定的意见》。1991年4月，国务院办公厅批转了这个文件，并积极推动边境贸易，在随后的1992年国家正式实施沿边开放战略，陆续批准珲春、黑河、绥芬河、满洲里、二连浩特、伊宁、博乐、塔城、畹町、瑞丽、河口、凭祥、东兴 13 个沿边城市为开放城市，这 13 个沿边开放城市加上辽宁丹东，一共批准设立了 14 个国家级边境经济合作区，享受现行的国家开放优惠政策。

　　边疆地区由于自然条件和历史原因而发展滞后，有大量的贫困人口。王朝历史上的中央王权每年要从国库中向边疆地区发放"协饷"以维持其社会经济运转。新中国成立后，中央政府每年要从国库中对边疆地区进行转移支付，以支援边疆的发展和建设。沿边开放是解决边民生活、稳定边疆的重要手段，也是开放边境贸易的政策初衷。首先，沿边的对外开放使得中国和邻国的边民可以通过货物贸易互补余缺，从而解决了边民生活物质匮乏的问题。沿边的对外开放能有效增加边民的收入，通过边境贸易创造就业，释放减贫效应，维护边疆繁荣稳定①。其次，沿边开放推动当地经济转型和农业剩余人口就地专业。沿边地区是传统的农业地区，农业人口众多，农民除了从事农业生产没有其他方面的技能，边境贸易的发展，推动了沿边农村剩余劳动力的转移，成为边民增收支致富的重要渠道。比如作为内陆边疆省份的云南，1978 年对外贸易进出口总额 1.04 亿美元，2017 年达到 233.94 亿美元，增长了 223.9 倍，贸易伙伴遍及 206 个国家和地区。②

　　中央政府在国家宏观的"五年规划"中也积极推动沿边开放和边境贸易的开展。改革开放后的"七五"规划里强调：对于陆地边境地区，在强调农林牧基础优势和加强工业的基础上开展边境贸易，"逐步把主要陆地边境口岸建设成具有一定经济基础的、以对外贸易为主要职能的口岸城镇，加强重要边防地段邮电、通信、道路、岸线等的建设，促进文化教育卫生事业的发展"。③国家"十二五"规划里强调：加强经济贸易措施，将兴边富民行动进一步强化，鼓励边境地区的贸易发展。"进一步加大扶持力度，加强基础设施建设，强化生态保护和修复，提高公共服

① 余淼杰、高恺琳：《中国-东盟自由贸易区的经济影响和减贫效应》，《国际经济评论》2018 年第 4 期，第 102-125 页。

②《主动服务和融入"一带一路"建设　云南加快开放型经济发展》，中华人民共和国昆明海关网，http://www.customs.gov.cn/kunming_customs/611304/611307/2172063/index.html.

③《中华人民共和国国民经济和社会发展第七个五年计划（1986—1990）》，人民出版社，1986，第 101-103 页。

务水平，切实改善老少边穷地区生产生活条件，贯彻落实扶持民族地区发展的政策，大力支持西藏、新疆和其他民族地区发展，扶持人口较少民族发展。深入推进兴边富民行动，陆地边境地区享有西部开发政策，支持边境贸易和民族特需品发展"。① "十四五规划"在区域协调发展和边疆地区发展方面突出了国家国土安全、边疆经济社会发展、铸牢中华民族共同体意识、海洋边疆和总体国家安全观五个层面，强调"以农产品生产区、重点生态功能区、能源资源富集地区和边境地区等承担战略功能的区域为支撑，切实维护国家粮食安全、生态安全、能源安全和边疆安全，与动力源地区共同打造高质量发展的动力系统。增强边疆地区发展能力，强化人口和经济支撑，促进民族团结和边疆稳定"。新时代以来，国家实施一带一路战略，陆地边疆在国家发展战略中的定位与以往不同，边疆对于国家而言不再仅仅是守边，转变成为国家发展的前沿地带，从过去的被动保守变的守边为积极主动的发展守边，如费孝通先生说过："要发展边疆，要巩固边防，非得要在生活上繁荣起来不可②。

沿边开放使得边境上的生活繁荣起来，并且增强了边境地区的财政自给能力，边疆可以通过开放给自己"造血"，减轻了国家的财政负担，也有利于提升我国边境民族地区经济社会发展水平，促进民族团结和边疆稳定。沿边开放以来，边境贸易对沿边区域经济增长的贡献不断增大。近几年，对外贸易对沿边地区生产总值的贡献率平均达 40%左右，开放型经济对沿边口岸县（市）财政的贡献更大。有不少县（市）财政收入及增加额中边贸所占比率高达 60%～70%。"边贸财政"的特征十分突出。③

沿边对外开放解决自身造血能力最为突出的一个案例是云南省的沿边开放城市瑞丽。瑞丽与缅甸相邻，是隶属于德宏傣族景颇族自治州的一个县级市，但作为德宏州辖下的五个县区之一，瑞丽 2020 年 GDP 达167.02 亿元，占德宏州 2020 年 GDP 的 29.02%，是德宏州的"经济重镇"，瑞丽的发展完全得益于对外开放。瑞丽对外贸易进出口总额由

---

① 中华人民共和国国民经济和社会发展第十二个五年规划纲要，人民出版社，2011 年。
② 费孝通．《社会调查自白》，上海人民出版社，2009，第 238 页。
③ 崔玉斌：《我国沿边开放 20 年的回顾与前瞻》，《北方经贸》2013 年第 3 期。

1978 年的 0.0006 亿元增至 2018 年的 716.91 亿元，增长 119.5 万倍。1991 年瑞丽的边境贸易总额占云南全省边贸总额的 70%，占全国边贸总额的 34%，是中国最大的边贸口岸[①]。瑞丽人均生产总值由 1978 年的 327元增加到 2018 年的 51300 元，增长 155.9 倍。瑞丽对缅甸的贸易连续多年占云南和缅甸贸易的三分之二左右、占中缅贸易的四分之一左右。瑞丽已成为中缅贸易最大的陆路口岸城市。瑞丽由于边境贸易活跃而吸引的大量外来人口的涌入，自第六次人口普查以来瑞丽的人口增长近五成。第七次全国人口普查数据显示，2020 年瑞丽全市总人口（常住人口）为26.76 万人。比 2010 年第六次全国人口普查结果增加 8.7 万人，增长48.17%。瑞丽的边境贸易还给德宏州带来巨大的财政收入。1984 年德宏州的财政收入只有 3000 多亿，随着边境贸易的发展，1993 年德宏州的财政收入突破 2 亿元，瑞丽 10 年增长了近 6 倍，其中边境贸易提供的财政收入占总收入的 45%。[②]

第二节　边疆对外开放的历程：从大后方到前沿

1978 年党的中共十一届三中全会开启了改革开放的历史征程以后，第一步是在东部沿海创办经济特区。党中央、国务院根据广东、福建两省靠近港澳、侨胞众多、资源丰富、便于吸引外资等有利条件，决定对两省的对外经济活动实行特殊政策和灵活措施。第二步是开放沿海港口城市。从北到南的沿海地区包括大连、秦皇岛、天津、烟台、青岛、连云港、南通、上海、宁波、温州、福州、广州、湛江和北海共 14 个大中港口城市。第三步是建立沿海经济开放区，将长江三角洲、珠江三角洲和闽南厦漳泉三角区划为沿海经济开放区，并指出这是我国实施对内搞活经济、对外实行开放的具有重要战略意义的布局。东部沿海地区的开放模式是两头在外，即利用国外的资金和市场，通过加工出口带动当地的产业发展。沿海地区迅速发展起来并成为拉动经济增长的发动机，要

---

① 《云南千年对外开放史 今朝迎来绝佳机遇期》，《都市时报》2011 年 6 月 6 日。

② 陈铁军：《云南 30 年的沿边开放历程、成就和经验》，社会科学出版社，2015 年，第 14 页。

素资源向沿海地区流动，但是国家内部的地区差别也在加大。第四步是开放沿江及内陆和沿边城市。1992 年 6 月，党中央、国务院决定开放长江沿岸的芜湖、九江、岳阳、武汉和重庆 5 个城市。

1992 年，中央决定开放 14 个沿边城市。沿边开放从一开始简单的边境小额贸易，发展到边境贸易、一般贸易、对外经济技术合作，直至利用外资的开放新格局。沿边开放的形式逐渐超出边境贸易本身而发展到境外工程承包、境外农业合作、境外投资、境内关外加工等各种形式。沿边开放不仅带来经济的繁荣，也给沿边带来了新的观念，在沿边对外开放中，各种文化观念在边境碰撞、交流、融合，过去封闭保守的边疆变得视野开阔，思想更加解放。沿边开放对边疆的贡献不仅仅是财政税收、就业拉动、开拓国际市场、引进资金技术等，还发挥了富民、稳边、固边、利国的重要作用，带动了边疆社会整体向现代化转型。

回顾沿边的对外开放历程，从国家最初的政策落地，到在开放的过程中摸索出适合不同沿边地区的发展模式，再到形成开放制度，最终到 2022 年沿边开放 30 周年的时候以法律条文的形式对沿边开放进行约定，中央政府对沿边开放的信心和决心都越发坚定。2022 年 1 月 1 日起施行的《中华人民共和国陆地国界法》第五十四条规定："国家提升沿边对外开放便利化水平，优化边境地区营商环境；经与陆地邻国协商，可以在双方接壤区域设立跨境经济合作区、跨境旅游合作区、生态保护区等区域。"将沿边开放的政策、制度以法律的形式固定下来。

改革开放是中国的基本国策，也是 40 多年来中国经济快速发展的最主要动力和秘诀。沿边开放是我国对外开放区域布局的重要组成部分，是我国整体对外开放不可或缺的部分。1992 年 3 月，国务院发布《关于进一步对外开放黑河等四个边境城市的通知》，随后陆续批准了珲春等 13 个城市为沿边开放城市，设立了二连浩特等 14 个国家级边境经济合作区，并给予对外开放的优惠政策，自此中国沿边开放政策正式实施并拉开了第一轮沿边开放的序幕。沿边开放没有现成的理论和模板可以照抄，不同的沿边城市必须因地制宜、实事求是地走出自己的路来。

一、中国边疆地区对外开放的历史进程：从大后方到前沿阵地

党的十一届三中全会确立了将党和国家的工作重心转移到经济建设上来的基调，随后党中央决定在我国东部沿海的深圳、珠海、汕头、厦门开展对外开放的试点工作，以此拉开了我国改革开放的序幕。改革开放之初，广大的内陆边疆地区并不在"对外开放"考虑之列，因为此时国家在"对外开放"方面没有任何经验，是"摸着石头过河"，"安全"与"稳定"问题对于内陆边疆来说仍然是最主要的考量。

20 世纪 80 年代，学术界对于中国的改革开放战略曾经提出过"开放梯度"的理论设想，认为中国大陆应该分为开发区、开放城市、经济腹地三个经济梯度，每个经济梯度有相应的开放政策，其理论基础是认为经济区域不是人为地按照行政区划确立和发展的，而是由自然地理特点和经济条件形成的。[①]开放梯度理论认为一个国家内部不仅地势有梯度，而且经济发展也有梯度，我国经济发展不平衡，大致可分为三个梯度：第一梯度即沿海发达地区，第二梯度即我国腹地、中原地带，第三梯度即内陆边疆不发达地区。开放梯度理论认为应该让第一梯度首先掌握世界先进技术，建立起我国经济振兴的根据地，然后向第二梯度和第三梯度转移、传递，随着经济的发展、经济梯度之间转移加速，逐步缩小地区之间的差距。[②]根据这个理论，在改革开放的第一个十年里，中国的对外开放格局在实践中形成了由"经济特区——沿海开放城市——经济开放区"组成的三个层次，分别是：1979 年 7 月确定在深圳、珠海、汕头、厦门创办经济特区；1984 年初邓小平视察经济特区，同年 4 月中央决定开放 14 个沿海港口城市和海南岛；1985 年，党中央又决定建立长江三角洲、珠江三角洲、闽南厦漳泉三角区，1990 年开辟渤海地区为环渤海湾经济开放区。

此后，中国的对外开放政策在实践中进一步探索与发展，20 世纪 90

---

① 夏禹龙、刘吉、冯之浚、张念椿：《梯度理论和区域经济》，《科学学与科学技术管理》1983 年第 2 期。

② 李新男：《略论不发达地区科技发展战略的指导思想——兼评梯度理论》，《科学管理研究》1984 年第 4 期。

年代初邓小平南方谈话之后，我国对外开放的范围由东部沿海城市扩大到了内陆边境地区。1992 年，国家在内陆边境地区实施沿边开放战略，陆续批准珲春、黑河、绥芬河、满洲里、二连浩特、伊宁、博乐、塔城、畹町、瑞丽、河口、凭祥、东兴等 13 个城市为沿边开放城市。基于这 13 个沿边开放城市，再加上辽宁省的丹东市，国家一共批准设立了 14 个国家级边境经济合作区。1993 年党的十四届三中全会肯定了我国边境口岸开放的实践，并在《中共中央关于建立社会主义市场经济体制若干问题的决定》中提出要"深化对外经济体制改革，进一步扩大对外开放"①，这标志着我国的对外开放战略发展到了新的阶段。随后，国家陆续出台了相关政策支持边境地区的对外开放。1996 年 1 月，国务院发布《关于边境贸易有关问题的通知》，对边境贸易管理形式、税收等若干问题做出了具体规定，强调要积极支持边境贸易和边境地区对外经济合作的发展。20 世纪 90 年代，国家将内陆边境地区作为新一轮对外开放的前沿阵地，在实践中走在了开放梯度理论所设想的第二梯度即我国腹地和中原地带对外开放的前面，这项创举的意义在今天看来与东部沿海地区率先对外开放一样重大。

二、1992 年以前陆地边疆开放以边境小额贸易和边民互市为主要形式

新中国成立以后，由于西方世界的封锁，边境地区尽管有零星的边民互市贸易，但是交易商品的种类、数额都受到严格限制，规模很小。1951 年 4 月，中缅边境地区开放边民互市；1953 年 8 月，中越两国签订了开放两国边境小额贸易的协定书；1954 年 1 月，中越边境小额贸易启动。从 20 世纪 60 年代"文化大革命"开始到 20 世纪 70 年代后期，这一时间段的边境小额贸易几乎停滞，边民互市也受严格限制，同时中国和邻国的政治经济形势都发生了重大变化，总体而言在建国前 30 年的时间里，沿边地区的边境贸易几乎是停滞的。

1978 年实施改革开放以后，沿边地区的边境贸易开始恢复。1981 年，吉林省恢复了与朝鲜的边境贸易；1982 年，国务院批准了对苏联的边境

---

① 《中共中央关于建立社会主义市场经济体制若干问题的决定》，人民出版社，1993，第 1 页。

贸易，我国重新开放了黑龙江的黑河、绥芬河、同江对苏联的口岸。1981年到1991年，我国的边境贸易处于恢复阶段，但是总体规模较小，贸易类型以边境小额贸易和边民互市贸易为主。

边境小额贸易是指我国沿陆地边境线经国家批准对外开放的边境县（旗）、边境城市辖区，经批准有边境小额贸易经营权的企业，通过国家指定的陆地口岸，与毗邻国家边境地区的企业或其他贸易机构之间进行的贸易活动，包括易货贸易、现汇贸易等各种贸易形式。

中央制定边境贸易政策的目的非常明确，就是要通过沿边开放让边民在边贸交易中获得真正的实惠，从而实现富民的目标。关于边境小额贸易的政策，初期国家对边境小额贸易进口货物实行关税、增值税减半征收的政策，即通常所说的"双减半"政策。随着财政政策的调整和外贸管理体制改革的深化，2004年边境小额贸易企业由审批制改为登记制，从2008年起，以边境地区财政转移支付办法取代原来的"双减半"政策。关于边民互市政策，国发〔1996〕2号文件规定边民每人每日通过互市贸易带进的物品，价值在1000元以内免征进口关税和进口环节税。从1999年1月1日起，免税额度提高至3000元，到2008年11月1日免税额度提高至8000元。

边民互市贸易是指边境地区居民在我国陆路边境线二十公里以内，在经政府批准的开放点或指定的集市上、在不超过规定的金额或数量范围内进行的商品交换活动。国家出台《边民互市贸易管理办法》，在20世纪80年代初边民互市的贸易金额限制在100元/天，到90年代中期提高到3000元/天，2008年进一步提高到8000元/天。边民互市对于增加边民收入、改善边民生活有明显的作用。

边民互市是边境地区对外贸易的重要组成部分，切实提高了边境地区居民的收入，比如西藏2018年设立亚东、吉隆、普兰3个边民互市贸易区，2019年互市贸易总值2.2亿元，增长120.5%。但是边民互市受国际环境影响巨大，比如丹东国门湾中朝边民互市贸易区，受联合国制裁朝鲜的影响，2018年1月23日无法进口朝鲜的农产品，2019年1月的进口额同比下降94%。

三、1992 在 14 个陆地边疆沿边城市设立边境经济合作区

改革开放以来，沿边的对外开放一直停留在边境小额贸易和边民互市贸易形式，沿边的边境贸易对当地的加工、旅游、物流等相关产业的带动作用没有得到充分的发挥，我国绝大多数沿边口岸处于有贸易无产业，或者产业非常薄弱的发展阶段。

1992 年国务院批准在沿边地区设立了 14 个边境经济合作区，2011 年增加了新疆自治区的吉木乃，2013 年增加了云南省的临沧，2015 年增加了吉林省的和龙，到 2022 年一共有 17 个边境经济合作区：广西壮族自治区 2 个，分别是东兴边境经济合作区、凭祥边境经济合作区；云南省 4 个，分别是河口边境经济合作区、临沧边境经济合作区、畹町边境经济合作区、瑞丽边境经济合作区，其中临沧边境经济合作区是 2013 年9 月 28 日国务院正式批准的；吉林省 2 个，分别是吉林珲春边境经济合作区、和龙边境经济合作区，其中和龙边境经济合作区于 2015 年 3 月 3日由国务院批复设立，是全国第 17 个国家级边境经济合作区；黑龙江省2 个，分别是黑河边境经济合作区、绥芬河边境经济合作区。新疆维吾尔自治区 4 个，分别是新疆伊宁边境经济合作区、博乐边境经济合作区、塔城边境经济合作区、吉木乃边境经济合作区，其中吉木乃边境经济合作区是 2011 年 9 月批准成立；内蒙古自治区 2 个，分别是二连浩特边境经济合作区、满洲里边境经济合作区；辽宁省 1 个，为丹东边境经济合作区。

边境经济合作区的对外合作范围大大超过了以往的边境小额贸易和边民互市贸易的范围，每个边境经济合作区都根据自身条件开展进出口产品就地加工等高附加值的产业。

四、加入 WTO 进一步推动边疆开放

进入 21 世纪以后国际政治经济形势发生新的变化，加入世贸组织（WTO）标志中国的对外开放进入新的阶段。中国加入世贸组织以后进口关税总水平降低至 15.3%，到 2018 年进口关税总水平降低到 7.5%。在此时代背景下，中央政府将沿边开放进一步引向深入。2002 年，中共

十六大提出"坚持与邻为善、以邻为伴，加强睦邻友好，加强区域合作"的周边外交方针。2007 年，中共十七大报告明确指出要"提升沿边开放"，由沿海地区的优先开放，转变为东部沿海与沿边相互促进的开放，由单纯引进国外资金技术转变为引进来和走出去并举的主动开放，目的是使我国经济和社会更加深入地更大范围地融入世界。这标志着我国第二轮沿边开放正式启动。

　　加入 WTO 以后，中央在已有的基础上继续加大沿边开放力度，相继在沿边推出了"境内关外"的边境贸易模式和自由贸易区，出台了"加快建设边境经济合作区、互市贸易区和出口加工区，加快建设和完善边境口岸设施"等更广泛的沿边开放举措，这些新的开放制度将沿边开放又向前推进一步。

　　瑞丽市东、南、北三面与缅甸掸邦木姐市（缅甸的国家级口岸）相连，有 3 个出入境通道，国境线 4.18 千米。姐告边境贸易区是中缅两国边境贸易的物流中心，是集贸易、加工、仓储、旅游为一体的面向东南亚、南亚开放的口岸。作为中缅两国贸易的中转站和集散地，是中国大西南通向东南亚、南亚的金大门。2000 年 8 月 28 日，云南省德宏州委、州政府在瑞丽姐告举行"中共德宏州瑞丽姐告边境贸易区工作委员会""德宏州瑞丽姐告边境贸易区管理委员会"揭牌仪式，标志着我国第一个按照"境内关外"模式实行特殊管理的边境贸易区正式运行。

　　2002 年 11 月，第六次中国-东盟领导人会议在柬埔寨首都金边举行，朱镕基总理和东盟 10 国领导人签署了《中国-东盟全面经济合作框架协议》，决定到 2010 年建成中国-东盟自由贸易区，这标志着建立中国-东盟自由贸易区的进程正式启动。东盟自贸区是世界上三大区域经济合作区，是世界上人口最多的自由贸易区，也是唯一由发展中国家组成的自由贸易区。2002 年至 2010 年为启动并大幅下调关税阶段。自 2002 年 11 月签署《中国-东盟全面经济合作框架协议》始至 2010 年 1 月 1 日，中国对东盟 93%产品的贸易关税降为零。2011 年至 2015 年全面建成自贸区阶段，即东盟越、老、柬、缅四国与中国贸易的绝大多数产品实现零关税，与此同时，自贸区实现更广泛深入的开放服务贸易市场和投资市场。

数据显示，中国-东盟贸易规模从 1991 年的不足 80 亿美元增长到 2020 年的 6846 亿美元，扩大 80 余倍。自 2009 年起，中国连续 12 年保持东盟第一大贸易伙伴地位；2020 年，东盟首次成为中国最大的贸易伙伴。中国和东盟共同努力，推动一大批造福民生、加速互联互通、综合效益好、带动作用大的合作项目落地，为促进地区经济社会繁荣发展做出了积极贡献。

五、"一带一路"倡议边疆全面对外开放

2012 年博鳌亚洲论坛召开前夕，国家发展与改革委员会下属的国际合作中心公开发布了《中国区域对外开放指数研究报告》，首次公布了中国 31 个省市区对外开放度得分及排名。该指数统筹考虑区域外与境外两个对外开放范畴，从经济、技术和社会三大维度界定了"对外开放度"的综合概念，报告显示：十年间几乎所有省（区、市）的对外开放度都有所上升，东部沿海的北京、上海、广东、江苏、浙江、天津、福建等省、市始终居于全国前列，贵州、内蒙古、甘肃、宁夏、青海、西藏和新疆等西部省份一直相对落后，与东部省份有很大差距[①]。沿边开放给沿边省区和边疆带来了活力，与此同时与东部沿海地区的差距却进一步拉大。

党的十八大以来，中央政府高度重视国家内部区域发展不平衡问题，并下决心推动更大的开放应对沿边地区发展滞后问题。2013 年 11 月，《中共中央关于全国深化改革若干重大问题的决定》提出"扩大内陆沿边开放""加快沿边开放步伐"的战略举措。同年，国家主席习近平提出了共建"一带一路"倡议，得到沿线国家的高度关注和认同。"一带一路"倡议的提出正式拉开了沿边地区第三轮对外开放的序幕。

"一带一路"倡议第一次把沿边地区的开发开放上升到国家战略的高度，沿边地区的开发开放形成了一系列的支持体系，沿边日益成为国家战略的重点以及构建新发展格局的重要组成部分。通过"一带一路"

---

① 国家发展和改革委员会国际合作中心对外开放课题组：《中国对外开放 40 年》，人民出版社，2018，第 341 页。

建设推动边疆地区开发开放，"发挥'一带一路'建设对西部大开发的带动作用"，推进边境城市和重点开发开放试验区等建设，边疆省区也各种有新的定位：新疆建成向西开放的重要窗口，西藏建成面向南亚开放的重要通道，云南建成面向南亚东南亚的辐射中心，广西建成面向东盟的国际大通道，黑龙江、吉林、辽宁、内蒙古建成向北开放的重要窗口和东北亚区域合作的中心枢纽，加快建设面向东北亚的长吉图开发开放先导区。

"一带一路"倡议实施以来，边疆九省区的第二产业和第三产业发展迅猛，2015 年开始到 2019 年首次实现正增长，2019 年边疆九省区的第三产业增加值首次超过 7 万亿，较 2018 年增加 7.6%，较 2011 年翻了一番[1]。边疆九省区对"一带一路"沿线国家的贸易合作发展迅猛。比如，2018 年吉林省与"一带一路"沿线国家贸易进出口总值达 380 亿元，占全省外贸总值比重超过 1/4。2018 年新疆口岸对"一带一路"沿线 36 个国家和地区进出口总额实现 2915.4 亿元，占同期新疆口岸进出口贸易额的 98.2%。2019 年内蒙古自治区对"一带一路"沿线国家的进出口总额为 713 亿元，占同期内蒙古外贸进出口总额的 65.1%。

2017 年 11 月，党的十九大提出要"推动建设相互尊重、公平正义、合作共赢的新型国际关系"，"促进贸易和投资自由化便利化，推动经济全球化朝着更加开放、包容、普惠、平衡、共赢的方向发展"。2019 年 10 月，党的十九届四中全会提出要"推动构建人类命运共同体"，"推进合作共赢的开放体系建设"。"十四五"时期，我国沿边开放新的目标和任务是要服务于国家高水平对外开放，服务于国内国际相互促进的"双循环"新发展格局。根据 2015 年《国务院关于支持沿边重点地区开发开放若干政策措施的意见》的安排，沿边地区共设立了 5 个重点开发开放试验区、72 个国家级口岸、17 个边境经济合作区、1 个跨境经济合作区。在谋求高质量发展的时代背景下，沿边地区对外开放的发展空间广阔，深化沿边地区对外开放的意义深远。

跨境经济合作区。是指在沿边地区由两国或两国以上政府间共同推

---

[1] 李光辉主编：《2020 年中国边疆经济发展年度报告》，中国商务出版社，2020，第 50 页。

动的享有出口加工区、保税区、自由贸易区等优惠政策的次区域经济合作区。目前我国的跨境经济合作区有两种模式，一种是在没有自贸区框架下建立的，由两个国家自行商议建立，比如中国和哈萨克斯坦国一起建立的中哈霍尔果斯国际边境合作中心。新疆伊犁哈萨克自治州霍尔果斯口岸是我国西部沿边历史最长、最大的陆路口岸。2003 年建立的中哈霍尔果斯国际边境合作贸易中心，成为了世界首个跨境自由贸易区。中哈霍尔果斯国际边境贸易合作区总面积为 5.28 平方公里，我国境内为 3.43 平方公里，哈萨克斯坦境内为 1.85 平方公里。

另一种是在自贸区框架下建立的，比如云南瑞丽与缅甸的跨境经济合作区是在中国—东盟自由贸易区框架下成立的。中央政府 2000 年批准成立了全国第一个实施"境内关外"海关特殊监管模式的边境贸易区：瑞丽姐告边境贸易区。姐告边境贸易区出口加工区设在我国境内，但在关税等政策上享受境外企业的优惠。比如在购买国内生产设备和原材料时，这些设备和原材料可以视同出口，供应商享受有关出口退税政策。区内企业还享受一些优惠政策，像对区内企业在区内加工、生产的货物免征增值税、消费税，简化区内出口加工企业海关手续等。

沿边重点开发开放试验区。2015 年国务院发布《国务院关于支持沿边重点地区开发开放若干政策措施的意见》（以下简称《意见》），公布了 5 个重点开发开放试验区，包括广西东兴重点开发开放试验区、云南勐腊（磨憨）重点开发开放试验区、瑞丽重点开发开放试验区、内蒙古二连浩特重点开发开放试验区、满洲里重点开发开放试验区。

《意见》提出要加大对边境地区民生改善的支持力度，通过扩大就业、发展产业、创新科技、对口支援稳边安边兴边。对于边民自主创业实行"零成本"注册，符合条件的边民可按规定申请 10 万元以下的创业担保贷款。鼓励边境地区群众搬迁安置到距边境 0—3 公里范围。加大简政放权力度，进一步取消和下放涉及沿边国家级口岸通关及进出口环节的行政审批事项，明确审查标准，提高贸易便利化水平，创新口岸监管模式。扩大沿边投资领域开放，借鉴国际通行规则，支持具备条件的沿边重点地区借鉴上海等自由贸易试验区可复制可推广试点经验，试行准入前国民待遇加负面清单的外商投资管理模式。大力推进贸易方式转变，有序发展边境贸易，完善边贸政策，支持边境小额贸易向综合性多元化贸易转变，探索发展离岸贸易。支持沿边重点地区开展加工贸易。支持在沿边重点地区优先布局进口能源资源加工转化利用项目和进口资源落地加工项目。支持沿边重点地区利用本地区和周边国家丰富的矿产、农业、生物和生态资源，规范发展符合法律法规和国家政策的矿产权、林权、碳汇权和文化产品等交易市场。

边境跨境旅游合作区。《意见》提出提升旅游开放水平，促进边境旅游繁荣发展。修订《边境旅游暂行管理办法》，放宽边境旅游管制。将边境旅游管理权限下放到省（区），放宽非边境地区居民参加边境旅游的条件，允许边境旅游团队灵活选择出入境口岸。鼓励沿边重点地区积极创新管理方式，在游客出入境比较集中的口岸实施"一站式"通关模式，设置团队游客绿色通道。探索建设边境旅游试验区。《意见》鼓励依托边境城市，强化政策集成和制度创新，研究设立边境旅游试验区（以下简称试验区）。鼓励试验区积极探索"全域旅游"发展模式。允许符合条件的试验区实施口岸签证政策，为到试验区的境外游客签发一年多次往返出入境证件。推行在有条件的边境口岸设立交通管理服务站点，便捷办理临时入境机动车牌证。鼓励发展特色旅游主题酒店和特色旅游餐饮，打造一批民族风情浓郁的少数民族特色村镇。新增建设用地指标适当向旅游项目倾斜，对重大旅游项目可向国家主管部门申请办理先行用地手续。积极发展体育旅游、旅游演艺，允许设立外资参股由中方控股的演出经纪机构。

在《意见》指导下，2018 年国务院同意设立内蒙古满洲里、广西防城港边境旅游试验区，这是我国首批设立的边境旅游试验区。中央政府坚持"分批实施，成熟一个推出一个"的原则设立边境旅游试验区，首先选择旅游资源禀赋较高、旅游产业发展较为成型、口岸通关综合条件较好、与毗邻国家旅游合作相对成熟的边境城市率先开展改革探索，并在实践中积累经验做法，之后再逐步推广。

自由贸易实验区。国务院 2019 年 8 月 26 日公布相关方案，中国新设的 6 个自贸试验区花落山东、江苏、广西、河北、云南、黑龙江六省区。广西、黑龙江、云南自贸试验区是三个在沿边地区首次设立的自贸区，彰显了中国全面扩大开放的决心和信心。自由贸易试验区的布局实现了东西南北中的平衡，体现出全面开放的新时代特征，将加速中国与周边国家共同繁荣，推动构建更加紧密的命运共同体。

扩大沿边开放、打造更加便捷的国际交通物流枢纽，是赋予沿边地区的重要使命。广西发挥与东盟国家陆海相邻的独特优势，着力建设西南中南西北出海口、面向东盟的国际陆海贸易新通道，形成"一带一路"有机衔接的重要门户；云南着力打造"一带一路"和长江经济带互联互通的重要通道，建设连接南亚东南亚大通道的重要节点，推动形成面向南亚东南亚的辐射中心、开放前沿；黑龙江建设面向俄罗斯及东北亚的交通物流枢纽。

3 个边疆省份自由贸易区的设立是有相应物质基础的，1992 年实施沿边开放战略后，沿边城市开放水平不断提升，公路、铁路、港口等基础设施不断完善。新一轮自贸区选中沿边地区，正是中国与周边国家在基础设施、边境贸易等方面升级发展的迫切需要。比如，广西自贸区崇左片区所在地凭祥市，是中国通往越南和东盟最大最快捷的陆路通道。凭祥口岸资源丰富，劳动力充足，物流高效便捷。截至 2018 年底，凭祥外贸进出口总额已位居中国沿边开放城市首位，并实现边境小额贸易进出口总值连续 4 年国内排名第一。未来沿边的自由贸易区将会有更大突破。

六大国际经济走廊。进入 21 世纪以来，中国的国际贸易量惊人地增长，中国与世界各国之间的依存度越来越高，中国参与国际产业分工的角色也随之调整。与此同时，中国对外开放的国际环境发生了重大变化，国际地缘政治对于中国的对外开放和经济发展产生越来越重要的影响。海洋运输是国际贸易的主要方式，也是成本最低的运输方式，我国的对外贸易大多是通过沿海口岸经由海运完成的。马六甲海峡是海上的咽喉，中国的货物基本都要绕过马六甲海峡进入印度洋后抵达欧美主要市场。随着中国国际贸易量的增加，中国的对外开放受到国际政治的影响程度超过以往。因此从国家安全层面出发，亟需开辟新的国际运输通道。

2015 年 3 月底公布的《推动共建丝绸之路经济带和 21 世纪海上丝绸之路的愿景与行动》，提出根据"一带一路"走向，在陆地上依托沿边国际大通道，以沿线中心城市为支撑，以重点经贸产业园区为合作平台，建设中蒙俄经济走廊、新亚欧大陆桥经济走廊、中国-中亚-西亚经济走廊、中国-中南半岛经济走廊、中巴经济走廊、孟中印缅经济走廊。

第一，中蒙俄经济走廊。国家发改委确定的中蒙俄经济走廊分为两条线路：一是从华北地区京津冀到呼和浩特，再到蒙古和俄罗斯；二是从东北地区大连、沈阳、长春、哈尔滨到满洲里和俄罗斯的赤塔。两条走廊互动互补形成一个新的开放开发经济带，统称中蒙俄经济走廊。把丝绸之路经济带同俄罗斯跨欧亚大铁路、蒙古国草原之路倡议进行对接；加强铁路、公路等互联互通建设，推进通关和运输便利化，促进过境运输合作，研究三方跨境输电网建设，开展旅游、智库、媒体、环保、减灾救灾等领域务实合作。

第二，新亚欧大陆桥。又名第二亚欧大陆桥，是从江苏省连云港市到荷兰鹿特丹港的国际化铁路交通干线，国内由陇海铁路和兰新铁路组成。大陆桥途经江苏、安徽、河南、陕西、甘肃、青海、新疆 7 个省区，到中哈边界的阿拉山口出国境，出国境后可经 3 条线路抵达荷兰的鹿特丹港。中线与俄罗斯铁路友谊站接轨，进入俄罗斯铁路网，途经斯摩棱斯克、布列斯特、华沙、柏林到达荷兰的鹿特丹港，全长 10900 公里，辐射 30 多个国家和地区。

第三，中国-中亚-西亚经济走廊。从新疆出发，抵达波斯湾、地中海沿岸和阿拉伯半岛，主要涉及中亚五国（哈萨克斯坦、吉尔吉斯斯坦、塔吉克斯坦、乌兹别克斯坦、土库曼斯坦）、伊朗、土耳其等国。

第四，中国-中南半岛经济走廊。东起珠三角经济区，沿南广高速公路、南广高铁，经广西的南宁、凭祥、越南河内至新加坡，以沿线中心城市为依托，以铁路、公路为载体和纽带，以人流、物流、资金流、信息流为基础，加快形成优势互补、区域分工、联动开发、共同发展的区域经济体，开拓新的战略通道和战略空间。

第五，中巴经济走廊。起点在新疆喀什，终点在巴基斯坦瓜达尔港，全长 3000 公里，贯通南北丝路关键枢纽，北接"丝路经济带"，南连"21世纪海丝之路"，是一条包括公路、铁路、油气和光缆通道在内的贸易走廊。2015 年 4 月，中巴两国政府初步制定了修建新疆喀什市到巴方西南港口瓜达尔港的公路、铁路、油气管道及光缆覆盖"四位一体"通道的远景规划。其间，中巴签订 51 项合作协议和备忘录，其中超过 30 项涉及中巴经济走廊。

第六，孟中印缅经济走廊。建设倡议是 2013 年 5 月国务院总理李克强访问印度期间提出的，得到印度、孟加拉国、缅甸三国的积极响应。2013 年 12 月，孟中印缅经济走廊联合工作组第一次会议在昆明召开，各方签署了会议纪要和孟中印缅经济走廊联合研究计划，正式确立了四国政府推进孟中印缅合作的机制。

"一带一路"沿线的六大经济走廊，对内带动了我国大部分区域的经济发展，对外覆盖了欧亚大陆的绝大部分地区，还能够再联动到非洲的一些区域，是我国对外经济发展的主要着力点，对我国的重要性是不言而喻的。

第三节　边疆对外开放的成就、启示与挑战

2022 年是沿边开放 30 周年，边疆的对外开放与沿海地区有着截然不同的路径。过去，沿边地区一直是政治敏感地带，相邻国家都采取对外封闭措施，因此沿边城市处于非常封闭的状态，开放程度很低，很多属于军事边境禁区、封锁区，进入边境地区需要持边境居民证或通行证。1992 年开始，中央政府开启新一轮改革开放，陆地沿边地区从此登上历史舞台，走出了从封闭落后到逐渐开放、再到全面振兴的沿边特色发展之路。标志着中国的改革开放由局部走向整体。

边疆的对外开放要走什么样的道路？是边疆开放之初面临的最大问题。沿边地区历史上多是封闭、保守的民族地区，是拱卫国家安全的前沿地带，很多沿边地区长期是边境管理区，内地居民去往边境地区需办理《前往边境地区通行证》，比如深圳市在 2008 年 1 月才正式取消此证。同时，周边国家的经济发展水平大多落后于我国，因此沿边地区与东部沿海地区的开放比起来要困难很多，没有现成的模式可以复制。沿海开放面对的是西方发达国家和亚太新兴工业国家和地区，沿海地区承接这些国家和地区的资金、技术和市场具有天然的地缘优势。东部沿海地区

的对外开放优势是沿边地区所不具备的。沿边开放地区在 30 年实践中走出了自己的道路，取得了非凡的成就，

一、陆地边疆对外开放 30 年的成就

1992 年国家开放 14 个沿边城市，今天的开放已经不仅仅是 14 个沿边城市的规模了，2015 年国务院发布《国务院关于支持沿边重点地区开发开放若干政策措施的意见》，公布了"沿边重点地区名录"，如今沿边拥有 5 个重点开发开放试验区、72 个沿边国家级口岸、23 个边境城市、17 个边境经济合作区和 1 个跨境经济合作区。

第一，形成了规模巨大的边疆重点开发开放地区。

①5 个重点开发开放试验区，分别是广西东兴重点开发开放试验区，云南勐腊（磨憨）重点开发开放试验区、瑞丽重点开发开放试验区，内蒙古二连浩特重点开发开放试验区、满洲里重点开发开放试验区。

②72 个沿边国家级口岸，其中 11 个铁路口岸，包括广西凭祥，云南河口、新疆霍尔果斯、阿拉山口、内蒙古二连浩特、满洲里，黑龙江绥芬河，吉林珲春、图们、集安，辽宁丹东。61 个公路口岸，包括广西东兴、爱店、友谊关、水口、龙邦、平孟，云南天保、都龙、河口、金水河、勐康、磨憨、打洛、孟定、畹町、瑞丽、腾冲，西藏樟木、吉隆、普兰，新疆红其拉甫、卡拉苏、伊尔克什坦、吐尔尕特、木扎尔特、都拉塔、霍尔果斯、巴克图、吉木乃、阿黑土别克、红山嘴、塔克什肯、乌拉斯台、老爷庙，甘肃马鬃山，内蒙古策克、甘其毛都、满都拉、二连浩特、珠恩嘎达布其、阿尔山、额布都格、阿日哈沙特、满洲里、黑山头、室韦，黑龙江虎林、密山、绥芬河、东宁，吉林珲春、圈河、沙坨子、开山屯、三合、南坪、古城里、长白、临江、集安，辽宁丹东。

③28 个边境城市，包括广西东兴市、凭祥市，云南景洪市、芒市、瑞丽市，新疆阿图什市、伊宁市、博乐市、塔城市、阿勒泰市、哈密市，内蒙古二连浩特市、阿尔山市、满洲里市、额尔古纳市，黑龙江黑河市、同江市、虎林市、密山市、穆棱市、绥芬河市，吉林珲春市、图们市、龙井市、和龙市、临江市、集安市，辽宁丹东市。

④17 个边境经济合作区，包括广西东兴边境经济合作区、凭祥边境

经济合作区，云南河口边境经济合作区、临沧边境经济合作区、畹町边境经济合作区、瑞丽边境经济合作区，新疆伊宁边境经济合作区、博乐边境经济合作区、塔城边境经济合作区、吉木乃边境经济合作区，内蒙古二连浩特边境经济合作区、满洲里边境经济合作区，黑龙江黑河边境经济合作区、绥芬河边境经济合作区，吉林珲春边境经济合作区、和龙边境经济合作区，辽宁丹东边境经济合作区。

⑤1 个跨境经济合作区，即中哈霍尔果斯国际边境合作中心。

第二，我国边疆对外开放的战略大框架正在形成。

八大内陆边境口岸已不同程度向周边国家开放，形成了沿边重点地区公路网络：云南省通过昆瑞、昆洛公路联通缅甸、老挝；新疆伊犁州通过乌伊公路和即将贯通的北疆铁路联通中亚地区；新疆南疆各地州依托中巴国际公路对巴基斯坦；内蒙古二连浩特依托中蒙国际铁路联通蒙古；内蒙古呼伦贝尔盟和黑龙江黑河、绥芬河联通俄罗斯新西伯利亚和远东地区；吉林、辽宁边境地区联通朝鲜；西藏边境地区联通印度、尼泊尔；广西凭祥、龙州、东兴和云南河口、麻栗坡联通越南。未来沿边开放不会仅限于这些国家，还要以其为通道，使中国商品得以进入东南亚、中亚、西亚和欧洲市场。

广西、云南正在深度参与西部陆海新通道建设。钦州港是广西北部湾港的重要组成部分，广西自贸区将支持开通和加密北部湾港国际海运航线，支持北部湾港开行至中西部地区的海铁联运班列，与中欧班列无缝衔接。数据统计显示，目前广西北部湾港与世界 100 多个国家和地区的 200 多个港口通航，实现东盟主要港口全覆盖，至新加坡班轮每周 2 班常态化运行，至香港班轮实现天天班。

第三，边境贸易带动边疆地区的活力和繁荣。

沿边开放的总体政策是：贸易为主，产业联动，促进开发。即在沿边开放的起步阶段，把边境贸易放在首要地位，积极发展边境地区的转口贸易、小额贸易、法人贸易和边民贸易。同时在条件优越的口岸建立试验性的自由贸易区和经济开发区，以此带动产业基础的改造和产业结构的优化配置，并逐步将贸易内容扩展到更加广泛的经济技术交流和合作、引进资金、开办合资企业、输出劳务等领域，最后促进内陆区域的整体开发与发展。中央一直鼓励沿边地区与邻国的边境贸易，巩固和发展我国同周边国家的睦邻友好关系①。在坚持边境经贸合作向内地合作发展的同时，扩大和深化对周边各国的全方位经贸合作，建设若干面向毗邻地区的区域性国际贸易中心，构筑特色鲜明、定位清晰的陆路开放经济带，形成引领国际经济合作和竞争的开放区域，培育带动区域发展的开放高地，推动边境经济合作向区域经济合作发展，提高区域经济一体化水平，用区域经济合作扩大和深化沿边开放。

边境贸易是沿边地区经济增长的重要推动力量。2018 年我国边境小额贸易突破了 400 亿美元，如果从 2010 年开始算，年均增速在 5.6%左右。对于广西、新疆、西藏等边疆省区而言，边境小额贸易仍然是对外贸易的重要组成部分，对于边境地区的发展具有非常重要的作用。例如 2018 年，广西边境小额贸易超过 1000 亿元人民币，占广西外贸总额的26.2%，如果加上边民互市，占广西外贸总额的 40%左右；新疆边境小额贸易占其进出口贸易的 60%；内蒙古边境小额贸易占其进出口贸易的 30%。

二、边疆对外开放的启示：因地制宜和与时俱进

改革开放 40 多年来，我国经济腾飞的一个重要原因就在于坚持对外开放的基本国策。特别是党的十八大以来，我国顺应与世界深度融合、命运与共的大趋势，进一步丰富对外开放内涵，提升对外开放水平，为发展注入新动力、增添新活力、拓展新空间。沿边开放的成功经验就是不同沿边地区因地制宜制定适合本地区的开放模式，并根据形势的转变及时做出调整。

中国陆地有 14 个邻国，从东到西分别为朝鲜、蒙古、俄罗斯、哈萨克斯坦、吉尔吉斯斯坦、塔吉克斯坦、阿富汗、巴基斯坦、印度、尼泊尔、不丹、缅甸、老挝、越南。14 个邻国大多经济基础薄弱，劳动力文化素质比较低，能源交通等社会基础设施比较落后，有的还有复杂的

---

① 《国务院关于边境贸易有关问题的通知》，《中华人民共和国国务院公报》1996 年第 1 期，第10-12页。

国际环境。越南、老挝、缅甸被联合国列为最不发达国家。缅甸是人口大国，但是长期处于内战状态。俄罗斯是与中国之间边境线最长的国家，中国和俄罗斯有着极强的经济互补性，俄罗斯有着极为丰富的资源和广阔的国土面积，中国则有着极为活跃的经济和最全面的工业体系，中国和俄罗斯如今的经济愈发紧密，民间的往来也越来越多。蒙古虽然拥有 156 万平方公里的广阔面积，但是人口却只有 300 余万，经济和工业产值非常低，煤矿和畜牧业在国民经济中的占比高。中亚五国中有三个国家与中国接壤，分别是哈萨克斯坦、吉尔吉斯斯坦和塔吉克斯坦，其工业基础薄弱，石油、天然气资源丰富，与中国经济有很强的互补性。中国和阿富汗之间只有 90 多公里的边境线，且海拔高、自然环境恶劣。巴基斯坦在中国被称为"巴铁"，寓意中国和巴基斯坦之间钢铁般的友谊，中国给予巴基斯坦巨大的援助和支持。14 个邻国对于合作的期望比较高。

上述沿边地区邻国的基本状况决定了沿边对外开放不能照搬东部沿海地区的对外开放模式，因此沿边地区很难通过开放与国际大市场对接，并参与到国际产业分工和国际竞争中去。客观条件决定了沿边地区的对外开放只能因地制宜，走自主的对外开放道路。沿边地区只有立足本土的优势，与周边国家和地区开展广泛的合作，发挥各自的生产要素优势，通过合作和交换达到双方利益最大化。沿边地区还要通过对外开放，加速自身产业结构和经济结构的调整，发展边疆经济。

2018 年中央经济工作会议首次提出"制度型开放"的概念，强调稳步拓展规则、标准等制度型开放，这是我国对外开放进入新阶段的重要标志。2022 年 4 月 21 日，习近平总书记在博鳌亚洲论坛上以视频方式发表《携手迎接挑战，合作开创未来》的主旨演讲时指出："当下，世界之变、时代之变、历史之变正以前所未有的方式展开，给人类提出了必须严肃对待的挑战。人类历史告诉我们，越是困难时刻，越要坚定信心。"沿边开放 30 年的经验告诉我们，在未来只有坚持自主发展和与时俱进，才能在百年未有之大变局中交出满意的答卷。

三、全面对外开放战略下中国边疆治理面临的挑战

随着边疆地区历史地位的重塑，边疆治理成为中国国家治理体系和治理能力现代化建设中日益重要的组成部分。当今世界是一个开放的世界，中国经济已经与世界经济融为一体，中国边疆地区与相邻周边国家是休戚与共的命运共同体，中国边疆的发展和治理问题与历史上以往任何一个时期都不同。中国边疆地区幅员辽阔，不同边疆省区之间亦差异巨大，治理过程中面临的问题千差万别、多种多样。总体来看，未来中国边疆治理需要处理好边疆开放与边疆安全、边疆开放与内地开放衔接、边疆开放与周边国家关系三对重大关系，因为这不仅关乎未来中国边疆地区经济社会的稳定与可持续发展，也是我国国家治理体系和治理能力现代化建设的重要内容。

（一）需要协调好边疆开放与边疆安全的关系

边疆安全是边疆治理的重要内容，也是国家安全的重要组成部分。在边疆地区全面对外开放的背景下，我国边疆地区的安全较之以往将面临更大的挑战。边疆的全面对外开放给边疆地区的经济发展注入了活力，但边疆经济发展的背后支撑则是边疆地区的安全和稳定。2014 年 4 月，习近平同志在新疆考察时便指出，"新疆工作的着眼点和着力点要放在社会稳定和长治久安上。这是做好当前新疆工作的总目标"[①]。2015 年 8 月，在第六次中央西藏工作座谈会上，习近平同志强调，"西藏工作的着眼点和着力点必须放到维护祖国统一、加强民族团结上来，把实现社会局势的持续稳定、长期稳定、全面稳定作为硬任务，各方面工作统筹谋划，综合发力，牢牢掌握反分裂斗争主动权"[②]。为此，作为海上丝绸之路核心区的福建省在"核心区"建设的方案中，就对海上安全的内容进行了详细的规划：未来福建省将"推动与东盟等国家在海洋观测和预报领域的合作，推进海洋搜救、海上减灾防灾、海洋灾害预警等领域的合

[①]《把祖国的新疆建设得越来越美好——习近平总书记新疆考察纪实》，中国政府网，https://www.gov.cn/xinwen/2014-05/03/content_2670702.htm，2014 年 5 月 4 日。

[②]《习近平的治藏方略》，人民网，http://politics.people.com.cn/n/2015/0826/c1001-27519969.html，2015 年 8 月 26 日。

作，建设联合海啸预警和减灾合作与服务平台。参与国家统一部署的海上联合执法、联合防恐合作，加强与东盟国家海上安全执法机构的交流与合作，增进了解与互信，共同维护地区和平稳定与航行安全"①。

（二）需要协调好边疆开放与内地开放的衔接

我国边疆地区的对外开放不是单打独斗的对外开放，也不仅仅是与国外市场的联通通道，边疆地区的对外开放要做到可持续发展，还必须做到与内陆市场有效连接，做到内部区域通关一体化。比如，广西作为面向南亚和东南亚的开放前沿，与内地四省区市（渝、桂、黔、陇）建立了南向通道合作机制，南宁、成都、贵阳、兰州四个城市的海关、检验检疫部门签订合作推进区域通关一体化协议，②由此建立了一条我国跨省份的对外合作南向通道。这个南向通道不仅促进了广西的经济发展，也带动了我国西部内陆地区与东盟国家的贸易。截至 2018 年上半年，四川省作为完全的内陆省份，通过南向通道，对东盟进出口总值达 477.4 亿元，同比增长 31.9%，其中对东盟国家出口 358.3 亿元，增长 37.5%。同样，2018 年的 1—7 月份，广西对东盟国家进出口达 1138.2 亿元，增长 12.6%，其中对东盟国家出口 657.6 亿元，增长 14.4%。③未来，我国边疆地区作为对外开放新的窗口和前沿阵地，需要进一步与内陆市场做到深度区域一体化，边疆地区只有紧密依托广阔的内地市场，才能走上可持续发展的道路。

（三）需要协调好边疆开放与周边国家的关系

中国有 14 个陆地邻国，分别是越南、老挝、缅甸、印度、尼泊尔、不丹、巴基斯坦、阿富汗、塔吉克斯坦、吉尔吉斯斯坦、哈萨克斯坦、俄罗斯、蒙古、朝鲜。边疆地区的对外开放首先是要处理好与邻国的政治及外交关系，因为无论是从地理位置、自然环境，还是社会经济交往的相互关系来看，邻国及周边国家对于我国边疆地区的安全与发展都具

---

① 《福建省 21 世纪海上丝绸之路核心区建设方案》，福建省人民政府网，http://fujian.gov.cn/zwgk/ztzl/sczl/zcwj/201601/t20160117_1119690.htm，2015 年 11 月 14 日。

② 《广西联合西部各省区市及各方推动南向通道建设》，广西壮族自治区自然资源厅网，https://dnr.gxzf.gov.cn/xwzx/gnzx/t16072421.shtml，2018 年 8 月 28 日。

③ 《福建省 21 世纪海上丝绸之路核心区建设方案》，福建省人民政府网，http://fujian.gov.cn/zwgk/ztzl/sczl/zcwj/201601/t20160117_1119690.htm，2015 年 11 月 14 日。

有十分重要的意义。中国边疆的全面对外开放，将改变周边国家和地区的地缘政治格局，邻国及周边国家将成为大国角逐的着力点，因此未来我国边疆地区很可能面临着复杂的国际地缘政治博弈。同时，周边国家和地区的非传统安全，对我国边疆地区的安全也存在冲击可能，这将是未来边疆治理的新课题。当然也要看到，我国边疆地区的全面对外开放不仅有利于我国边疆地区的经济社会发展，也有利于周边国家和地区的经济发展。2018 年 3 月，第十三届全国人民代表大会第一次会议通过宪法修正案，将宪法序言修改为"发展同各国的外交关系和经济、文化交流，推动构建人类命运共同体"。构建"人类命运共同体"应成为处理边疆地区与邻国及周边国家关系的指导思想。边疆地区应秉持共商共建共享的全球治理观，积极促进中国与邻国及周边国家的"一带一路"国际合作，努力实现政策沟通、设施联通、贸易畅通、资金融通、民心相通，打造国际合作新平台，增添共同发展新动力。

总之，边疆治理是国家治理体系的重要组成部分，今天边疆治理的复杂程度超过历史上任何一个时期，为此我们不仅需要考虑边疆与内地的一体化发展问题，还需要密切注视边境线上的动态，因为邻国及周边国家的政治、经济社会变化很可能会对我国边疆地区的安全稳定和经济发展产生重大的冲击。全面对外开放战略下，尽管边疆治理面临着一些新的挑战，但同时也意味着巨大的发展机遇。秉持顺应时代潮流、实事求是的边疆治理理念，是应对挑战的法宝。

第七章　生态与气候变化：中国边疆学的新视域

　　我国边疆地区地理位置特殊，不仅土地资源丰富，而且是全国生态资源要素的源头，在全国生态系统中起着重要支撑作用。在我们国家工业化发展的进程中，边疆地区出现了生态环境恶化的局面，不仅对当地的经济增长和社会发展形成重大制约，由于生态问题独特的整体性和关联性，边疆地区的生态问题对中东部地区的可持续发展也构成制约，直接关系到全国的发展，因此我们要从全国经济社会发展的全局来认识边疆地区的生态问题。同时，气候变化是人类社会面临的新挑战，不仅对国家之间的传统安全和非传统安全构成威胁，也是国家内部治理的新课题，尤其是中国这样的国土面积广阔的国家。边疆不仅是中国的生态屏障所在，由于地理地貌的构成特点，也是最易受到气候变化的影响的区域。未来气候持续变化的情况下，边疆地区在水安全、粮食和国土安全、生态环境安全、海岸线安全和重大工程安全方面都面临极大的挑战，这些都将成为边疆治理的新内容。

第一节　边疆地区的生态价值及评估

　　一般而言，中心对边缘的认知，基本来自政治中心对边疆的塑造，当然也有普通民众的想象。但是在现代社会之前，囿于边疆地理位置的偏远，边疆和内地普通民众直接的往来比较少，中心区域民众对于边疆的想象多来自历代文人墨客的诗词歌赋和文学作品，这些作品对中国边疆地区的丰富的刻画和勾勒便构成了普通民众心目中的边疆，即所谓的边疆"意象"。随着技术和社会飞速进步，尤其是电视、电话等通信设施的普及，高铁、飞机等交通设施的出现，内地和边疆地区之间的信息和人员的交流达到前所未有的广度和深度，深刻地改变着内地普通民众对边疆的认知。因此，当前历史条件下内地民众对边疆的客观认知状况是什么，民众的认知与官方的认知是否存在差异，认真探究这种"边疆认知"的现实，不仅可以纠正历史上文人笔下的边疆意象，而且可以加深理解内地民众的边疆认同，对当今边疆的治理体系和治理能力现代化有积极的启示和参考价值，因此具有重要的现实意义。

一、理解边疆的困难：复数边疆

首先，边疆一词从字面上理解，边是指国家边界，疆是指疆土，边疆就是靠近国家边界的疆土[①]。因而边疆首先是个自然地理概念，然而作为自然地理的边疆与人文社会科学研究的边疆也不是完全重合的。目前中国人文社会科学界边疆研究默认的边疆省份为：黑龙江、吉林、辽宁、内蒙古、新疆、西藏、广西、云南。尽管甘肃省北部地段与蒙古国有一个短暂的连接，但是在人文社科界，并不将甘肃省作为边疆省份来处理，因此自然科学与社会科学的边疆已经出现分歧。

其次，今天作为研究客体的中国边疆是近百年来民族国家构建的产物，是国际法条约意义上的边疆，但是在更加悠长的中国历史中，中国的边疆更多是"以长城为塞"，跨过长城便是边疆，长城以外即是"绝域"。实际上，凡在中国历史中被称为"边疆"的所在，多是非中原农耕文明社会，因此在言及"边疆"的时候，边疆更像是一条文化分界线，将中原农耕民族与塞外游牧民族隔离开来。

近代之前，囿于交通的限制以及文化的差异，内地民众往来边疆少之又少，因此民众对边疆的想象多来自军旅文人或者边塞诗人的作品。尽管文学作品中边疆的地域内涵并不是固定的，从漠北、西域到岭南、辽东均有涉及，但是这些作品背后的寓意基本一致，边疆大致"代表着恶劣环境、寒冷干燥或酷暑瘴疠、游牧民族随时侵袭、文化习俗迥异的地理空间"[②]。同时，文学作品的背后不自觉地传达出中原文化的优越感，

---

① 中国的边疆包括陆疆和海疆。陆疆是指沿国界内侧有一定宽度的地区，海疆狭义指领海基线以外的国家管辖海域，包括领海、毗连区、专属经济区和大陆架等国家的管辖海域和岛礁。广义的海疆还包括有海岸线的省区和大陆海岸线至领海基线之间的海域。本书所指边疆为陆疆。

② 王永莉：《唐代边塞诗"绝域"意象的历史地理学考察》，《人文杂志》2014年第10期，第98-104页。

这一方面是中国古代"华夷之辨"观念产生的"中原中心主义"思想造成的，另一方面撰写边塞文学作品的作者多是带着借助边疆景物抒发惆怅思乡的落寞之情。比如不同作著的《出塞》：王之涣有"黄河远上白云间，一片孤城万仞山。羌笛何须怨杨柳，春风不度玉门关"，王昌龄有"秦时明月汉时关，万里长征人未还。但使龙城飞将在，不教胡马度阴山"等。实质上中原诗人是将中原的社会、人文和地理等作为参照系塑造边疆的"异乡"和"他者"的形象。

毋庸讳言，古代文学作品中呈现出来的边疆意象放到今天看来有很大的时代局限性。新中国成立以来，国家为了消除内部的文化障碍做了很多工作，努力消除了边疆的"他者"形象，这是伟大的文化建设成就。新中国成立后，边疆是"冰山上的来客""聪明的阿凡提"和"草原英雄小姐妹"居住的家园，内地民众甚至可以在边疆寄托浪漫主义和英雄气质的想象，"边疆"甚至还是民众思想中风光旖旎、载歌载舞的美好世界，是一个人人向往之地。

一个事实是，边疆在新中国成立后成为国家叙事的中心，但是在实际上却以类型学的面目出现而边缘化：边疆地区与内地构成了"落后"与"先进"、"发展"与"欠发展"的分类，这些类别往往又和边缘与中心、乡村与城市、传统与现代等类别纠结在一起。边疆的形象被定格在少数民族居住的，社会、经济、文化落后的，或者政治上可能不那么安定的地区。因此，我们也要看到无论是分析边疆文化或者边疆地域，边疆都是作为一个叙事或者分析概念被官方或者学者所使用，背后的线索是中国作为一个"民族国家"的叙事。

因此"边疆"一词背后所隐含的国家政治的理解和想象与民众所想象的边疆并不是重合的。由此可见，自上而下的边疆与自下而上的边疆并不是同一个边疆。今天官方和学界使用"边疆"一词时，背后隐藏着"维稳"的焦虑[①]，而内地民众对边疆的现实认知是仍然有待研究的课题，对于内地民众在边疆问题上的个人价值观念与整个国家在边疆上的政治理想之间到底是怎样的关系，对于边疆的治理具有极大的现实意义。

---

① 关凯：《被污名化的"边疆"：恐怖主义与人的精神世界》，《文化纵横》2014 年第 3 期，第 31-37 页。

二、认识边疆的手段：生态价值评估

在漫长的历史长河中，内地民众对边疆的认识也在发生着变化。马克思主义认识论认为人对世界的认识不是一次完成的，而是一个多次反复、无限深化的过程。因此，"我们应该辩证地思考，也就是说，不要以为我们的认识是一成不变的"[①]。

历史上民众对边疆的认知也反映了那个时期人类的实践活动，因为"物质生活的生产方式制约着整个社会生活、政治生活和精神生活的过程"，在历史上出现的一切社会关系和国家关系，一切宗教制度和法律制度，一切理论观点，只有理解了每一个与之相应的时代的物质生活条件，并且从这些物质条件中被引申出来的时候，才能理解。[②]同样，要正确理解今天内地民众的边疆认识，也必须了解现实生活中发生的变化。

新中国成立以后，中央政府在文化层面对边疆和内地进行了诸多统合的努力，取得了伟大的文化建设成就。这些努力消除了边疆作为遥远的他乡的形象，提升了内地民众对边疆的认同感。同时，边疆地区的现代化建设与内地的建设是同步进行的，如此同步的经济建设在王朝时代从未有过，积弱的民国时期也是有心无力，因此新中国成立以来建设边疆的伟大实践在历史上属于首次，其成就斐然。以新疆的建设为例。新疆广阔的地域上遍布着沙漠戈壁，历史上存在着几十个消失的古国，因此被认为是不适宜人类生活的地方，因此王朝时期的经营也是以笼络地方精英，让其自己治理为主要手段。直到新中国成立后，中央政府直接进入边疆地区进行治理。以新疆维吾尔自治区为例，1954 年 10 月在原新疆军区生产部队的基础上成立了新疆军区生产建设兵团。自那以后，生产建设兵团的战士一边履行戍边使命，一边进行经济建设，一手拿枪、一手拿镐，与当地人民一起进行生产建设。兵团成立后，在塔里木盆地开荒造田，办工厂、修学校，在昔日荒无人烟的戈壁滩上建设一片片新的绿洲，如今塔里木盆地已经是全国有名的棉花产地和石油化工基地，

---

① 列宁：《唯物主义和经验批判主义》，《列宁选集》（第 2 卷），人民出版社，1995，第 77 页。
② 恩格斯：《卡尔·马克思〈政治经济学批判〉》，《马克思恩格斯选集》（第 2 卷），人民出版社，1995，第 38 页。

西气东输的始点。新时期边疆的建设体现了"群众的实践是最丰富最生动的实践，群众中蕴藏着巨大的智慧和力量"[①]，深刻改变着内地民众对边疆的认知，因为"人的正确思想，只能从社会实践中来"[②]。

马克思主义认识论认为人的认识活动包括三个基本要素，即认识主体、认识客体和认识工具。同样，民众对边疆的认知也包含这三个要素。毫无疑问，内地民众边疆认知的主体是内地的"处于一定社会关系中并从事认识活动的人"。因此，当我们将目光转向当今时代对边疆认知的时候，我们需要了解具体的人、活生生的人对边疆的认知，因为从事实践活动的人的"生活、实践的观点必然会把教授的经院哲学的无数臆说一脚踢开"[③]。

边疆认识的客体概括起来比较复杂，客体由于自身性质的不同可区分为自然客体、社会客体和精神客体，现实中这三者又纠缠在一起。虽然从理论上讲，世界上的一切事物和现象都可以成为认识的客体，但是现实中能够为人所认识，进入人的认识活动的客体又总是历史的、有限的。所以，今天边疆认知的研究涉及自然边疆、社会边疆和精神边疆的认知，如前面所述，要在这三者之间厘出边界是不客观的，因为现实中民众对边疆的认知往往是自然的、社会的和精神的边疆纠缠在一起。

民众对边疆的认识要借助于认识的中介，是中介系统把认识主体和认识客体联系在一起。内地民众对边疆认识的中介是边疆的物和边疆的环境，因为它们"是不依赖于我们而存在的。我们的感觉、我们的意识只是外部世界的映象：不言而喻，没有被反映者，就不能有反映，但是被反映者是不依赖于反映者而存在的"[④]。因此，脱离了认识中介来讨论边疆认识是无源之水无本之木。本研究截取新疆塔里木河流域作为内地民众边疆认知的认识中介，以求对当今时代的边疆认知做一管窥。

---

① 习近平：《之江新语》，浙江人民出版社，2007，第61页。

② 毛泽东：《人的正确思想是从哪里来的》，《毛泽东著作选读》（下），人民出版社，1986，第839页。

③ 列宁：《唯物主义和经验批判主义》，《列宁选集》（第2卷），人民出版社，1995，第103页。

④ 列宁：《唯物主义和经验批判主义》，《列宁选集》（第2卷），人民出版社，1995，第66页。

三、从生态角度评估边疆价值的一个尝试

（一）边疆生态价值认知的研究客体

新中国成立以后，南疆的戈壁荒滩发生了翻天覆地的变化，原因是国家投入了大量的人力、物力对那里的自然资源和环境进行了开发和改造。很多初到新疆南部塔里木盆地的人一下飞机就会感觉时空错乱，因为那里并没有想象中的"大漠孤烟直"的场景，取而代之的是一派现代化面貌，即便是身处沙漠内部的阿克苏或者阿拉尔，在孔雀河岸边散步的时候仍仿佛置身内陆某个城镇。

南疆的发展成就与流经当地的塔里木河息息相关。塔里木河是我国第一大内陆河，世界第五大内流河，全长 2179 公里，流域面积 19.8 万平方公里，它所流经的地区在自然地理学上叫作塔里木盆地。塔里木河是塔里木盆地绿洲经济、自然生态和各族人民生活的主要水源，是南疆的"生命之河""母亲之河"，可以说在南疆人类活动的历史都与这条河流有关。塔里木盆地水资源的几乎唯一供给就是塔里木河，这条河流为当地的社会经济生产活动提供了保障。伴随人类在塔里木盆地经济和社会活动的扩张，塔里木河流域出现了一系列生态环境问题：水质不断恶化、河道断流、稀少动植物灭绝、大片胡杨林死亡等。塔里木河流域生态环境不仅关系流域自身的生存和发展，而且关系到国家的民族团结、社会安定、国防稳固的大局，因此战略地位十分重要。

塔里木盆地枯死的胡杨林和成片的抽油机似乎凸显出历史和现实中的巨大张力。本研究将"塔里木河流域的生态环境"[①]作为内地民众认识边疆的中介，借由它来反映今天身处"中心"的普通民众对这片边疆土地的认知程度如何，以及如何看待这片边疆土地，如何理解这片边疆土地上正在发生的事情，如何衡量这片边疆土地对于国家一体化建设的价值。

[①] 本研究的数据来源是 2011—2015 年间由中国气象科学研究院和国家气候中心在北京进行的关于"北京居民对塔里木河流域可持续发展的价值评估"的问卷研究。

（二）边疆生态价值认知的研究方法

"塔里木河流域的生态环境"是个具有无形效益的公共物品，对此类自然资源、环境资源等公共物品中所体现的人们的主观认同进行测量，是最近几十年社会科学界一个重要的努力方向。环境经济学在 20 世纪 60 年代率先获得了突破，条件价值评估方法（Contingent Valuation Method，以下简称 CVM）[①]现在是美国广泛应用的测量自然资源和环境存在价值的基本方法[②]。欧盟国家过去 20 余年的研究表明，CVM 在帮助公共决策方面是一个很有潜力的技术[③]。

研究设计了一个不存在的项目，叫作"塔里木河环境保护计划"，调查北京居民对这个项目的支付意愿，以测试其边疆认知的具体情况。调查中向被访者介绍："塔里木河环境保护计划"用来管理当地的水资源，确保越来越多的水流到塔里木河下游，恢复河岸的树林和草原。随着河流水源和其自然资源逐渐恢复，当地将较少地受沙尘暴和降尘的危害；典型动植物也会得以生存；并且，未来的生存条件也会改善。实施这个方案意味着要向塔里木河流域地区注入更多的资金，为了支持这个项目，您的家庭愿意每个月支出多少钱？研究根据被访者对这个问题的回答统计出最终每年的支付意愿。

四、生态与边疆治理新理念

调查结果为我们呈现出复杂的边疆认知图景。

首先，北京居民对塔里木河的认知率和塔里木河流域环境问题的认知度很高，但是去过当地的人很少，其中旅游是到访的第一大因素。

为了解北京居民对塔里木河流域的认知，调查设计了如下问题：您听说过塔里木河吗？您去过塔里木河流域吗？您去塔里木河流域的原因是什么？您是否听说过塔里木盆地的环境问题？调查结果显示，有

---

① DavisR.K., Recreation planning as an economic problem,Natural Resources Journal, 1963 (3): 239-249.

② 张志强、徐中民、程国栋：《条件价值评估法的发展与应用》，《地球科学进展》2003 年第 3 期。

③ 张志强、徐中民、程国栋：《条件价值评估法的发展与应用》，《地球科学进展》2003 年第 3 期。

72.2%的人"听说过"塔里木河，有6.1%的人"听说过并去过塔里木河"；其中一半（51%）的人是因为旅游，工作是第二个去过塔里木的原因，占38%，居住占3%，探亲访友占2%，其他原因占7%。

尽管有近1/4的被访者从来没有听说过塔里木河，但是在所有知道塔里木河的被访者中，有42.2%的人认为那里的环境出了问题，这个比例是很高的。数据背后的寓意是复杂的，也许是说明北京居民有很强的环境意识，也许是塔里木河流域就是以其环境问题获得认知，这有待专门的研究进行探讨。在被问及"在您看来塔里木河流域哪一类环境问题哪一项最为严重？"时，有52.3%的被访者选择"沙漠化"是塔里木河流域最严重的环境问题。有18.6%的被访者选择"典型动植物种群的灭绝"。我们现场对被访者描述了塔里木河流域自然环境的一些特征，被访者认为塔里木河在当地的生态系统中扮演的最重要的两项功能分别为：有32%的人选择"防止降尘和沙尘暴"，第二位的是"固定土壤"（24%）。19%的人选择"地区特有动植物栖息地"，12%的人选择"美丽的地区景观"，11%的人选择"提供有用的草类"，1%的人表示不关心那里的环境问题。

其次，从环境的视角来看，北京居民的边疆认知要高于官方。

根据对调查结果的统计，北京居民对塔里木河流域的保护愿意每人每年支付37.24元人民币，总和为每年87.63亿元人民币①。这个数字背后所展现出来的意义即是，如果将塔里木河流域的可持续发展作为一个"物品"在市场中进行交换，其价格为87.63亿元人民币。从另外一个层面理解，如果塔里木河流域不能够维持可持续发展，每年损失的金额将是87.63亿元人民币。

早在十九年前，中央政府便已经意识到塔里木河流域生态环境可持续发展的重要性，2001年2月28日，国务院第九十五次总理办公会审议通过了塔里木河流域水资源和生态环境问题综合治理对策措施，同年国务院批复了《塔里木河流域近期综合治理规划报告》（以下简称《规划》），该《规划》指出：塔里木河流域是历史上形成的天然绿洲，是阻

---

① 根据北京市2010年第六次人口普查数据，常住人口为1961.2万折算出来。

挡塔克拉玛干沙漠的风沙侵袭、保护人类生存环境的天然屏障；塔里木河流域水资源开发利用和生态环境保护，不仅关系流域自身的生存和发展、民族团结、社会安定、国防稳固的大局，也关系到西部大开发战略的顺利实施，战略地位十分重要。[①]在该《规划》的指导下，国家在塔里木河流域进行了长达十几年的各项综合治理，累计投入资金上百亿元[②]。如果按照调查得出的支付意愿来计算，未来十年对塔里木河流域可持续发展的投入将是876.3亿元人民币。对比刚刚结束的《规划》项目，考虑到最近十年来综合国力的提升，北京民众对投资塔里木河流域可持续发展的认可还原到十几年前应该不会有8倍之巨，尽管如此，民间对塔里木河流域保护的支持率高于官方的实际投资额是显而易见的。这个结果有些出乎研究者意料之外，这表明未来国家对生态环境的建设，不仅仅是塔里木河流域，投资力度要比以往大幅度提升。未来一个以生态文明建设为重点的社会是符合人民期盼的。同时生态建设作为统合边疆和内地社会的新维度，突破以往边疆和内地在历史和文化上的差别，可以极大地丰富边疆治理的理论和实践。

再次，北京居民具有环境共同体意识。

从环境保护的视角来看，北京居民对边疆的认知程度高于中央政府对该区域实际的投入。这个结果呈现出吊诡的局面：一方面，改革开放以来，随着市场化进程在全国范围的推进，边疆地区由于自身客观条件的限制，经济发展与东部地区的差异日渐拉大。新疆作为中国西部最大的省级地区，在国家西部大开发战略和兴边富民战略中都处于优先地位，国家有持续的政策性投入，但是经过十几年的发展，与东部地区的差距并没有缩小，反倒有拉大的趋势。另一方面，尽管在经济发展程度方面边疆与内地的差距在扩大，但是从环境保护角度来看，内地民众对边疆地区的认同度十分高。

怎么解释这样吊诡的局面，笔者认为，一方面全国市场化建设的情形下，内地与边疆的人员交流往来比之以往任何时候都更加频繁，同时

---

① 《塔里木河流域近期综合治理规划报告》，中国水利水电出版社，2002。

② 塔里木河流域近期综合治理项目已完成投资92.79亿。http://www.gov.cn/jrzg/2010-09/27/content_1710817.htm。

交通和通信设施的日益便利也为地区之间人员和物资的交流提供了更多可能。另一方面，民众已经具备了初步的环境共同体意识。

我们研究北京居民对"塔里木河环境保护计划"项目支付背后的个人价值倾向问题，以深入挖掘支付意愿背后的因素，结果发现北京居民普遍不认同塔里木河流域的环境保护只应由当地人承担，也就是说承认环境的整体性和关联性，即使不在当地生活的人也对其环境保护负有一定的责任。同时，大部分北京居民都支持我们虚拟出来的"塔里木河环境保护计划"，支持的理由是"这是一个良好公民的职责"，并且该项目的花费不应该只有当地人承担。追问"支持塔里木河流域可持续发展的最主要考虑"，大多数的北京居民认可"是为子孙后代的生活环境考虑"。这说明了被访者普遍具有较好的跨越代际和区域的环境保护的意识。

最后，边疆治理新模式的探讨。

新中国成立以后，中央政府在边疆治理方面开辟了新篇章。生产建设兵团等系列制度设计做到了历史上王朝时代从来没有在边疆地区做到过的直接治理和有效治理，国家的权威迅速在各边疆地区得到拥护。同时边疆地区也与内地同步进行现代化建设，新中国成立前30年，边疆与内地的地区发展不平衡是逐步缩小的。

随着时代的发展，在改革开放后的第20个年头，中央政府又将边疆地区的生态保护作为重点给予支持。2012年，党的十八大做出"大力推进生态文明建设"的战略决策，"生态文明"被提到了前所未有的战略高度。2015年5月5日，中共中央、国务院印发《关于加快推进生态文明建设的意见》，提出了2020年的生态文明建设目标："到2020年，资源节约型和环境友好型社会建设取得重大进展，主体功能区布局基本形成，经济发展质量和效益显著提高，生态文明主流价值观在全社会得到推行，生态文明建设水平与全面建成小康社会目标相适应。"党的十八届五中全会审议通过了《中共中央关于制定国民经济和社会发展第十三个五年规划的建议》，提出"坚持绿色发展，必须坚持节约资源和保护环境的基本国策，坚持可持续发展，坚定走生产发展、生活富裕、生态良好的文明发展道路，加快建设资源节约型、环境友好型社会，形成人与自然和谐发展现代化建设新格局，推进美丽中国建设，为全球生态安全作出新贡献"，从国家治理的高度指出了边疆治理的新方向。

生态环境今后不仅仅是边疆治理的主要内容，更具有启迪意义的是在今天普通民众具备生态共同体观念的时候，生态环境作为国民统合的新手段可以克服边疆-内地二分法背后隐含的结构性矛盾。当下社会现实中，边疆地区与内地存在社会、文化、经济等诸多差异，尽管这些差异尚不能构成社会学意义上的阶层差异，但是在国家内部客观存在的区域性差异很容易被建构成一种群体的边界，这对于构建国家内部统一的文化秩序构成极大的障碍，同时对差异的过度强调在某种程度上会造成整体社会的分裂态势以及族群冲突的可能。生态环境作为一个分析和实践的概念出现，恰好可以解构"边疆-内地"这对概念背后的张力，弥合这对概念造成的社会裂痕。

以生态环境作为边疆治理的统合途径，可以在以往靠中央政府政策单边推动的边疆治理体系的基础上充分调动和发挥内地民众的积极性，使内地民众可以参与到边疆地区的经济社会活动中，做到边疆地区自上而下的官方治理和民间自下而上的全面参与相结合，克服以往单向度的边疆治理模式所带来的困境，双向推动边疆内地的一体化建设，从而开创边疆治理体系现代化的新局面。

第二节　气候变化、气候安全与边疆治理

气候变化是 21 世纪人类生存和发展面临的严峻挑战。2007 年 4 月联合国安理会首次讨论气候变化对安全的影响以来，国际社会关注气候与国家安全关系的呼声不断。2014 年，联合国政府间气候变化专门委员会第五次评估第二工作组报告首次列专章从人类安全角度评估气候变化对安全的影响。气候变化改变了国家间的战略利益、联盟、边境、军事威胁、经济关系、比较优势和国际合作等已有平衡，因此国际安全政策中的许多核心内容也将发生改变，气候变化地缘政治学将远远超出环境的范畴，比如由气候变化所导致的全球变暖造成了海平面升高，地球的自然地图将需要重新绘制；随着海岸线的蚀退和岛屿的消失，海洋疆界也许会改变；等等。这将导致邻国之间的边界的变化、专属经济区的改

变，以及对一个国家主权的威胁等。气候变化在未来可能导致国家间新的边界冲突，目前气候变化已经成为各国国家安全战略的重要组成部分。2014 年 11 月，中美两国政府签署《中美气候变化联合声明》，确认全球气候变化是"人类面临的最大威胁"，"应对气候变化同时也将增强国家安全和国际安全"。

气候变化不仅仅是当前国际政治、经济和外交中的重大全球问题，也事关我们国家经济社会发展的全局，因此应对气候变化也是我国自身发展的内在需求。中国地域广阔、经济发展水平不平衡，边疆省份占国土陆地面积一半以上的区域更容易受到气候变化的影响。在新时代我国经济社会发展转型的关键时期，气候变化不仅对我国经济安全、能源安全、生态安全、粮食安全构成重大影响，而且与边疆安全息息相关。本书将利用自然科学的研究成果和考古发现，梳理历史上气候变化如何对中国和世界其他地区的社会经济造成影响、气候变化对边疆区域有何具体影响，以及边疆的应对措施。最后从边疆治理的角度思考如何建立边疆气候变化适应机制，以确保边疆的长治久安和可持续发展。

一、气候变化的历史事实与社会影响

气候变化是指气候平均状态随时间变化，即气候平均状态和离差两者中的一个或两个一起出现了统计意义上的显著变化，离差值越大，表明气候变化的幅度越大，气候状态越不稳定。100 年前，科学家对于我们所生存的地球的气候认识刚刚起步，那时候欧美大多数气候学家们相信气候在历史时代是稳定的，他们认为如果有一个地方做了 30 年的温度记载或 40 年的降雨记载，就能给那个地方建立起一个标准。但是越来越多的历史记录和科学检测否定了这种见解。著名气象学家竺可桢在中国古代文献记录如《梦溪笔谈》《农丹》《广阳杂记》中，均找到了怀疑历史时代气候恒定性的证据，这些书籍中均记载了各朝代气候变异的事例。[①]

科学家们对古气候的研究表明，近 4000 年以来地球经历了 4 个全

---

① 竺可桢：《中国近五千年来气候变迁的初步研究》，《考古学报》1972 年第 1 期，第 15-38 页。

球气候变冷时期，即公元前 2000 年、公元前 800 年、公元 400 年及公元 1600 年左右。全球气温变化影响了地区降水量，降水和气候的变化不利于农业生产。历史记载表明，历史上发生的一些民族大迁移也是由于庄稼歉收和大面积饥荒导致，而不是因为战争，公元 2 世纪和 3 世纪的日耳曼部落的大迁移就是一个例子。[①]公元前 2 世纪末，全球变冷趋势也到达中国，此前的华北和华中地区的气候既暖和又湿润，考古在华北地区发现的大象化石可佐证这一点。公元前 1000—前 800 年是全球气候变冷时期，正逢 4 个西周君主厉王、宣王、幽王、平王统治期间，气候变冷导致干旱与饥荒经常发生，国内暴乱削弱了国家的实力，外族侵略迫使平王放弃镐京（今西安），于公元前 771 年迁都至洛阳，东周王朝开始。[②]因此，中国历史上的历次王朝更替，除去统治阶层自身的问题外，气候变化对农业和生计的影响，也是农民们活不下去的一个重要原因。因为中国历史上农业生产是国家的经济命脉，气候变化导致农业歉收，就会对国家的统治造成致命打击。

在中国历史上 4 次气候变冷的小周期之外，1230—1260 年发生了一次气候突变，奠定了中国的现代气候特征。在气候突变以前的汉唐时期，西部的黄土高原及关中地区气候较为温暖湿润，因而能够承载较多的人口，从而成为中国政治、经济中心。唐中期首都曾频繁从长安迁洛阳，除了政治、经济上的原因，长安地区不断发生的自然灾害也是重要原因之一。气候突变以后（基本是宋代以后），气候变化日益表现出"胡焕庸方向"的趋势，中国人口、文化、经济重心逐渐南迁至长江流域。明清两代，政府虽然大力经营甘肃，但胡焕庸线以西，生态环境日益恶化，粮食自给已成问题，所以宋以后的王朝重心基本在中国大陆版图的东部，也就是胡焕庸线的东部。

近 2000 年来，中国气候经历了 4 次小冷期和 1 次突变，总体上处于大暖期后的降温过程中。近来更多的研究表明，就地表大气温度变化

---

① 许靖华：《太阳、气候、饥荒与民族大迁移》，《中国科学》（D 辑：地球科学）1998 年第 4 期，第 366-384 页。

②许靖华：《太阳、气候、饥荒与民族大迁移》，《中国科学》（D 辑：地球科学）1998 年第 4 期，第 366-384 页。

趋势而言，中国近五六百年的气候变化以 17 世纪和 19 世纪最冷，即 1550—1850 年的小冰期。[①]明朝有相当长的时期经历恶劣气候，不管明朝永乐皇帝的治国才能如何，明朝后期经历的饥荒、极寒和干旱年份越来越多，直接造成了帝国不断衰落。17 世纪初即明朝末年华中地区的气候异常干燥和寒冷，在 40 多年里（1601—1644）历史学家记载了两次"八年大旱"。在河南，有整整 3 年未下过一滴雨。[②]崇祯六年到崇祯十六年（1633—1643），全国遭遇干旱，到处是饥民，引发了农民起义。明朝灭亡了，满族八旗镇压了农民起义军并建立了清王朝。在清初几位皇帝统治期间幸运地遇到了气候的暖期，乾隆统治时期（1736—1796），从北美引入了玉米，为中国带来了一场绿色革命，粮食产量的激增直接导致了中国人口从 1 亿增加到 4 亿。但是，18 世纪末和 19 世纪初经历的小冰期寒冷干旱气候又导致了农业歉收，继而引发农民起义。

　　整体来讲，中国两千年的农业王朝的更替，与气候的小周期和气候突变有很大的相关性。刚刚过去的 100 年是气候变暖的 100 年。科学仪器的观察记录表明，20 世纪的变暖在全球和中国都可能是近千年中最显著的，其增暖趋势和增温程度可能高于中世纪温暖期（约 950—1300），低于全新世最暖期（约公元 600 年）[③]。在百年尺度上，中国的气候升温趋势与全球基本一致，升温幅度为 0.9℃—1.5℃，高于全球或北半球同期平均增温速率。降水从 20 世纪 50 年代中后期至今表现增加趋势，也与全球情况一致。海平面上升增加的趋势和量值与全球基本一致。其他一些气象与环境变量也大致表现出与全球一致的变化，如冰川退缩、极端天气与气候频率与强度增加等。上述事实表明，中国的区域气候变化与全球气候变化有密切关联，对全球整个气候系统变化的响应十分明显[④]。

　　① 国家科委社会发展司：《全球气候变化及其对策》，1990，第 227 页。转引自丁一汇、戴晓苏《中国近百年来的温度变化》，《气象》1994 年第 12 期，第 19-26 页。

　　② Liu Shaomin. Changing Climate of China in Historical Time. Taiwan: Commercial Book Publishers, 1982.76-124. 转引自许靖华《太阳、气候、饥荒与民族大迁移》，《中国科学》（D 辑：地球科学）1998 年第 4 期，第 366-384 页。

　　③ 金振蓉：《近 100 年我国地表气温明显增加》，《光明日报》20007 年 1 月 8 日。

　　④ 第三次气候变化国家评估报告编写委员会：《第三次气候变化国家评估报告》，2015 年 9 月第一版，第 13 页。

最近 50 年来中国的气候变暖非常明显，尤其是在 20 世纪 80 年代中期后。由于气温上升，我国的气候生长期已明显增长，青藏高原和北方地区增长更多。[①]1951—2003 年我国气候增暖相当明显，北方地区尤为突出。[②]2016 年，全国平均气温 10.36℃，较常年（9.55℃）偏高 0.81℃，为 1951 年以来第三位，仅次于 2015 年（10.49℃）和 2007 年（10.45℃）。[③]中国再没有经历像"八年大旱"那样严重的旱灾，全球变暖似乎对中国的农业发展是福音。[④]

二、气候变化对边疆生态系统的影响

边疆地区涵盖了中国陆地版图中的几乎所有的生态系统，包括高山、沼泽、沙漠、草原。这些重要的生态系统更容易受到气候变化的影响。中国的农业在过去一个世纪里享受到全球变暖的福利。农业产出连年增长，除了种子改良和耕种技术的细化以外，气候变暖是主要的原因。在农业产品整体增收之外，极端气候的频繁出现对我国不同地区的影响不尽相同，总的来说，气候变化造成农业生产的不稳定性增加，尤其是最近几年北方干旱受灾面积扩大，南方洪涝加重，局部干旱高温危害加重。

尽管农业生产整体上享受到了"福音"，但是人类的农业生产是自然生态系统的组成部分之一，而不是全部。自然界是个复杂的相互联系的系统，气候变暖的影响除了体现于农业耕种以外，高山、湖泊、湿地、草原等生态系统也受到影响。人类越来越认识到人类社会是自然界的组成部分，尽管人类已经掌握了高度发达的科学技术，用以改造自然为人类所用，但是人类仍然需要像其他生命一样从各类生态系统中获取资源，需要生态系统的庇护，唯有如此，人类社会才能获得可持续的发展。因此，衡量气候变化对人类社会的影响不能仅仅从人类所从事的农业生产

---

① 丁一汇等：《气候变化国家评估报告（Ⅰ）：中国气候变化的历史和未来趋势》，《气候变化研究进展》2006 年第 1 期，第 3-8+50 页。

② 翟盘茂、邹旭恺：《1951—2003 年中国气温和降水变化及其对干旱的影响》，《气候变化研究进展》2005 年第 1 期，第 16-18 页。

③ 生态环境部：《2016 中国环境状况公报》，http://www.zhb.gov.cn/hjzl/zghjzkgb/lnzghjzkgb/。

④ 秦大河等：《中国气候与环境演变评估（Ⅰ）：中国气候与环境变化及未来趋势》，《气候变化研究进展》2005 年第 1 期，第 4-9 页。

的角度评价，而需要从生态系统的整体来评价。

在地球的生态系统中，高山生态系统对气候变化最为敏感。自小冰期至 20 世纪的六七十年代以来，中国大陆上的冰川退缩呈加速趋势，近30 年来退缩的冰川已达冰川总条数的 80.8%。根据 1960—1963 年中国科学院冰川雪线测量队的调查，发现 1910—1960 年的 50 年间，天山雪线上升 40 米，西部天山的冰川舌后退 500—1000 米。东部天山的冰川舌后退 200—400 米。同时森林线的上限也升高一些。[1]近期冰雪融水和降水增加使得塔里木盆地、河西走廊西部内陆水系的出山径流量增加，新疆绿洲农业的快速发展跟当地最近几十年的天然供水增多有直接关系。近 50 年青藏高原积雪面积及其变幅增加趋势明显，面积年增加率为2.3%；新疆的积雪面积稳中略升。而东北、内蒙古的积雪面积则呈减少趋势，最近几年东北和内蒙古的干旱程度高于以往，也与气候变化密切相关。[2]

除了高山系统，由于气候变暖，我国的沼泽湿地生态系统普遍退化，东北湿地的大规模农业垦殖使湿地生态环境急剧恶化。过去近 50 年里，松嫩平原西部耕地净增加 296500 公顷，其中草地与湿地对耕地的增加贡献最大；草地减少 702900 公顷，除部分草地转化为耕地外，退化为盐碱地、沙地也是草地大量减少的一个重要原因；松嫩平原西部现有沼泽湿地面积 448800 公顷，近 50 年来减少 62.54%。[3]沼泽对于调剂某个区域的微气候具有重要作用，新中国成立以后的几十年间，东北平原湿地沼泽的减少是由于人为的过度垦殖和气候变化导致的积雪减少。今后，要结合未来气候变化的趋势，有计划地开发使用东北平原。

气候变化也导致我国森林覆盖率不断降低。根据科学家的文献考据和考古发现，距今四五千年前，我国森林覆盖率曾经达到 60%，其后随着历代大规模农业垦殖、砍伐和战乱毁林等，森林覆盖率不断降低。2000

---

① 竺可桢：《中国近五千年来气候变迁的初步研究》，《考古学报》1972 年第 1 期，第 15-38 页。

② 秦大河等：《中国气候与环境演变评估（I）：中国气候与环境变化及未来趋势》，《气候变化研究进展》2005 年第 1 期，第 4-9 页。

③ 刘殿伟、宋开山、王丹丹、张树清：《近 50 年来松嫩平原西部土地利用变化及驱动力分析》，《地理科学》2006 年第 3 期，第 277-283 页。

多年前的汉朝时期，森林覆盖率为50%以下，约1000年前的唐宋年间，覆盖率降到40%以下，明末清初进一步降到15%—17%，民国时期降至8.6%—15%，到20世纪70年代末和80年代初降到了8.6%以下。[①]森林覆盖率在80年代降到最低谷，后我国在森林生态保护方面取得很大成就，目前全国现有森林面积2.08亿公顷，森林覆盖率达21.63%；生态环境质量"优"和"良"的县域主要分布在秦岭淮河以南、东北大小兴安岭和长白山的边疆地区；"一般"的县域主要分布在华北平原、东北平原中西部、内蒙古中部、青藏高原中部和新疆北部等地区；"较差"和"差"的县域主要分布在内蒙古西部、甘肃西北部、青藏高原北部和新疆大部。[②]边疆地区的森林生态环境呈现两极化的局面，东北部的大部分生态环境是优良，但是西北地区较差。西北部本身的气候和地理特征就是生态环境脆弱地区，气候变化对于该地区的影响比其他地区更为明显。未来西北边疆地区的发展务必在当地气候容量条件下有序进行，并且加强气候适应机制的建设，这方为可持续发展之路。

草原是我国面积最大的陆地生态系统和生态安全屏障，最近50年来因受气候干旱和超载过牧等人类活动影响，我国的草原面积不断减少。2016年，全国草原面积近4亿公顷，约占国土面积的41.7%。中国北方和西部是天然草原的主要分布区，西部12省草原面积3.31亿公顷，占全国草原面积的84.2%；内蒙古、新疆、西藏、青海、甘肃和四川六大牧区省份的草原面积共2.93亿公顷，约占全国草原面积的3/4。[③]近50多年来我国草原面积在不断减少。仅1995—2000年，我国干旱区草原面积就减少549万公顷，河西走廊减少5548公顷，导致我国荒漠界线较20世纪60年代初向东部草原带推移了50公里，阴山、燕山以北的天然草原向北退缩了大约60公里。同时草原的退化更是惊人，20世纪70年代中期退化草原面积占全国草原面积的15%，80年代中期占30%以上，

① 秦大河等：《中国气候与环境演变评估（I）：中国气候与环境变化及未来趋势》，《气候变化研究进展》2005年第1期，第4-9页。

② 生态环境部：《2016中国环境状况公报》，http://www.zhb.gov.cn/hjzl/zghjzkgb/lnzghjzkgb/。

③ 生态环境部：《2016中国环境状况公报》，http://www.zhb.gov.cn/hjzl/zghjzkgb/lnzghjzkgb/。

90 年代中期达到 50%以上，而到 21 世纪初，草原退化已增加到 90%。[①]

除了陆地生态系统受到气候变化的影响以外，20 世纪 50 年代以来，中国沿海海平面每年上升了 1.4—3.2 毫米，渤海和黄海北部冰情等级下降，近年来海南和广西海域发现珊瑚白化现象。总之，历史上已经发生的气候变化对中国自然生态系统和社会经济的影响是多方面的，不仅农业生产受到影响，自然系统中的高山、湿地、森林和草原乃至海洋概莫能外。未来气候变化将会继续对生态系统造成影响。

三、气候变化对边疆社会经济的影响

2015 年出版的《第三次气候变化国家评估报告》总结了中国学者对气候变化影响与适应的最新研究结果，当前科学界对中国气候变化影响与适应达成了共识，科学家们一致认为气候变化对中国不同领域和区域的影响有利也有弊，但是总体来讲弊大于利，特别是未来进一步增温将主要造成负面影响。此次影响评估对重点领域影响评估更加全面，同时分析了气候变化对不同领域和区域影响的利弊。此次评估认为不同领域（农业、水资源、生态系统、冰冻圈、海岸带等）和区域已经显现出来气候变化影响的事实。[②]以下数据主要依据《第三次气候变化国家评估报告》。

不同的区域由于地理和生态系统的构成差异，在面对气候变化后自我恢复的能力是不一样的，当气候变化所造成的影响超过该地区自我恢复能力时，当地的社会和生态系统将遭受重大打击。不同区域在面对气候变化时有不同的适应能力，这种能力叫作气候变化的脆弱性[③]。自然科

---

① 秦大河等：《中国气候与环境演变评估（I）：中国气候与环境变化及未来趋势》，《气候变化研究进展》2005 年第 1 期，第 4-9 页。

② 吴绍洪、罗勇、王浩、高江波、李传哲：《中国气候变化影响与适应：态势和展望》，《科学通报》2016 年第 10 期。

③ 政府间气候变化专门委员会（IPCC）首次对气候变化的脆弱性进行了论述，并于 2001 年第三次评估报告中对气候变化脆弱性进行了定义，并沿用至今。该报告定义脆弱性为：某个自然或社会的系统容易遭受来自气候变化（包括气候变化和极端气候事件）的持续危害的范围或程度（IPCC. Climate Change 2001: Synthesis Report. A Contribu-tion of Working Group Ⅰ, Ⅱ and Ⅲ to the Thirdassessment Report of the Intergovernmental Panel on Climate Change[M]. Cambridge: Cambridge University Press, 2001.）。

学的研究表明，从整体上看，中国西部比东部在应对气候变化时表现出更高的脆弱性。中国的西北部，包括甘肃、青海、宁夏以及东北的吉林省是极度脆弱地区；黑龙江、辽宁、广西和海南均表现为中度脆弱；贵州、云南和西藏等西南地区大部分呈现极度脆弱。[①]还有研究从经济、社会和生态环境 3 个层面构建中国西北地区脆弱性综合评价体系，发现近10 年来西北地区脆弱性总体上逐渐减小，各省份最大下降率分别为：陕西 46.83%、甘肃 47.40%、青海 29.84%、宁夏 45.95%、新疆 24.62%。[②]

（一）气候变化对东北与北部边疆地区的影响

东北与北部边疆地区包括东北三省和内蒙古自治区。根据已经观测到的气候变化，未来的气候变化对东北地区的作物生长具有正面促进作用，由于气温增高，作物生长期延长，播种面积增加，玉米、水稻、大豆总产量都呈增加趋势。但是东北地区湿地大面积萎缩退化、生态功能严重衰退的问题必须引起重视。预计到 2050 年，玉米晚熟品种种植边界北移，部分地区大豆和水稻产量降低，作物生长季节呈现明显干旱化趋势。[③]在未来气候变化持续发生的条件下，如果当前小麦的生态类型区适应性品种没有更替，则全国的春冬小麦普遍减产，春小麦平均减产 30%—35%；冬小麦平均减产 10%—15%，同时研究表明，灌溉可以部分补偿气候变化对小麦的不利影响，补偿的幅度基本在 5%之内，但对春小麦的补偿作用略高于冬小麦。[④]因此未来东北边疆地区要进行农产品种植结构改良，加强以农田水利为重点的农业基础设施建设，培育高产、抗逆农作物品种，以确保东北粮仓安全。

此外，研究者根据 1961—2015 年内蒙古高原中部内陆河流域极端降水情况的检测，发现极端降水指数的年际变化趋势总体以下降为主，

---

① 刘勇、赵梦梦：《基于省域的气候变化脆弱性指数及影响因素研究》，《天津大学学报》（社会科学版）2018 年第 2 期，第 128-134 页。

② 毛亚会、余丹林、郑江华、常琳琳：《中国西北地区脆弱性综合评价》，《水土保持研究》2017年第 6 期。

③ 第三次气候变化国家评估报告编写委员会：《第三次气候变化国家评估报告》，2015 年 9 月第一版，第 31 页。

④ 居辉、熊伟、许吟隆、林而达：《气候变化对我国小麦产量的影响》，《作物学报》2005 年第10 期，第 1340-1343 页。

其中 CDD（连续无雨日数）下降的区域占整个流域的 91%，当发生厄尔尼诺现象时，流域持续干旱情况加剧；出现拉尼娜现象时，流域易发生洪涝灾害，[①]即未来内蒙古地区更易遭受极端天气的影响而发生干旱或者洪涝灾害，内蒙古是我国重要的畜牧业产区，未来应加强应对气候变化的举措，以保证畜牧业的可持续发展。

我国东北西部和内蒙古东部的大草原，与美国中西部大平原、哈萨克斯坦北部草原为北半球温带三大肥沃草原，地形平坦，气候适宜牛羊生长，是天然的良好牧场。美国在第一次世界大战以后，农场主们由于小麦更加有利可图，便将大量牧场开垦为麦田。但是 1933—1938 年，美国遭遇连年干旱，3 亿亩草原土地由于不再受牧草保护，表层土壤被风吹去数厘米，造成大片地区尘土飞扬，甚至遮天蔽日，交通断绝。5 年间使该地区数十万人无家可归，美国政府又花费数十亿美元来做善后工作。同样的案例也发生在苏联，苏联政府自 1954 年以来，在哈萨克斯坦北部开垦草原为麦田，致使该地区土壤肥力开始减退，又值连年干旱，在当地引起"黑风暴"，直接影响到农业生产。"前草之覆，后草之鉴"，我们利用东北和内蒙古草原地区不能再蹈此覆辙，一定依据当地的气候和地理特征进行有序开发，不能人为大面积垦殖，使肥沃的草原从空中飘走。

（二）气候变化对西南边疆地区的影响

西南边疆地区包括云南、西藏、广西三省区。这个区域受气候变化影响最突出的是自然生态系统、水资源、旅游和山地灾害。

随着气候变暖，生态植被带发生迁移，林线海拔升高，灌木入侵高山草甸。自 20 世纪 80 年代以来，贡嘎山、梅里雪山和玉龙雪山的冰川的雪线大幅度收缩，雪山景观发生改变。西藏东南部海洋型冰川对气候变化反应最为敏感，预计到 2030 年与 2050 年将分别减少 30.9% 与 52.5%。同时，气温升高将导致西藏地区的土地生产潜力明显减少。[②]此外，西南边疆地区（主要是云南地区）受气候变化影响而发生频繁的干旱，特别

---

① 李玮、段利民、刘廷玺、格日勒吐、高瑞忠、Buren Scharaw、于长翔：《1961—2015 年内蒙古高原内陆河东部流域极端降水时空变化特征分析》，《资源科学》2017 年第 11 期。

② 唐国平、李秀彬、Guenther Fischer、Sylvia Prieler：《气候变化对中国农业生产的影响》，《地理学报》2000 年第 2 期，第 129-138 页。

是 2009—2012 年西南地区受全球变暖下哈德莱环流异常的影响，雨量减少，土壤湿度降低。未来，西南地区的极端气候事件特别是干旱将更加频繁，云南和广西受影响尤为明显。在 2030—2050 年，西南地区的冰川融水将会达到高峰，发电水库可能难以蓄积到更多的水量供发电。西南边疆地区是我国小水电密集地区，未来西南边疆地区的发展应提早应对气候变化带来的不利影响，确保经济和社会的可持续发展。

（三）气候变化对西北边疆地区的影响

西北边疆地区包括新疆维吾尔自治区和甘肃，属于干旱和半干旱的地区。1961—2012 年的观察数据显示，新疆气温和降水均呈上升趋势，气候呈现暖湿化现象。其中北疆以及南疆克孜勒苏柯尔克孜自治州、喀什地区西部和和田地区东部，降水量增加趋势明显，而东疆哈密市东部和南疆巴音郭楞蒙古自治州东部，降水量呈明显减少的趋势。[1]多年平均气温较高区域集中在南疆地区、祁连山东南部，其中升温较明显区域集中在准噶尔盆地和天山地区西南部分地区。降水增加较明显区域集中在北疆地区、塔里木盆地的西部地区。[2]尽管西北地区整体呈现暖湿趋势，但是最近 50 年以来，西北地区湿地大都出现了明显的退化。预计未来10—30 年，随着气温的持续上升，冰川融水对于河流的补给程度加强，加上夏季降水量可能趋于增多，河流的径流量将出现上升趋势。但是，社会投资及发展带来了需水量的持续上升，因此西北地区的水资源短缺问题依然突出。西北地区的开发仍然要有节制地进行工业投资。此外，新疆地区日光辐射量特别丰富，适宜于种植水稻、小麦与棉花等农产品。新疆大规模开展农业生产制约因素在于新疆地区地表上径流量少，远不足应付大规模种植的需要。未来西北边疆地区在节水灌溉技术方面有巨大的推广空间。

（四）气候变化对海疆地区的影响

全球气候变化导致中国沿海的海平面上升，海洋环境发生变化，进

---

[1] 康丽娟、巴特尔巴克、罗那那、薛亚荣、王孟辉：《1961—2013 年新疆气温和降水的时空变化特征分析》，《新疆农业科学》2018 年第 1 期。

[2] 商沙沙、廉丽姝、马婷、张琨、韩拓：《近 54a 中国西北地区气温和降水的时空变化特征》，《干旱区研究》2018 年第 1 期。

一步加剧了海岸带灾害以及海岸线的环境与生态问题。主要表现在海洋风暴潮等灾害加剧，海水入侵以渤海和黄海最为严重，渤海沿岸的海水入侵距离可达 20—30 公里，2011 年的"纳沙"台风风暴增水高达 399 厘米。此外，海洋的海表温度、盐度和酸度都呈上升趋势。海平面上升还造成城市排水能力下降、河流水质恶化等不良影响。[①]海洋生态系统中有些海洋生物已经濒危，如红树林面积已丧失 66%。在植物方面，苔藓植物、蕨类植物、裸子植物以及被子植物均处于濒危或受威胁状态，有的物种已灭绝。[②]总体来说，边疆大部分处于干旱半干旱地区、水土流失严重地区、高寒缺氧的青藏高原地区，以及石漠化地区等，边疆地区较之内地更易受到气候变化的不利影响。因此边疆地区必须采取以降低脆弱性和改善发展条件为目标的适应行动，从而减轻气候变化给边疆带来的危害，保障边疆安全，增强边疆的可持续发展动力。

四、边疆适应气候变化机制与中国可持续发展

以气候变暖为标志的气候变化已经并将继续对边疆的环境、生态和社会经济系统产生重大影响。尽管在气候变化的幅度、原因和区域分布，及未来气候变化的预估及气候变化的影响评估等方面仍存在不确定性，但针对气候变化采取稳健的适应政策已经成为国际社会的共识。边疆地区是最易受气候变化不利影响的地区之一，未来唯有增强边疆地区的气候适应能力[③]，对于气候变化带来的不利影响做到主动适应[④]，而不是任由自然界的自主适应[⑤]，才是边疆可持续发展的长久之计。

---

① 第三次气候变化国家评估报告编写委员会：《第三次气候变化国家评估报告》，2015 年 9 月第一版，第 25 页。

② 秦大河等：《中国气候与环境演变评估（I）：中国气候与环境变化及未来趋势》，《气候变化研究进展》2005 年第 1 期，第 4-9 页。

③ 适应能力（Adaptive capacity）：专指未来应对气候风险采取的适应措施。未实施适应政策之前采取的防灾减灾等风险应对措施，称之为"应对能力"（Copingcapacity）。

④ 主动适应［Anticipatory（or proactive）adaptation］：是指在气候变异所引起的影响显现之前而启动对气候变化带来的负面影响采取的反应。

⑤ 自主适应［Autonomous（or spontaneous）adaptation］：不是对气候影响做出的有意识的反应，而是由自然系统中的生态应激，或人类系统中的市场机制和社会福利变化所启动的反应。

（一）边疆适应气候变化机制的目标与原则

根据 IPCC（2007）的定义，所谓"适应"（Adaptation），就是指自然或人类系统在实际或预期的气候演变刺激下做出的一种调整反应[①]，这种调整能够减轻损害或开发有利的机会。因此，边疆根据当地的情况，针对未来可能发生的气候风险预先制定政策进行防范，增加边疆地区的生态恢复力[②]，以减少边疆的气候脆弱性[③]和敏感性[④]，使社会经济活动与气候变化相协调，使气候变化对社会经济和自然生态系统的冲击最小，便是制定适应气候变化的规划的目的所在。

中央政府已经将适应气候变化纳入国家经济发展规划中。党的十八大以来，党中央、国务院高度重视应对气候变化工作，将应对气候变化融入国家经济社会发展大局，国家先后制定发布了《国家应对气候变化规划（2014—2020 年）》《国家适应气候变化战略》《城市适应气候变化行动方案》《"十三五"控制温室气体排放工作方案》等一系列重大战略文件。这些文件完善了应对气候变化顶层设计和体制机制建设，为推动落实新发展理念、推动国际气候治理与生态文明建设做出了规划。[⑤]

气候变化是在人类发展中产生的，也要在经济社会发展过程中解决，边疆地区实施适应措施是实现可持续发展的必要手段，因此要坚持公平原则和效率原则并举。首先，边疆地区实施适应气候变化的措施要在程序公平和实质公平之间做个权衡，同时还要考虑代际公平和代内公平、个人公平和群体公平。其次，边疆地区适应气候变化也要计算成本收益。适应投资能够显著降低气候风险带来的潜在损失，尽管仍会有一小部分

---

① Adaptation to climate change refers to adjustments in natural and human systems in response to actualor expected climate change impacts, which moderate harm or exploit beneficial opportunities(IPCC, 2007). In general, a broad range of adaptation options, including behavioral, technological, regulatory, institutional, or financial adaptation measures are possible.

② 恢复力（resilience）：系统不改变其状态就能经受气候与环境冲击的程度。一般具有两个层面的含义，一是系统承受扰动的能力；二是系统从影响中重新恢复的能力。

③ 气候脆弱性（Vulnerability）：是指系统受到气候变化不利影响威胁程度的一种综合度量。脆弱性一方面取决于系统外部因素的影响，即系统暴露于气候风险的程度；另一方面取决于系统内部因素，即系统敏感性及适应能力。

④ 敏感性（sensitiveness）：系统（国家、社区或家庭）遭受气候冲击影响的程度，包括有利影响和不利影响。例如，某种作物的产量受到气温、降水变率的改变幅度。

⑤ 刘长松：《对我国应对气候变化战略问题的几点认识》，《中国发展观察》2018 年第 1 期。

气候风险难以避免，同时还要考虑适应气候变化的成本即管理气候风险所支出的投资，包括工程性适应措施、技术性适应措施和制度性适应措施。只有适应气候的政策和措施，才能够为边疆地区带来发展、减贫、促进社会公平、增加就业机会等社会经济效益，进行适应投资才具有成本有效性。

（二）边疆地区适应气候变化的手段与保障

边疆地区在适应气候变化的过程中有三种主要措施，分别是工程性适应、技术性适应和制度性适应。工程性适应是指采用工程建设措施，增加社会经济系统在物质资本方面的适应能力，如修建水利设施和植树造林，不仅可以涵养水源，还可以改变农业灌溉用水的时空格局，从而减少水对农业生产的制约；还包括修建环境基础设施、跨流域调水工程、疫病监测网点、气象监测台站等。技术性适应是指通过科学研究、技术创新等手段，增强适应气候变化的能力，例如开展气候风险评估研究，研发农作物新品种，开发生态系统适应技术、疾病防控技术、风险监测预警信息技术等。制度性适应是指通过政策、立法、行政、财政税收、监督管理等制度化建设，促进相关领域增强适应气候变化的能力，例如，借助在碳税、林业碳汇、流域生态补偿、气候保险、社会保障、教育培训、科普宣传等领域的政策激励措施，为增强适应能力提供制度保障。

中国广大的边疆地区，大多数处在欠发达的状态，因此多数情况下抵御气候风险的基础设施远不完善。边疆地区适应气候变化，抵御极端气候事件的硬件设施建设、农业新品种的研发、高品质房屋建筑等的投入很大，但由于长期的发展滞后、发展能力低下，这些投入并没有到位。因此边疆地区适应气候变化同时也变成一个边疆的发展问题，需要考虑正常的边疆发展需求和新增的气候风险，不可能也不应该将二者分开。因此，在边疆地区所采取的一切用于增强适应气候变化的措施，同时也是保障边疆地区可持续发展的手段之一，中央政府和地方政府应该适时增加财政投入，切实保证适应气候变化行动的实施。

国家财政对适应气候变化的支持可运用积极的和消极的财政手段。一方面，运用消极财政手段，通过减免税优惠等税收激励措施，鼓励或者引导民间资本投资适应项目，开发适应技术。例如，开发耐热、抗旱、抗盐碱作物品种，发展商业混合林，开发节能工业设备和民用设施等适应项目；对高风险地区的企业实施灾后补贴和税收减免，对低收入群体进行资助，增强企业和脆弱群体的适应能力。另一方面，可以增加国家财政的适应性预算和投入，加强气候预报能力、加强农业信息和技术服务能力、建立健全动植物基因库、重建或创建湿地和森林、加强海岸管理及适应性基础设施投资；增加产业安全、食品安全保障和疾病研究方面的公共投入，保障国民健康和生命财产安全；适当开放农村地区小额贷款项目，增强农村发展能力和增加收入，提高农村适应能力。

中国地理空间广阔，不同地区对于气候变化的敏感、脆弱程度不同，对于适应气候变化的重要性也不同，边疆是国家的生态屏障，其独特的生态系统比其他地区更容易受到气候变化的影响。就国家层面来讲，为更好适应气候变化、降低适应代价，边疆等气候变化敏感地区或重要地区的产业发展就要受到一定限制，也就是发展权会受到一定限制。为实现适应气候变化的共同利益和地区间公平，边疆等气候敏感地区或重要地区限制自身的发展为全国适应气候变化做出了贡献，经济发达地区应当提供一定的支持或补偿，也就是说建立地区间气候适应补偿机制是公平合理的。在实践中，气候适应补偿机制运行方式可以参照生态补偿机制，通过合理确定生态补偿水平，由上级政府通过转移支付来实现，或者由地区之间通过协商谈判确定。

适应气候变化需要庞大的资金支持，仅仅依靠财政资金是远远不够的。必须建立以国家财政投入为主、鼓励和引导金融机构和企业单位向适应气候变化行动投资、积极利用外资为补充的多渠道和完善的资金保障体制，支持开展适应气候变化相关行动，全面提高我国适应气候变化的能力，最大限度地降低气候变化的不利影响。我们还可以充分利用《联合国气候变化框架公约（United Nations Framework Convention on Climate Change，UNFCC）》内的适应气候变化资金，积极开拓国际合作，吸引更多的双边或者多边资金投资适应气候变化行动，包括信托基金

（GEF）[①]、气候变化特别基金（SCCF）[②]、最不发达国家基金（LDCF）、适应基金（AF）[③]等。

除了上述适应气候变化的资金保障机制之外，国家还应在边疆地区完善诸如公共卫生服务和城乡医疗保险体系、就业创新与再就业培训体系、失业保险体系、养老保险体系等社会保障体系，提升脆弱群体的适应能力，增强民众应对气候灾害的处置能力。

总之，边疆地区适应气候变化不仅是边疆自身发展的问题，也是国家生态文明建设的重要组成部分，更是国家边疆治理体系的重要内容。党的十九大报告中明确指出，"建设生态文明是中华民族永续发展的千年大计"。边疆地区的生态文明建设，实质上就是要建设以资源环境承载力为基础、以自然规律为准则、以可持续发展为目标的资源节约型、环境友好型社会，维护生态系统的生产力。[④]李克强同志在国家应对气候变化领导小组会议上也指出，积极应对气候变化是我国保障经济、能源、生态、粮食安全以及人民生命财产安全，促进可持续发展的重要方面。[⑤]未来构建边疆地区适应气候变化机制，不仅事关边疆地区的可持续发展和安全稳定，还将成为边疆治理的重要内容，更是国家治理体系现代化的重要组成部分。

[①] 公约创立的委托全球环境基金（GEF）运作管理的信托基金，通过适应战略重点试验方案为适应计划提供资金支持。

[②] 由第七次缔约方会议推出，用于减缓和适应两个方面，主要通过自愿性捐赠为包括技术转让和气候敏感型的能源、运输等行业提供资金支持。

[③] 第三次缔约方会议通过了《京都议定书》，规定清洁发展机制（CDM）的收益份额（CDM项目收益的2%）应用于特别易受气候变化不利影响之害的发展中国家缔约方支付适应费用，为适应性基金开创了新的来源。

[④] 潘家华：《与承载能力相适应确保生态安全》，《中国社会科学》2013年第5期，第12-17页。

[⑤] 李克强主持召开国家应对气候变化及节能减排工作领导小组会议，http：//military.people.com.cn/n/2015/0613/c172467－27149314.html。

第八章　宏观边疆与微观边疆：中国边疆学的内在张力

新中国成立以后开启了社会主义现代化的建设征程。社会主义现代化不是一个完成时，而是一个需要持续努力的进行时，体现为国家治理和建设的具体过程。国家实施的"兴边富民行动"是边疆建设的重要政策和推动力量。第七次全国人口普查数据显示，边疆九省区的城镇化率为 59.29%，低于全国平均城镇化率 4.6 个百分点（63.89%），边疆广袤的农村地区仍然是社会主义现代化建设的重要地区，而边疆农村地区由于地理条件限制，小农户是农业生产的主力，我国第三次农业普查数据也显示同样的结论。因此，边疆地区的小农户仍然是社会主义现代化建设的主力军。中国边疆学的理论要能够处理边疆小农户的现代化与"兴边富民行动"这样微观边疆与宏观边疆之间的张力。

共同富裕是中国式现代化的重要特征，边疆是全国的共同富裕的重点地区。边疆小农户构成了边疆民众的大多数，是乡村振兴不可或缺的力量，也是国家实现共同富裕的重点地区和人群。没有小农户也就没有乡村，边疆小农户特殊的社会经济特征造成了其在现代化过程中特有的困难，实现小农户生产生活的同步现代化需要新的发展理念，农业多样性和乡村多功能作用的发挥为边疆小农户生产生活现代化奠定了基础。推动边疆小农户生产生活的现代化保障了中国乡村最大部分的人群同步实现共同富裕。

"兴边富民行动"是实现中国式现代化的重要组成部分，实施了二十多年的"兴边富民行动"在未来的实施过程中的执行在不同的时代有不同的答案。但是不管答案是什么，有一点是确定的，即中国的边疆治理问题不仅仅是一个经济问题，而且是一个政治问题。因此"兴边富民行动"虽然体现为一个经济手段的战略，但根本上是中国国家治理的政治问题，也就是说解决边疆问题不是单纯依靠投入金钱，重要的是"方向"问题，在正确的方向上投入金钱才能解决问题。因此，不论时代如何变化，"固边"是"兴边富民"行动的初心和根本遵循，但是只有"兴边"才能"固边"，而在新发展阶段，"兴边"的内涵已经远远超出了"富民"。

第一节　微观边疆：共同富裕与边疆小农户的现代化

中国实现脱贫攻坚目标后，农业农村问题仍然是迈向第二个百年目标过程中最重要的问题，并且在解决发展不平衡不充分的问题、实现共同富裕的过程中，农业农村的现代化仍然是重点问题，边疆尤甚。中国的农业农村问题如此重要，不仅仅因为农业农村问题是党和国家战胜各种艰难险阻、稳定经济社会发展的"压舱石"，[①]更因为共同富裕是中国式现代化的重要特征。推进城乡平衡发展、农业农村现代化、乡村振兴是实现共同富裕的重要内容。

共同富裕目标下的农业农村现代化必须同步推进小农户生产生活的现代化，而小农户生产生活的现代化不仅是中国农业农村现代化的标志，也是中国式现代化目标所决定的。小农户尤其是边疆小农户在中国的长期存在是客观现象，尽管中国进入了快速城市化时期，大量农村劳动力涌向城市，但是小农户仍然是农业生产的主体；受地理条件和社会经济发展时段的影响，边疆小农户将与中国农业农村现代化长期并行，也是中国式现代化的特色。同时，中国乡村尤其是边疆乡村的主体是小农户，没有小农户的乡村不是真正的乡村，乡村振兴必然要包含小农户的振兴。因而，中国农业农村现代化尤其是边疆的现代化，不能走以小农户消失为代价的西方现代化道路。

一、边疆小农户的地位和作用

中国正在经历高速的工业化和城市化，传统的乡村开始解体，以家

---

① 《中共中央　国务院关于全面推进乡村振兴加快农业农村现代化的意见》，2021 年 2 月 21 日，http://www.gov.cn/gongbao/content/2021/content_5591401.htm。

庭为生产单位的小农户的作用被削弱，农业生产的产业化和规模化开始出现。一方面，农村劳动力外流导致以小农户为基础的传统农业生产方式被弱化，农业劳动出现老龄化、女性化现象，而且农户的生存越来越依靠非农业收入，农业生产不再是家庭的主要收入来源，只是补充性收入；另一方面，随着资本下乡，农业公司、种养大户和合作社等规模化和专业化的农业生产主体逐步进入农业生产领域，小农户的生产空间受到挤压。尽管中国农村的小农户面临着生存困难，但现今，小农户仍然是农业生产的主力。按照黄宗智等人的研究推算，中国全部农业投入的97%是家庭小农户[①]。根据第三次农业普查数据，中国小农户数量占到农业经营主体98%以上，小农户从业人员占农业从业人员90%，小农户经营耕地面积占总耕地面积的70%。2019年，时任中央农办副主任、农业农村部副部长韩俊透露，全国2.3亿户农户，户均经营规模7.8亩，经营耕地10亩以下的农户有2.1亿户，人均一亩三分地，户均不过十亩田[②]。中国农业的主体仍然是小农户，大国小农的格局仍将存在[③]。边疆地区的农业格局亦是如此。

（一）中国"大国小农"治理格局的形成因素

中国大国小农格局的形成既有地理和历史的原因，也是制度和发展选择的结果。农业生产是一个复杂的过程，由于受到自然、社会和经济多种因素的影响，生产过程难于监管且生产投入与产出之间的关系存在很多变化，所以全球大多数地区的农业生产都是以家庭为基本生产单元。以家庭为单位从事农业生产的优势在于，家庭劳动与农业生产方式高度契合，家庭灵活多变的决策和无需监管的劳动，适应了农业生产的非标准化过程；同时，家庭经营中的自我雇佣也具有成本优势，农民家庭可以根据农业的波动安排家庭的生计，使家庭农场的生产和消费富有弹性和适应性。

传统农业家庭经营的特点决定了其农业生产规模的扩大往往是通过

---

① 黄宗智：《中国新时代的小农户经济》导言，《开放时代》2012年第3期，第5、9页。

② 1亩=0.0667公顷。新华社：《全国98%以上的农业经营主体仍是小农户》，2019年3月1日，http: www.gov.cn/xinwen/2019.03/01/content_5369755.htm，访问日期：2021年12月11日。

③ 张红宇：《大国小农：迈向现代化的历史抉择》，《求索》2019年第1期，第68、75页。

增加机械的使用，而非通过增加雇佣劳动力实现。在大型农业机械普及之前，即使少数土地所有者拥有数量庞大的土地，也不得不将其承包租赁给小农户经营，以维持家庭生产的模式。近年来，全球定位系统（GPS）和无人机的使用，为家庭生产规模的进一步扩大提供了条件。但是，乡村依靠机械化的农业规模化经营受到地理条件的限制，工业化和城镇化快速发展以后，适合机械耕作的平原地区规模化农业迅速发展，而不适合机械化作业的丘陵和山地，规模化农业发展受到限制。中国农村生产规模经营的区域分布不均衡（详见表 8-1），在东北平原地区，规模经营户占比相对比较高，达到 7%，而其他地区则很低，平均不足 2%；在多山的贵州，仅有不足 0.5% 的规模经营户，而相对平坦的内蒙古则达到7.9%。广大西部地区的规模经营户只有 1.7%，低于全国平均水平，而陆地边疆地区基本分布在广大的西部地区。这种现象不仅仅发生在中国，在全球其他地区也有类似情况。如瑞典南部农业地区，山地大多被弃耕，而平原地区的农场规模不断扩大[1]。由于丘陵和山地的特殊性限制了大型农业机械的使用，因而也限制了规模农业的发展。由此可以推论，我们如果仍然要保持丘陵和山地农业存在，那么就要依靠当地小农户的发展。

表 8-1　中国农村规模农户与农业经营户的比较[2]

类别	全国	东部地区	中部地区	西部地区	东北地区
规模经营户 / 万户	398	119	86	110	83
规模经营占比 /%	1.9	1.8	1.3	1.7	7.0

除了自然条件限制以外，中国乡村的户籍和土地制度安排对小农户的生存也起到了保护作用。我国农村实行改革以来，土地的集体所有和承包经营，稳定了小农户的土地承包权，而稳定的土地承包权在很大程度上保护了小农户的权利。20 世纪 80 年代，中国农村劳动力开始外流，

---

① 我们在瑞典南部农业区访问时发现，山地的村庄大多已经人去屋空，而平原地区的农场借助机械化，规模迅速扩大，这种现象在中国西部一些山区也已经出现。

② 资料来源：根据国家统计局第三次全国农业普查主要数据公报（第二号）计算，http://www.stats. gov.cn/tjsj/tjgb/nypcgb/qgnypcgb/201712/t20171215_1563539.htm。

但是稳定的土地承包制使农民在流动的过程中，并没有失去土地。一些农民通过兼营农业和非农业维持了小农户的生产方式，在农闲时外出打工，农忙时回家务农；更多的农村劳动力通过家庭兼业来维持小农户的生产，夫妻一方外出，或者年轻一辈外出，通过家庭内的劳动分工，在从事非农业的同时也保留了家庭农业经营；在农村劳动力外流的过程中也不乏将土地流转的，但是大部分流转仅限于小规模和期限灵活的流转，亲友邻居之间的土地流转仍然保留了小农户的农业生产方式。中国农村稳定的小农户土地承包权增加了资本下乡的成本，甚至在一些平原地区，资本下乡也需要通过地方政府和基层组织的支持才能实现土地流转，减轻来自小农户的阻碍。由于任何农业企业都无法拥有农业用地，所以必须通过与农民谈判，从小农户那里取得流转土地的使用权，但是与众多小农户谈判的成本无疑是很高的。农业企业生产大宗农产品的利润空间有限，与小农户谈判的成本又高，这些都增加了其进入乡村的难度。

进入 21 世纪以后，中国政府开始推动土地流转以降低规模化经营的成本。2016 年 10 月 30 日，中共中央办公厅、国务院办公厅印发了《关于完善农村土地所有权承包权经营权分置办法的意见》[①]，在保护农民土地承包权的同时，进一步促进土地经营权的流转，推动农业规模经营。此后，农村在三权分置的基础上形成"三变"[②]模式，即以农民的土地经营权入股农业企业，为土地的规模经营提供便利条件，这是农民土地经营权流转的成功尝试。值得注意的是，"三变"政策是在保护小农户利益与推动农业现代化之间寻找到的中间路径。20 世纪 80 年代以来，尽管中国各级政府推动农业规模化经营，但同时也一直采取更强有力的措施支持小农户的发展。2019 年，中共中央办公厅和国务院办公厅联合印发《关于促进小农户和现代农业发展有机衔接的意见》，明确提出"促进小农户和现代农业发展有机衔接是巩固完善农村基本经营制度的重

---

① 中共中央办公厅 国务院办公厅印发《关于完善农村土地所有权承包权经营权分置办法的意见》，https://www.gov.cn/xinwen/2016-10/30/content_5126200.htm，2016 年 10 月 30 日。

② "三变"改革是指通过市场化运作方式，深入开展农村资源变资产、资金变股金、农民变股东等三项改革。

大举措"①，这从政策上为小农户的发展提供了保障。在中国现代化过程中，小农户不仅将作为重要的农业经营方式和农村社会主体而存在，而且小农户与现代农业发展有机衔接，成为中国式现代化的重要特色之一。

（二）边疆小农户与现代农业相结合在社会主义现代化过程中的意义

在社会主义现代化过程中，边疆小农户长期存在的现实决定了小农户与现代农业相结合具有特别重要的意义。

1. 小农户现代化是中国乡村振兴的基础

乡村与小农户之间存在着不可分割的联系，因为少量的规模化农户无法形成乡村，而逆城市化过程也不是真正的乡村。中国在快速的城市化过程中，乡村可能出现三种图景：一是乡村空心化和老龄化，农业不足以维持当地劳动力的收入，小农户破产，乡村凋敝，土地弃耕；二是农业生产规模扩大，少数职业化农民从事大规模生产，乡村社会消失；三是逆城市化出现，即随着交通的极大改善与便利，大量城市人口进入乡村，乡村变成城市的"飞地"。然而，不管哪一种图景在中国出现，都不是真正的乡村振兴。

典型的西方农业现代化道路是以小农户的消失为代价的，伴随着以机械化和专业化为主要特征的农业现代化，在大型农场的挤压下，小农纷纷破产，农场规模扩大且农场数量减少，并出现了乡村人口和耕地的双重减少。如美国东部的新英格兰地区，曾是美国农业发展最早的地区，也是农村受工业化影响最大的地区，20世纪中叶以后，该地区由于农场规模不断扩大，致使乡村人口急剧减少，乡村文化也快速消失。在农场规模扩大过程中，由于许多不适合大型农业生产的耕地被抛废，致使农业耕地面积缩小②。

小农户的减少或消失导致了乡村的衰落，尽管有逆城市化的存在，但是并不能促进乡村振兴。逆城市化所产生的乡村人口大多并未融入乡

---

① 《关于促进小农户和现代农业发展有机衔接的意见》，中国政府网，https://www.gov.cn/gongbao/content/2019/content_5370838.htm。

② KEHRBERG R P.：《The routledge history of rural america》. Routledge Taylor & Francis Group，2016，第19页。

村社区，那些进入乡村从事农业的新型农民，也往往与乡村生活相去甚远，而且多数人口在乡村生活若干年以后，也陆续离开故土。如果说空心化、规模化和逆城市化都不是乡村振兴的目标，乡村振兴的目标是实现农业农村同步现代化，那么小农户生产生活的现代化就成为乡村振兴的重要内容。

2. 小农户与现代农业衔接是中国式现代化的特征

小农户经常被看作是传统和落后的，在现代化过程中是要被消灭的。如果说工业化时代，小农户的存在与工业化的农业格格不入，巨型拖拉机和高密度养殖场比小农户更加具有经济优势，那么进入 21 世纪以来，小农户发展则被赋予了新的机遇和意义。一方面，小农户的生产适应了消费市场对食物多样性的需求，特别是对一些不适合大规模机械化生产的农产品，其生产方式具有优越性；另一方面，小农户分散多样性的生产方式与保护生态环境、培育高质量农产品的新农业理念相互融合，小农户生产方式中的生态和文化意义逐渐被认识；此外，在生态文明的话语体系下，小农户的生产体现了绿色、有机和环境保护。新时代，我国社会经济发展给小农户提供了新的发展机会，新的兼业经营使小农户的优势得到了立体式发挥，如农业与文旅产业结合、发展特色加工业等。目前，小农户的生产方式吸引了越来越多青年知识人才加入。在农业现代化的背景下，社会不断涌现出新的销售方式、广泛的社会化服务和更加通畅的信息交流，为小农户的生产和产品销售提供了新的选择；电商使生产者与消费者直接对接缓解了长期困扰小农户的销售问题，社会化服务则有效降低了小农户的生产成本，克服了小农户生产工具和劳动力不足的困难，现代化的信息传输使小农户可以迅速接收到新的信息。

3. 小农户发展有助于推动乡村社会的共同富裕

我国在走向共同富裕的现代化进程中，农业农村问题仍然是最重要的问题。农业本身是一个高风险的产业，无论是自然灾害还是市场波动，都会对农业产生巨大影响，进而影响农民的收入。在农业内部，小农户与那些资本加持的大农户和农业企业相比较，面对的风险更多、更加脆弱。由于小农户的产出有限，收入也相对较低，难以形成较多的积蓄，面对同样的自然和市场风险的时候，更加缺乏抵抗能力。大的农业生产者特别是农业企业依靠金融、保险和政府的支持，以及相对较长的产业链抵抗风险的时候，小农户所能利用的金融保险和政策工具却非常少。小农户的脆弱性不仅来自农业的脆弱性，也来自其兼业的特征。小农户依靠非农就业，但是全球的经济波动导致非农就业收入低和不稳定，对农民的家庭生计产生影响，进而加剧小农户收入的脆弱性。我国在乡村振兴中应竭力提升小农户的经济稳定性，增强其家庭生计的韧性，在此基础上，确保一个庞大且脆弱的群体同步富裕，这对于实现全体人民共同富裕的目标，意义十分重大。

二、边疆小农户的优势与困境

人类社会进入工业化社会以后，小农的生产效率以及保守的思想观念受到很多批评[①]，认为工业化将导致传统农民社会的终结[②]。俄国十月革命以后，列宁认为进入社会主义以后，小农是必须要被改造的，虽然要经过几代人，集体化和电气化是改造小农的有效方式[③]。尽管西方农业发展的道路是不断见证小农的消失，但是仍然有许多学者试图证明小农存在的合理性，典型的如恰亚诺夫的"劳动—消费均衡"理论、舒尔茨和波普金的"追求利润最大化"理论、黄宗智的"内卷化"理论、斯科特和利普顿的"风险厌恶"理论、巴纳姆和斯奎尔的"家庭农场模型"理论[④]。

党的十九大报告提出"实现小农户和现代农业发展有机衔接"的要求[⑤]。2019 年，中共中央办公厅、国务院办公厅联合印发《关于促进小农

[①] 廖永松：《"小富即安"的农民：一个幸福经济学的视角》，《中国农村经济》2014 年第 6 期，第 4、16 页。

[②] 孟德拉斯：《农民的终结》，李培林译，中国社会科学出版社，1991。

[③] 付小红：《马克思主义小农理论的早期争论：捍卫与发展》，《当代经济研究》2018 年第 6 期，第 56、64 页。

[④] 张新光：《"小农"概念的界定及其量化研究》，《中国农业大学学报（社会科学版）》2011 年第 2 期，第 157、168 页。

[⑤] 习近平：《决胜全面建成小康社会　夺取新时代中国特色社会主义伟大胜利——在中国共产党第十九次全国代表大会上的报告》，2017 年 10 月 27 日，http://www.gov.cn/zhuanti/2017-10/27/content_5234876.htm，访问日期：2021 年 12 月 11 日。

户和现代农业发展有机衔接的意见》①，对小农户与现代农业有机衔接的路径进行了清晰的阐释。该意见明确提出了小农户的概念，为小农和小农户的研究提供了基础，还明确指出小农户与现代农业是可以融合的。学界对小农户如何与现代农业有机衔接以及发展路径、规模化经营与小农户、传统意义上的小农与现代小农户之间的关系②等多有争论。我们要实现小农户与现代农业的有机衔接，需要正确认识小农户的优势，解决其发展中的困难。

小农户的核心就是小规模的农业生产，其他一些特征都是由此派生的。不管是欧洲工业化以前的小农场，还是发展中国家的农民，乃至当今中国的小农户，他们都是小农户的不同表现形式。小规模的农业生产派生出小农户的一系列典型特征，有关小农的大量研究正是在特定时期和特定区域背景下呈现出这些特征。因而，小农户是一个普遍性的概念，而小农则是对特定时代和特定区域小农户的概念和描述。在长期历史发展过程中，小农户在维持生存过程中形成的典型特征是小农户的优势，但在现代市场条件下，也构成小农户的脆弱性。

（一）边疆小农户低管理成本和灵活决策

小农户主要依靠家庭劳动力从事生产，规模很小，由此带来了两个发展优势。一是节约管理成本。小农户作为劳动者，其收入与劳动投入有着密切的关系，可节省大量管理成本。农业生产较难监督，若雇工经营，则往往面临着高监管的成本，家庭经营则无需监管，因为家庭成员的劳动投入直接决定了未来的收获。农业生产在种植业中，依靠雇工经营进行扩大规模，往往面临着监管成本过高的问题，与之相较，小农户的管理成本则低很多。二是决策简单灵活。小农户"船小好掉头"，在复杂的自然和市场变动中，可以比较容易转换种植和养殖业结构，从而具有更多的灵活性。在遭遇自然灾害以后，小农户往往可以发挥优势，进行及时补救。但是，小农户因其规模小也带来了发展的困难。由于小农

---

① 《关于促进小农户和现代农业发展有机衔接的意见》，中国政府网，https://www.gov.cn/ gongbao/content/ 2019/content_5370838.htm。

② 吕剑平、马亚飞：《小农户与现代农业发展有机衔接：文献综述》，《重庆工商大学学报》2020年第10期，第1、8页。

户相对收入较低不足以形成积累，大多数仍然属于生存型经济，在正常年份可以维持温饱，但是遇到灾害或市场波动，就很容易受到冲击，甚至因为债务而多年难以恢复。小农户与家庭农场或农业企业不同，其生产与生活密切联系，当生产遭遇到困难，生活也就陷入窘境，只能通过减少支出应对困难。小农户与大农户和农业企业相比较，应对风险的工具较少，在风险面前表现得更加脆弱。小农户进入市场难，在工业化时代，农产品市场更倾向于接受标准化和规模化的农产品，而小农户的生产因数量少缺乏统一的标准，难以被集中统一的市场链所接受，在市场中更难以获得平等的谈判地位。

（二）边疆小农户产出有限并且多样

小农户因为规模小、产出有限，不得不采取多样性种养和兼业，以增加收入并规避风险。种植业的多样性有利于应对自然风险，满足家庭的多种需求，是小农户传统的应对风险的重要策略；兼业是小农户增加收入的重要渠道，传统的小农户会从事家庭手工业或农闲时期外出务工，充分利用家庭劳动力增加收入。20 世纪 80 年代以来，中国高速发展的工业化和城市化为小农户的兼业提供了更多的机会，许多家庭采取内部分工的方式，如比较强壮的劳动力外出从事非农产业，留下妇女和老年人从事农业。由此可知，农业劳动的女性化和老龄化是小农户的重要生存策略。但是，这种策略在新形势下遇到了许多问题，特别是多样性的农业发展无法适应市场对批量化农产品的需求，外出务工逐渐成为刚性需求，而不再仅仅是农业的补充，农业生产在小农户家庭收入中的重要性下降，农业投入不足。随着中国农村农业市场化水平、专业化水平的不断提高，不仅家庭农场和农业企业专注于单一农产品生产，而且一村一品乃至一县一品，均把小农户的生产纳入专业化生产中。由此，小农户普遍不得不放弃多样性的农作物种植；同时，随着乡村人居环境改善，小农户大多放弃了作为副业的养殖业；而且随着大量农村劳动力外出务工，小农户对非农就业的依赖增强，家庭经济中农业重要性的降低，出现土地抛荒和粗放经营。在全球经济不景气的时候，全球经济发展的因素对小农户的影响也在加深。如就业市场出现波动并进而影响小农户就业，兼业对于提高小农户抗风险的作用在降低。中国改革开放 40 余年来，每当城市工业发展出现波动时候，进城务工的农民就会大量回流，依靠家庭农业支持小农户渡过危机，但目前，这种支持力度在不断减弱。农民工在城市就业一旦出现困难，回流农村并不足以维持生存。因而，对于许多农户来说，回到乡村从事农业，已经不再是自救的手段。

（三）边疆小农户合作困境

小农户因规模小、劳动力不足、农机不配套，以及单个农户难以完成灌溉，故而小农户之间存在着广泛的合作需求。小农户之间的合作，既包括劳动力的互帮互助、农用机械的互换，也包括农产品销售中的合作等。然而，小农户的合作不同于工业社会的分工合作，如果借用涂尔干的概念，即不是有机的合作，而是机械的合作，其合作很容易破裂。在面临市场的压力时，虽然合作社被认为是克服小农户脆弱性、帮助小农户发挥集体作用的重要手段，但是在实践中，小农户的合作困难重重，一些成功的合作社往往是因有能人或大户在后面的支持，甚至有一些合作社本身就是大户投资建立起来的。

小农户之间的合作之所以困难，主要来自内在的竞争和利益冲突。大多数小农户的社会经济地位相似、产品雷同，由于其经济状况相近，所以在种植养殖业中，大多无法形成差异化的经营，而是相互模仿和重复；同时，尽管小农户的生产规模小，但是简单地模仿经常造成产品过剩，引起市场波动。当收购商上门收购的时候，每一个小农户都会希望自己的产品被优先收购，致使集体谈判价格以保障小农户群体利益的机制几乎不存在；此外，相似的社会经济地位也造成了小农户缺乏领袖，在乡村中有威信，能够起到领导带头作用的往往不是小农户，而是村组干部或有着经商、从政背景的乡绅。小农户之间需要合作，但是种种原因又造成合作非常困难。

（四）边疆小农户规避风险策略

小农户承担风险的能力较弱。大多数小农户比较保守，缺少创新精神，在其思想意识中，规避风险经常是第一位的。在市场经济中，风险与机会是并存的，新的品种、新的技术都会带来较高的收入，但是也都伴随相应的风险，而小农户宁愿保守选择那些经过多年实验、多数人生产的品种或使用的技术。小农户之所以保守，主要有三方面的因素：一是创新需要投入，而小农户往往投入不足；二是小农户的生产规模小，创新所带来的收益有限，激励机制不足；三是小农户承担风险能力较弱，任何小的风险对于小农户来说都是灾难性的。小农户的保守性帮助其规避了许多风险，是维系生存的重要法则，特别是在信息不足的时候，其保守的态度可以起到保护的作用。但是在农业农村现代化的背景下，小农户的保守性则成为进一步发展的极大障碍。小农户在采用新技术、新品种以及选择新的销售渠道的时候，总是处于比较滞后的状态，缺少创新，这就造成小农户的收入总是在平均水平之下，并且任何高附加值的农产品到被小农户普遍接受的时候，已经成为大路货。因而，小农户难以获得创新的收益。

中国实施乡村振兴战略，在对小农户发展产生压力的同时，也为小农户的发展提供了新的机遇。农业规模化经营对小农户的生存构成了压力，经营规模较大的家庭农场在政策支持下，提高了农业机械化水平，获得金融支持，从而提升了生产效率。同时，大型农业企业进入乡村，在资金支持下通过扩大规模和延长产业链条，实现了综合收益的提升。此外，新的农业经营主体对小农户形成挤压，大宗农产品越来越依靠规模化的种植和养殖，造成小农户的产品成本高和销售困难，对小农户的金融和保险支持也相对较弱。所有这些因素都构成了对小农户的压力，但是在乡村振兴中，政府可制定强有力的支农政策，如改善基础设施、加强社会化服务，以及建立满足农产品个性化需求的新农产品销售渠道，这些可以为小农户的发展提供更多的机遇。经过多年的实践，我国小农户与现代农业有效衔接的发展路径也逐渐清晰。

三、边疆小农户现代化与共同富裕

小农户的发展关系到中国农业农村的发展与稳定。新中国成立 70 余年的历史表明，重视小农户的发展，农业农村就会稳定发展，不关注小农户的发展，农业农村就会出现问题。中国在小农户的保护与发展中积累了丰富的经验，这些经验对于当今推动小农户生产生活的现代化仍然具有重要的意义。

（一）推动边疆小农户现代化的经验和措施

1. 保护小农户的农地权利

中国的土地改革赋予了小农户土地经营权，经过农业集体化和土地承包，土地的所有权属于农村集体，农民获得土地承包权，而且这种双层的土地权利设计限制了土地的买卖，保障了小农户稳定地拥有土地。早在 20 世纪 50 年代初，新中国完成土地改革后，土地买卖导致小农户失去土地的现象就受到高层决策者的关注，并试图通过合作化避免小农户的破产。在农业集体化过程中，中国农村形成了土地集体所有的制度，小农户失去了出售土地的权利。进入 20 世纪 80 年代以后，中国实行改革开放，农村土地实行承包到户，小农户生产方式重新被恢复。与 20 世纪 50 年代初的土地改革不同，农村改革以后，中国土地的集体所有制度被稳定下来，农户拥有土地承包权。尽管在实践层面上，中国农村土地流转一直存在，但是土地流转大多发生于农村集体成员内部，特别是亲戚邻里之间。中国农村稳定的土地集体所有和农户承包制度保护了小农户的存在，稳定的农地权利在保护小农户不失去土地的同时，也增加了农业规模化经营的成本。2016 年，中共中央办公厅、国务院办公厅联合印发了《关于完善农村土地所有权承包权经营权分置办法的意见》，在保留农村土地集体所有权和农户承包权的基础上，允许流转土地的经营，这一政策有利于土地的适度集中，在土地承包基础上，推进农业的规模经营[①]。尽管在新中国 70 余年的历史中，农村的土地制度发生了多次变化，但是稳定小农户的土地权益一直是国家政策设计的出发点。

2. 完善公共服务和社会化服务

新中国成立以前，中国的乡村普遍缺少公共服务，农户需要承担教育、医疗、济贫和养老等费用，政府很少承担公共服务的责任。小农户生活压力下，子女很少接受教育和医疗服务，疾病往往导致小农户破产。1949 年新中国成立以后，乡村逐渐建立和完善了公共服务体系，政府提供了覆盖范围广的公共服务，且服务水平不断提升。乡村公共服务并非

---

① 中共中央办公厅 国务院办公厅印发《关于完善农村土地所有权承包权经营权分置办法的意见》，中国政府网，https://www.gov.cn/xinwen/2016-10/30/content_5126200.htm，2016 年 10 月 30 日。

专门服务小农户，但是小农户是最重要的受益群体。同时，乡村的基础设施特别是水利、交通、通讯设施的建设，为小农户的生产生活创造了便利条件。小农户与大型农业企业不同，无法依靠自己的力量修建基础设施，更加依赖公共基础设施。进入 21 世纪以来，针对农业生产中小农户的能力不足，中国许多地方推动了社会化服务，从购销环节到生产环节的社会化服务有力地弥补了小农户能力的短板，比如，社会化的购买种子、化肥和农药可以帮助小农户保证质量，降低成本，播种、灌溉、田间管理和收割等方面的社会化服务，可以有效解决小农户的劳动力不足和农用机械缺乏的困难。新时代，中国城乡关系进入了"工业反哺农业、城市反哺农村"的时期，政府大量资金支持小农户的发展，如对种粮农民直接补贴，不仅增加了小农户的收入，也部分弥补了小农户的生产成本。

3. 促进低收入小农户的发展

20 世纪 80 年代，中国农村开始大规模扶贫，到 2020 年彻底消除农村绝对贫困。特别是党的十八大以来，将近 1 亿的农村贫困人口脱贫，小农户是脱贫攻坚的主要受益群体。中国政府的脱贫攻坚计划为小农户的生存和发展提供了最有力的支持。小农户的贫困是由多方面原因造成的，既有客观原因，也有主观原因，如严酷的生态环境，落后的基础设施，远离市场，缺少资金、技术和劳动力。中国大规模的农村减贫，有针对性地为贫困地区和贫困农户的发展提供支持，多方位改善了小农户的生产生存条件，使贫困地区的基础设施、生产服务以及农户的生产能力都得到大幅度提升。在实施大规模开发式扶贫的过程中，国家一系列适合小农户的支持政策在实践中涌现出来。如小额信贷，由于额度小和使用灵活，成为专门服务小农户的金融产品；提供非农就业培训，支持贫困户外出务工，有效地提升了小农户的兼业水平，为小农户增加了稳定的就业机会；广泛覆盖的公共服务提升了小农户抗风险的能力，使低收入小农户得到发展机会，避免破产风险，保护了最脆弱的小农户。

4. 提升小农户的组织水平

小农户依赖组织，但是也面临组织成本高、稳定合作困难等问题。中国农村巩固村级组织，发展农民合作经济，从两方面提升小农户的组织化水平。村庄与小农户之间有着多重经济和社会关系，为小农户生存提供直接的保障。村级组织的建设一直受到党中央高度重视，特别是党的十八大以后，以加强村级党组织的建设为抓手，通过提高党员干部的素质，加强村级组织能力建设，增加村集体经济实力，村级组织为群众服务的能力得到加强。在强化村级组织作用的同时，农民的合作经济组织也得到快速发展。据农业农村部的数据，到 2018 年，全国依法登记的农民合作社达到 217.3 万家①。农业合作社的发展将小农户组织起来，在经济领域克服单打独斗的困难，为提升小农户能力发挥了重要作用；同时，在发展经济的实践中，积累了许多克服小农户组织成本高的经验，如党支部领办合作社、企业加农民合作社等方式，加强村级组织建设和促进合作组织发展，提升了小农户的组织水平。

（二）推动边疆小农户现代化面临的任务

中国在过去的 70 余年乡村发展历史中，尽管在一段时间里曾经试图通过人民公社制度弱化小农户在农业发展中的地位，或者加强对规模化经营的支持影响了小农户的发展，但是小农户的生存一直是农业农村发展的基础。党的十九大开始实施乡村振兴战略，明确提出小农户与现代农业结合。2018 年 1 月，中央一号文件——《中共中央国务院关于实施乡村振兴战略的意见》进一步明确："统筹兼顾培育新型农业经营主体和扶持小农户，采取有针对性的措施，把小农生产引入现代农业发展轨道。培育各类专业化市场化服务组织，推进农业生产全程社会化服务，帮助小农户节本增效。发展多样化的联合与合作，提升小农户组织化程度。注重发挥新型农业经营主体带动作用，打造区域公用品牌，开展农超对接、农社对接，帮助小农户对接市场。扶持小农户发展生态农业、设施农业、体验农业、定制农业，提高产品档次和附加值，拓展增收空间。改善小农户生产设施条件，提升小农户抗风险能力。研究制定扶持小农生产的政策意见。"②2019 年 2 月，中共中央办公厅、国务院办公厅

---

① 农业农村部：《新型农业经营主体和服务主体高质量发展规划（2020—2022 年）》，2020 年 3 月 24 日，http://www.gov.cn/zhengce/zhengceku/2020-03-24/content_5494794.htm，访问日期：2021 年 12 月 15 日。

② 《中共中央 国务院关于实施乡村振兴战略的意见》，中国政府网，https://www.gov.cn/zhengce/2018-02/04/content_5263807.htm。

联合印发《关于促进小农户和现代农业发展有机衔接的意见》，明确提出，"促进小农户和现代农业发展有机衔接是巩固党的执政基础的现实需要。小农户是党的重要依靠力量和群众基础。党始终把维护农民群众根本利益、促进农民共同富裕作为出发点和落脚点。扶持小农户，提升小农户生产经营水平，拓宽小农户增收渠道，让党的农村政策的阳光雨露惠及广大小农户，有利于实现好、维护好、发展好广大农民根本利益，让广大农民群众的获得感、幸福感、安全感更加充实、更有保障、更可持续"[①]。小农户既是乡村居民的主体，也是农业生产的基本经营方式，中国实现全体人民共同富裕离不开小农户与现代农业的有机衔接。

党中央在实现脱贫攻坚目标以后，把促进共同富裕作为新时期的工作重点，农村的共同富裕是全社会共同富裕的重要任务。习近平总书记在"扎实推动共同富裕"中提出："促进共同富裕，最艰巨最繁重的任务仍然在农村。"[②]一方面，我国农村的共同富裕要缩小农村内差距，推动乡村内的共同富裕；另一方面，还要缩小城乡差距，实现整个社会的共同富裕。目前，在推动小农户生产生活现代化方面面临着三重任务。

1. 建立有效机制，克服小农户脆弱性

农业是一个脆弱性较强的产业，容易受到自然和市场的影响，而在农业生产中，小农户的脆弱性尤其严重，因为小农户不仅受到自然和市场的严重影响，而且农民家庭的健康、教育、养老等是小农户生存面临的巨大压力，小农户的脆弱性意味着极易陷入贫困。防止脱贫户返贫是保障小农户发展的底线。习近平总书记指出："要巩固拓展脱贫攻坚成果，对易返贫致贫人口要加强监测、及早干预，对脱贫县要扶上马送一程，确保不发生规模性返贫和新的致贫。"[③]在脱贫攻坚目标完成后，中国政府相关部门确定 160 个乡村振兴重点帮扶县和建立防止返贫监测和

---

① 《关于促进小农户和现代农业发展有机衔接的意见》，中国政府网，http://www.gov.cn/zhengce/2019"02/21/content_5367487.htm。

② 《习近平：扎实推动共同富裕》，中国政府网，https://www.gov.cn/xinwen/2021-10/15/content_5642821.htm。

③ 中共中央国务院：《关于实现巩固拓展脱贫攻坚成果同乡村振兴有效衔接的意见》，2021 年 3 月 22 日，http://www.gov.cn/zhengce/2021"03/22/content_5594969.htm，访问日期：2021 年 12 月 15 日。

帮扶机制，对于那些脱贫不稳定，发展水平比较低且存在返贫风险的农户提供支持，这就为小农户中最脆弱的农户提供了保障。在防返贫的基础上，我国建立了对低收入农户的长效帮扶机制，保障小农户在未来不会因为脆弱而陷入破产和贫困。

小农户生产生活现代化，对于公共服务和社会化服务都有较强的依赖性，为了保护小农户利益，提供更多发展机会，我们应以公共服务均等化和提升社会化服务的效果为抓手，完善乡村的服务机制，特别要重视乡村学校的建设，近距离的学校教育可以减少小农户的教育支出，避免小农户为子女上学被迫进城；提升小农户的生产能力，系统的职业培训有助于小农户不断增强科技知识，田间地头的实地培训对于小农户能力提升有很大帮助；加强培育新型市场，通过产销对接或电商将小农户小批量的农副产品销售出去，缓解小农户的市场压力；鼓励小型农机具的研发服务，小型农用机械对于丘陵地带的小农户具有特别的意义。我国公共服务和社会化服务要突出重视农用机械的小型化和多样性，以满足小农户的实际需求。

我国相关部门有效的金融和保险对于提升小农户的抗风险能力有直接帮助，金融支持能够保障小农户在生产和生活的关键时刻获得支持，而保险则可以有效降低经营风险。但是，因为小农户提供的金融抵押资产不足，支付保险费用的积极性不高，对小农户的金融和保险支持一直难以满足小农户的需求，小农户需要灵活、多样、低成本的金融和保险产品。灵活就是能够让农户及时地得到贷款和理赔服务，因为小农户的需求往往比较紧迫，无法承受较长时间的等待；多样性是因为小农户的需求往往是多样的，这就需要金融和保险产品能够综合满足小农户的需求；小农户需求的产品往往比较分散，从金融和保险机构的角度看，多是高成本的服务，所以单纯采取市场化手段往往会提高产品的成本，这就需要依靠乡村的社会关系和社会组织降低金融服务成本。

2. 发挥小农户竞争优势，提升小农户收入水平

小农户抗风险能力较弱是与其较小的生产规模相联系的，需要综合发挥政府、市场和社会的作用，降低小农户的风险，在降低小农户风险的同时，发挥小农户的优势，提高小农户收入。与大型和专业化的农业

机构相比较，小农户的竞争优势不足，特别是在提供规模化和标准化农产品的时候，小农户产品的成本往往较高，并且因为缺少品牌效应，进入市场困难。但是，随着消费者对差异化产品的需求增加，小农户的优势也逐渐显现；随着适合小农户的营销手段出现，小农户与市场的联系也更加多样化。我们只有发挥小农户优势，建立适合小农户的增收机制，小农户才能在新的条件下快速发展。

与大规模企业化的农业不同，小农户的生产过程往往是透明的，能够允许消费者直接参与，并让消费者在生产过程中进行选择。这种农业生产方式把人的关系带入传统的生产和消费过程中，是小农户的优势之一。新型小农户生产方式借助社区支持农业、巢状市场等概念已经开始流行，其核心是改变传统的生产与消费的关系，发挥小农户的特点，更全面地满足消费者的差异化需求。

乡村以往建立在横向合作基础上的小农户合作，难以适应小农户的需求，尽管提供同样产品的小农户联合起来可以提高市场占有份额，提升部分谈判权，但是合作成本很高。我们要推动小农户的专业分工，建立纵向的合作关系，推动小农户特色种植、特色养殖与特色加工和服务的合作，形成基于小农户的区域特色经济。小农户通过纵向合作，实现与加工、销售和服务的纵向整合，获得高于单纯种植或养殖的收入，提升稳定性。

我们只有提升小农户的创新水平，才能让小农户的生产获得高于平均水平的收入。随着中国城乡融合发展，农业的多功能正在显现出来，并被市场和社会所接受，这为小农户的发展提供了机会。国家相关部门应鼓励将农业的农产品生产功能与生态价值和文化价值相互结合，发挥小农户的创新优势，让小农户获得更多的回报。创新的核心是提供良好的制度环境，首先是良好的人才环境，吸引人才进入乡村，从事创新型农业。小农户的发展不能仅仅看到现有留在乡村的小农户，还要看到新增的小农户，也就是那些具有创新精神的下乡和返乡人才，为他们的发展提供支持；其次是良好的城乡融合发展，特别是信息和技术在城乡间的流动。只有与现代的市场、信息和技术更紧密地结合在一起，才能推进小农户的创新。

3. 实现小农户现代化，建立中国特色农业农村现代化道路

实现共同富裕需要乡村振兴，而乡村振兴的核心问题是 2.3 亿小农户与现代农业有机衔接。中国式农业农村现代化是包容了小农户发展的现代化，不是以去小农户为代价的农业农村现代化，这是中国式农业农村现代化的重要特色。我国的农业农村在实现现代化过程中，依托农业的生产、生态和文化价值的统一，提高小农户在农业多功能价值实现中的作用；依托现代的农业技术、市场机制和信息流通，发挥小农户决策灵活和产品多样的创新和竞争优势；依托现代化的公共服务和社会化服务体系建设，提供灵活、多样和低成本的金融保险服务，克服小农户的生产经营风险，保护小农户的利益；在城乡和一二三产业融合发展中，为小农户提供更好的兼业发展环境，增强小农户收入的稳定性。

第二节　宏观边疆："兴边富民行动"与中国式现代化

中国 2.2 万公里长的陆地边境毗邻 14 个国家，分别是朝鲜、俄罗斯、蒙古、哈萨克斯坦、吉尔吉斯斯坦、塔吉克斯坦、阿富汗、巴基斯坦、印度、尼泊尔、不丹、缅甸、老挝和越南。这些邻国是美西方国家的地缘政治地带，周边国际政治环境复杂，因此沿边特殊的地理区位决定了其战略地位和承担的历史使命。我国陆地边疆的省区有 9 个，包括广西、云南、西藏、新疆、甘肃、内蒙古、黑龙江、吉林、辽宁。其中国家边境线经过 140 个县（市、区、旗），区域面积 200 万平方公里，占国土面积的 20.8%，人口共计 2450 万人，占总人口的 1.8%，生活着 45 个民族，很多是跨境民族。边境地理位置的特殊性使其社会经济发展对国家安全、边防稳定、民族团结具有重要的意义。基于此，1999 年 12 月底，国家民委正式印发了《关于推动"兴边富民行动"的意见》，要求通过"组织发动、政策推动、基础设施建设拉动、重点项目带动，以及改革开放促进边境地区的发展"①，以此为开端拉开了"兴边富民行动"的序幕。到今天，"兴边富民行动"已经历经二十多年，在新的历史阶段和

---

① 陈建樾：《制度保证与经济发展：兴边富民行动在新时代的升级路径》，《中央民族大学学报》2020 年第 2 期，第 16 页。

两个百年交汇的重要时期，"兴边富民行动"也要与时俱进。

一、"兴边富民行动"的战略、时局与路径

（一）战略：中国唯一的环形区域发展战略

早在 1979 年改革开放的最初时期，邓小平同志对于国家发展战略就提出"两个大局"思想，即"沿海地区要加快对外开放，使这个拥有两亿人口的广大地带较快地先发展起来，从而带动内地更好地发展，这是一个事关大局的问题。内地要顾全这个大局。反过来，发展到一定的时候，又要求沿海拿出更多力量来帮助内地发展，这也是个大局"①。改革开放二十年后，开始于 1999 年的"兴边富民行动"便是国家发展大局中的重要布局。但是在很长一段时间内，"兴边富民行动"与国家其他战略有重叠的地方，因此对于"兴边富民行动"战略意图的理解也经常被其他战略、政策所遮蔽而不能单独凸显。

1. "兴边富民行动"与"西部大开发"和"人口较少民族扶持"

"兴边富民"行动作为国家战略一直被至少两个战略所遮蔽，或者经常被认为是其中的一部分。第一个理解误区是，"兴边富民"行动起初被认为是西部大开发战略的辅助工程，甚至最初推动"兴边富民"行动的国家民委也持这种认识。时任国家民委副主任的牟本理在 2001 年指出：西部大开放，沿边要先行。中国的沿边开放，必定给中国西部及周边地区的发展注入动力，要把"兴边富民行动"作为西部大开发的标志性工程来做②。第二个理解误区是，"兴边富民行动"经常与"人口较少民族"帮扶政策混在一起，尽管二者有很大部分的重叠。我国 56 个民族中总人口数量在 10 万人以下被称为"人口较少民族"。2010 年我国 28 个人口较少民族的人口数量为 189 万，云南省、青海省、新疆维吾尔自治区、广西壮族自治区的人口较少民族占全国的 68.92%。③人口较少民族主要分布于广大的边疆地区，而且很多是跨界民族。受社会历史、地理条件、自然环境等因素的影响，社会经济发展水平相对滞后。2005 年，国务院

---

① 《邓小平文选》（第三卷），人民出版社，1993，第 277-278 页。
② 牟本理：《在西部大开发中加快民族经济发展》，《中国民族》2002 年第 3 期。
③ 郑长德：《中国少数民族人口经济研究》，中国经济出版社，2015，第 354 页。

批准实施《扶持人口较少民族发展规划（2005—2010 年）》，作为国家"十一五"专项规划之一，对全国总人口在 10 万以下的 22 个民族聚居的 640 个行政村给予重点扶持。规划实施以来，人口较少民族的面貌发生了新的历史性变化。"十二五"时期《扶持人口较少民族发展规划（2011—2015 年）》的颁布，"十三五"期间将《"十三五"促进民族地区和人口较少民族发展规划》纳入国家"十三五"重点专项规划，进一步扩大了对人口较少民族的扶持范围和力度。人口较少民族帮扶政策与"兴边富民行动"在政策落地的时候有很大部分是重叠的，比如云南省怒江傈僳族自治州位于祖国西南边陲，是典型的集边疆、民族和贫困于一身的地区，2019 年 4 月习近平总书记给云南省怒江傈僳族自治州独龙族的回信中指出："独龙族和其他一些少数民族的沧桑巨变，证明了中国特色社会主义制度的优越性。前面的任务还很艰巨，我们要继续发挥我国制度的优越性，继续把工作做好、事情办好。"因此，"兴边富民行动"对于怒江的帮扶很难与人口较少民族帮扶区别开。

那么，在"西部大开发"和"人口较少民族帮扶"战略之外怎么理解"兴边富民行动"，这决定了新发展阶段"兴边富民行动"的实施方向。

2. "兴边富民行动"是中国当前唯一的环形发展战略

当前国家级的区域发展战略包括"南水北调""西气东输""西电东送""西数东算"等，这些都是长距离的跨越国家东西或者南北的资源调配战略。除此之外，国家还有若干重点区域的发展规划，包括京津冀协同发展、长三角一体化发展和粤港澳大湾区建设，以及长江经济带发展与黄河流域生态保护和高质量发展。京津冀、粤港澳大湾区和长三角是中国经济最活跃的地区，长江与黄河流域是维护中国生态和内陆水资源的重要区域。在上述这些国家战略中，"兴边富民行动"是我国目前唯一的环形发展战略，具有不可替代性。

3. "兴边富民行动"是中国陆地发展战略的重要布局和国家"一带一路"的重要节点

中国陆地周边 14 个国家是美西方地缘政治布局的重点区域，"兴边富民行动"的最初宗旨是"富民、兴边、强国、睦邻"，从设计之初便有面向周边国家的"睦邻"要求，在今天国际格局大变动的时代，"兴边富民行动"的战略意义更加凸显。中国的陆地边疆地区发展一直滞后于东部沿海地区，这是有时代原因的。自 500 年前大航海时代开始，以及工业文明的发展和工业革命的推进，海洋运输的便利性使得世界的经济中心地带多位于临近海洋的区域。这是世界的时代大势，中国也不例外，目前中国东南沿海的省市是中国经济发展和财政税收的中心地带。当然，去除这个因素，中国更重要的经济地理分布与瑷珲腾冲线有关，这里不再赘述。新时代以来，党中央和国务院相继提出了"治国必治边""一带一路"和"中华民族共同体"的发展战略思维，边疆正式成为国家重要战略区域并被纳入国家整体治理体系。当前，尤其是疫情以来，国际局势和国际贸易方式发生了历史性的巨变，中国经济的发展与陆地周边国家和地区的经济交往在实践和战略上都变得越来越重要了。比如东盟，截至 2022 年，中国已经连续十三年成为东盟第一大贸易伙伴，自 2020年起东盟也已经成为中国第一大贸易伙伴。

（二）时局：新时代"兴边富民"从"有没有"转向"好不好"

古代中国传统的边疆治理政策侧重于防"边患"，形成了"安夷守四方"的边疆治理策略，甚至穷边、弱边的治边思路，因为一个贫穷衰弱的边疆没有能力与帝国中心进行抗衡。但是这样的治边策略在新中国建立后发生了颠覆性的改变，中央政府带领边疆地区各族人民共同建设社会主义国家。党的二十大报告提出全面推进乡村振兴、促进区域协调发展，并进一步明确高质量发展是全面建设社会主义现代化国家的首要任务。这意味着在未来一段时期内，中国经济的增长主要依靠质量的有效提升来实现。那么什么是高质量发展？经过改革开放多年发展，我国短缺经济和供给不足的状况已经发生根本性转变，边疆民众的生活面临的不再是"有没有"的问题，高质量发展就是要解决人民生活"好不好"的问题。

1. 新时代"兴边富民行动"从"富民"到"区域协调发展"的转变

1999 年国家民委发起的"兴边富民行动"倡议，一直受到中央政府的高度重视，并且从"十一五"规划开始连续将其纳入区域协调发展总体工作。国务院出台的《兴边富民行动"十一五"规划》《兴边富民行动"十二五"规划》和《兴边富民行动"十三五"规划》都明确"边境地区"

是国家特殊扶持的地区，国家通过政策倾斜全面促进边境地区经济社会发展。"兴边富民"三个五年规划均在"富民"的微观层面制定了相关政策，逐步提高边疆民族地区民众生活质量，并着力改善边民居住条件、推进社会保障体系建设、促进边民就业创业、发展边境教育、推进边境卫生、提升文化科技服务能力[①]。比如 2015 年起，云南省连续实施两轮"兴边富民工程改善沿边群众生产生活条件三年行动计划"，并出台实施了《云南省兴边富民工程"十三五"规划》以推动边境地区治理能力提升，改善边境地区群众生产生活条件。党的十九届五中全会通过《中共中央关于制定国民经济和社会发展第十四个五年规划和 2035 年远景目标的建议》，在第三十二章"深入实施区域协调发展战略"中明确提出"支持革命老区、民族地区发展，加强边疆地区建设，推进兴边富民、稳边固边"，将边疆地区发展作为实现 2035 年国家建设远景目标的重要一环来对待。

2000 年"兴边富民行动"刚刚开启，同时中国刚刚加入 WTO，西部大开发和东北振兴战略提出，边境人口、边境贸易日益增多，这些时代因素都同时促进了边疆和边境地区的发展。边疆地区的经济发展速度高于全国平均水平，比如甘肃省唯一的边境县肃北蒙古族自治县，位于甘肃省河西走廊最西端，北与蒙古国接壤，由南北两块"飞地"拱卫着丝绸之路主干道，2010 年被确定为"兴边富民行动"发展特色优势产业试点县以来，肃北县经济社会发展取得了突飞猛进的重大成就。2019 年底，全县生产总值达到 16.29 亿元，是 2000 年的 10.93 倍；城镇居民和农牧民可支配收入分别达到 4 万元、2.7 万元，较 2010 年分别增长 123%、222%。

西藏自治区与尼泊尔、不丹、印度、缅甸等国接壤，边境线长达 4000公里，有樟木、吉隆、普兰三个国家一类边境口岸、亚东乃堆拉贸易通道以及多个边贸市场和边民互市点。习近平总书记在中央第七次西藏工作座谈会上发表重要讲话提出，"要加强边境地区建设，采取特殊支持

---

① 吴本健、王蕾、覃梓文：《兴边富民行动与边疆民族地区多维贫困的缓解》，《中央民族大学学报》（哲学社会科学版）2020 年第 6 期。

政策，帮助边境群众改善生产生活条件、解决后顾之忧"。"十三五"期间，西藏 206 个边境地区产业项目全部开工，高标准建成 604 个边境小康村，新建改建边境公路 130 条，总长度 3080 公里，一、二线边民补助从年人均 1700 元、1500 元提高到 6000 元、5400 元。其中最典型的是西藏墨脱的交通。人们常常以"高原孤岛"和"中国唯一不通公路的县"指称墨脱。从 20 世纪 60 年代起国家便决定修建墨脱公路，但是由于墨脱地区特殊而复杂的地质地况等原因，一直到 1994 年 2 月 1 日才实现了分季、分段初通。墨脱公路的修建与整治列入了国家"十一五"规划。2008 年 10 月 21 日国务院常务会议批准了墨脱公路修建规划，并计划投入 9.5 亿元。墨脱公路的成功修建与整治，有力推动了墨脱地区的经济与社会发展，对巩固和加强我国边防将起到重要的作用。2008 年国庆前夕，墨脱县邮政局正式开业，可以开展电子汇兑、函件、包裹、报刊订阅等邮政业务，墨脱县从此结束了无正式邮政局的历史。世世代代生活在大山里的人民终于从封闭的山村里走出来。

内蒙古地处祖国北部边疆，与俄、蒙接壤，是我国 9 个陆地边境省区之一。全区边境线长 4263 公里，占全国陆地边境线的 19.4%。自 2000 年"兴边富民行动"实施以来，内蒙古自治区党委、政府在边境地区实施以路、电、水、通讯等为主的基础设施建设项目；以脱贫攻坚、危房改造、环境整治等为主的民生项目；以教育、文化、卫生事业等为重点的社会事业项目；以退耕还林、还草等为重点的生态建设项目，使边境地区基础设施和群众生产生活条件得到显著改善。

2.《国家安全法》推动边疆安全纳入国家整体治理视野

最近十几年来，边疆安全的内容逐渐被提上日程。耕地减少、生态环境破坏等使得东北地区和内蒙古等重要产粮区的粮食安全问题凸显。2008 年以来，我国西藏、新疆等地暴恐事件频发，反分裂、反极端主义、反恐怖主义成为维护边疆安全的重要内容。2014 年习近平总书记在第四次中央民族工作会议上强调，在新时代进一步推动"兴边富民行动"，加快边疆开发开放，拓展国家发展的新空间。《陆地国界法》的出台为维护陆地疆界安全提供了法律依据，由此边疆治理中边境治理与边境安全成为常设内容。

3.“中华民族共同体”先后写入党章和宪法，边疆与铸牢中华民族共同体意识深度融合

近年来，以美国为首的西方国家炮制所谓的“新疆、西藏问题”，疯狂打压中国、中国与个别接壤国家局部冲突以及部分周边国家内部政局不稳、以新冠肺炎疫情为代表的重大公共卫生事件突发，所有这一切都对边疆的安全保障能力要求进一步凸显。铸牢中华民族共同体意识是新时代党中央的重大理论创新。铸牢中华民族共同体意识是“兴边富民行动”的思想根基和价值导向，是评价“兴边富民行动”成效的基本维度。

（三）路径：新时代“边”的文章怎么做？——“固”与“兴”的辩证统一

习近平总书记提出“治国必治边”。边疆和边境安全在国家总体安全领域中有着特殊的内涵和重要地位。中国与 14 个国家接壤，有 2.2 万公里的陆地边境线。边疆地缘政治复杂，是多元文化、价值体系交汇碰撞之地，同时又是民族、宗教和境外因素交织叠加之地，还是我国重要的资源富集区和生态功能区。所以新时代“兴边”的内涵不仅仅是“富民”和“区域协调发展”，“固边”的问题空前凸显。

1.“兴”边是“固”边的前提

2014 年 9 月 28 日，习近平总书记在《中央民族工作会议上的讲话》中指出：“发展是解决民族地区各种问题的总钥匙。”2019 年 8 月，习近平总书记在中央财经委员会上强调，“要考虑国家安全因素，增强边疆地区发展能力”。对于边疆而言，再怎么强调发展都不过分，因为一个贫穷落后的边疆必定是不稳定的边疆。

我国边疆地区是国家的自然资源富集区、大江大河的水系源头区、生态屏障区以及民族文化特色区，也是国家的经济欠发达地区。边疆由于历史和自然的原因大多基础设施落后，社会发展水平较低，且民族关系复杂，容易受国内外政治变化和其他因素的影响。国务院界定的深度贫困地区“三区三州”包括西藏，青海、四川、甘肃、云南四省藏区，新疆南疆四地州和四川凉山州、云南怒江州、甘肃临夏州，其中除了四川凉山州和部分藏区不属于边疆外，“三区三州”大部分都位于边疆地区。因此国家界定的深度贫困地区带有明显的边疆特征，边疆地区与深度贫

困地区大部分重叠在一起，边疆治理和扶贫开发相互交织。边疆地区发展差距拉大的趋势长期得不到扭转，会影响地区关系。因此，"兴边富民行动"促进和推动边疆地区的发展不仅仅是一个重大的经济问题，而且是一个重大的政治问题。

2. "固"边是"兴"边的基础

党的二十大报告中"安全"一词出现的频率明显增多，安全议题的提升主要基于国家对外部环境的判断。国家安全是民族复兴的根基，社会稳定是国家强盛的前提。道理很简单，没有国家安全，其他都无从谈起。因此，边疆安全不仅仅是边疆的事情，而且事关国家总体安全。当前国际形势风云变幻、周边地缘政治复杂动荡，我国边疆安全已经被赋予新的内涵和时代意义。党的二十大报告指出我国发展进入战略机遇和风险挑战并存、不确定难预料因素增多的时期，各种"黑天鹅""灰犀牛"事件随时发生。因此我们必须增强忧患意识，边疆尤其是边境地区的安全事关国家主权和发展利益，是确保全面建设社会主义国家的历史进程不被重大风险所打断的重要地带。

二、固边：铸牢"中华民族共同体"意识引领新发展阶段"兴边富民行动"

中国有 9 个边疆省区，它们地域辽阔、资源丰富、民族多样、文化多元、社会复杂、区域差异大，面临的边疆安全内容是不一样的。比如西南边疆（包括云南、广西）面临跨国犯罪、毒品交易、宗教渗透、边境虚空等非传统安全风险；西部边疆（西藏）面临宗教分裂势力的威胁；西北边疆（新疆）面临宗教极端主义和民族分裂主义的威胁；北部边疆（内蒙古、甘肃）面临生态安全的威胁；东北边疆（黑龙江、吉林、辽宁）则面临着人口外流和经济下滑的威胁。边疆地区是国家之间互联互通的重要节点，是国界交往的桥梁，也是国家间冲突、矛盾的焦点。边疆安全不仅仅是地理意义的安全，而且是国家政治安全的重要组成部分。中国边疆安全不仅仅有从边疆区域角度理解的如跨境犯罪、疫情跨境传播等威胁，更重要的是从国家总体安全角度理解。党的十九届四中全会强调，要"完善国家安全体系。坚持总体国家安全观，统筹发展和安全，坚持人民安全、政治安全、国家利益至上有机统一"①。边疆安全是国家总体安全的重要组成部分。

边疆安全面临着外部势力干涉、周边国家局势不稳等威胁。因此新发展阶段,边疆安全面临的环境污染、宗教极端主义、民族分裂主义、跨界犯罪问题等非传统安全因素不断凸显。国家通用语言文字、宗教信仰、文化认同等是固边的重要因素;边疆的耕地退化、沙漠扩张等都可能对边疆安全带来不利影响。因此,在边疆塑造国家认同和建构中华民族认同是解决边疆安全问题的基础,铸牢中华民族共同体意识是新发展阶段"兴边富民行动"的重要指引。

(一)基层党建固边

通过加强边疆基层的党组织建设来稳固边疆是自新中国成立以后就开始实施的治边举措。比如 1950-1956 年间云南边境地区面临的安全、内部匪患严峻以及民族间矛盾频出的历史难题,便是通过乡村基层党员队伍与党组织建设来解决的。

新时代以来边疆地区继续延续党建固边的优良传统。比如广西是我国唯一与东盟陆海相连的省级行政区,陆地边境线长 1020 公里,有 3 市 8 县(市、区)与越南接壤。广西深入实施"强基固边"行动,着力打通沿边地区基层党组织建设的"最后一公里",推动 771 个抵边自然村(屯)实现党的组织和工作全覆盖。近年来,广西边境城市百色在边境乡镇、村、屯建成 27 所"国门党校",并配套建设水果、桑蚕、生猪养殖等 14 个产业现场教学点,实现市、乡、村、屯四级"国门党校"全覆盖,把边境地区党员教育培训延伸到"最后一米",其党课设置紧扣"边境国土我来守、边境设施我来建、边境产业我来抓、边境就业我来管、边境形象我来树、边境致富我来带"这一目标,授课内容涵盖思想政治、革命传统、产业发展、国防知识、民族团结等。②此外,新冠疫情以来广西在边境防疫一线,成立 48 个疫情防控战"疫"临时党支部,采取"组织号

① 中共中央:《关于坚持和完善中国特色社会主义制度推进国家治理体系和治理能力现代化若干重大问题的决定》,《人民日报》2019年11月6日,第1版。

② 《千里边疆党旗红!广西持续夯实固边兴边基石》,广西壮族自治区民族宗教事务委员会网,http://mzw.gxzf.gov.cn/gzyw/mzdt/t12792425.shtml。

召＋党员带头＋群众参与"落实"六个一"措施。①。广西龙州县水口镇借助合平国防民兵哨所，加强军地携手共建，探索建立水口镇"国门党校"，辐射带动全县 12 个乡镇党校。全县 18 个抵边行政村、39 个抵边自然屯将古炮台、防空洞、战争遗址等 87 处遗址遗迹，修缮成为红色爱国主义教育活动阵地，引导教育党政军警民融合发展、睦邻友好、边民爱国守边②。

（二）教育固边

边境地区的教育是事关国家认同的重要工作，是铸牢中华民族共同体意识的重要环节。2022 年广西为提升边境地区教育质量，统筹下达奖补资金逾 5.8 亿元，此举全面提升边境地区教育水平，对于服务国家"稳边、固边、兴边"战略具有十分重要的意义。此外，2022 年广西统筹扩大学前教育资源奖补资金 0.26 亿元，支持边境县新建一批公办乡镇中心幼儿园和县城（城区）幼儿园，进一步扩大边境县学前教育资源，基本实现乡镇中心幼儿园全覆盖，较好缓解"入园难""入园贵"等问题。广西还下达资金 3.05 亿元，支持 8 个边境县义务教育学校达标建设和信息化建设，改善边境县学校办学条件，提高义务教育学校标准化程度，推动义务教育均衡发展。广西统筹中央改善普通高中办学条件和自治区普通高中基础能力建设专项资金 0.28 亿元，支持边境县普通高中学校教学楼、学生宿舍楼等建设，不断改善边境地区薄弱普通高中学校的办学条件。推进边境地区普通高中多样化、特色化发展。③

（三）基础设施建设和公共政策兜底固边

边境地区基础设施差是长久以来的难题。进入 21 世纪以来，广西先后开展了"广西兴边富民行动基础设施建设大会战"等 4 次边境地区基础设施建设大会战，从根本上改善了边境地区的生产生活条件。截至 2018 年底，广西边境地区公路总里程为 8287 公里，实现边境 8 个县（市、

---

① 《龙州县：做足"红色文章"书写兴边富民新篇章》，广西壮族自治区民族宗教事务委员会网，http://mzw.gxzf.gov.cn/gzyw/sxxx/t12772511.shtml。

② 《龙州县：做足"红色文章"书写兴边富民新篇章》，广西壮族自治区民族宗教事务委员会网，http://mzw.gxzf.gov.cn/gzyw/sxxx/t12772511.shtm。

③ 《广西统筹下达奖补资金逾 5.8 亿元提升边境教育水平》，http://mzw.gxzf.gov.cn/gzyw/mzdt/t12786723.shtml。

区）"县县通高速""乡乡通沥青（水泥）路""村村通公路"。①云南省积极推动边境基础设施建设，云南省的边境县河口瑶族自治县全县 6 个建设项目被列入 2019 年省级"四个一百"重点建设项目，云南省总投资达 248.9 亿元，有序推进了路网设施建设，还全线开通昆河"复兴号"动车，河口县正式进入了"动车时代"。新时代基础设施建设还重点覆盖了信息化建设，4G 网络覆盖率在县城区、乡镇以及农场主街道达100%，自然村覆盖率达 90%；县城区、四乡两镇街道及农场场部的百兆光纤宽带接入率达 100%，自然村 62%；跨境电商物流产业园在此期间开通了首个 5G 网络实验站②。广西边疆光纤网络通达边境地区全部行政村，4G 网络全覆盖边境地区乡镇、行政村，广播电视覆盖率达 98.3% 以上。③边境地区交通、供水、供电、网络等一系列基础设施的建设，提高了投资的可进入性以及边民生活的舒适性。

"十三五"以来，新疆 34 个边境县市共投入财政专项扶贫资金 166.83 亿元，其中 17 个边境贫困县市投入财政专项扶贫资金 144.17 亿元，彻底改变了边境地区落后的生产生活条件，边境地区经济社会面貌焕然一新。近年来，新疆铁路建设提速，已从最初的一字形铁路发展到跨越三山两盆的全新路网布局。目前，新疆铁路营运里程超过了 6500 公里，伴随着乌鲁木齐至西安间直达动车的开行，边疆城市乌鲁木齐深度融入全国高速铁路网，"疆内环起来、进出疆快起来"的目标正在变为现实。

边境地区普遍采用政策兜底作为改善民生的重要手段。广西陆地边境 0—3 公里范围内边民生活补助标准提升为每人每年 2520 元，所需资金通过边境地区转移支付予以保障；易地扶贫搬迁安置到边境 0—3 公里范围内的脱贫人口和边境城镇无工作单位居民，纳入自治区边民生活补助政策享受范围。广西推进远程医疗"县县通"惠民工程建设，为陆地边境 0—20 公里城乡居民参加城乡居民基本医疗保险给予补助，实现

---

① 黄俊华：《全面激发跨境民族的固边动力》，《中国民族报》2019 年 7 月 12 日，第 3 版。

② 李婷婷、穆智：《兴边富民政策下云南河口县民族旅游业发展对策研究》，《边疆经济与文化》2021 年第 6 期。

③《广西：兴边富民再出发》，新华网，http://www.xinhuanet.com/2021-12/01/c_1128115448.htm。

边境地区远程医疗服务。

西藏地处祖国西南边疆，有 18 个边境县，分别与印度、尼泊尔、不丹、缅甸等国家接壤，边界线长达 4500 余千米。西藏有 110 个边境乡（镇）、边境行政村 580 多个。西藏自治区党委制定《西藏自治区边境地区小康村建设规划（2017—2020 年）》，对全区 18 个边境县的 628 个边境一二线行政村大力实施"小康村"建设。该规划共涉及边民 6.2 万户、24.2 万人，总投资 212.14 亿元，主要包括住房改造、公共基础设施及公共服务提升、产业规划以及生态和人居环境改善等多个方面。边民的人居环境和生态环境得到了极大改善。

（四）生态护边

我国广阔的沿边地区自然资源丰富，承担着守卫中国生态屏障的功能。推动东北振兴"要把保护生态环境摆在优先位置，坚持绿色发展"[①]，"把内蒙古建成我国北方重要生态安全屏障"[②]；青藏高原是世界屋脊、亚洲水塔，是地球第三极，是我国重要的生态安全屏障、战略资源储备基地[③]，"把青藏高原打造成为全国乃至国际生态文明高地"[④]。近年来，边境地区人民深入学习贯彻习近平总书记重要指示精神，坚持新发展理念，努力书写好绿色发展新答卷。比如广西边境地区的森林覆盖率达 66.39%，成功创建了 5 个自治区级生态县、20 个自治区级生态乡镇、83 个自治区级生态村。一个个环境优美的小康村，点亮着祖国的边境线。[⑤]辽宁的边境城市丹东是辽宁省唯一的沿海、沿江、沿边"三沿"城市，在 2021 年全国地表水质量状况榜单上，丹东排名全国第 20 位，是东北地区唯一上榜城市。这是丹东坚持以人民为中心、一张蓝图绘到底、坚

---

① 《习近平：以新气象新担当新作为推进东北振兴》，新华网，http://www.xinhuanet.com/politics/leaders/2018-09/28/c_1123499376.htm。

② 《习近平参加内蒙古代表团审议》，中国政府网，https://www.gov.cn/xinwen/2019-03/05/content_5371037.htm。

③ 《习近平致中国科学院青藏高原综合科学考察研究队的贺信》，中国政府网，https://www.gov.cn/xinwen/2017-08/19/content_5218974.htm。

④ 《习近平在中央第七次西藏工作座谈会上强调：全面贯彻新时代党的治藏方略建设团结富裕文明和谐美丽的社会主义现代化新西藏》，中国政府网，https://www.gov.cn/xinwen/2020-08/29/content_5538394.htm。

⑤《广西：兴边富民再出发》，新华网，http://www.xinhuanet.com/2021-12/01/c_1128115448.htm。

守并持续放大绿色生态优势的一个缩影。

三、兴边：边疆与内地联动推动"兴边富民"

中共中央关于制定国民经济和社会发展第十四个五年规划和 2035 年远景目标的建议提出，要"加快构建以国内大循环为主体、国内国际双循环相互促进的新发展格局"推动中国开放型经济向更高层次发展，"立足国内大循环，协同推进强大国内市场和贸易强国建设，形成全球资源要素强大引力场，促进内需和外需、进口和出口、引进外资和对外投资协调发展，加快培育参与国际合作和竞争新优势"。陆地边境地区是连接国内国外大市场的必经之路，是国内国际双循环的关键区域，沿边地区的发展直接决定着国内与国际市场的衔接效度。"十四五"时期，边疆地区应充分利用其开放型地缘优势，充分对接"一带一路"倡议、双循环战略等政策机遇，以边境口岸建设为重点，加大开放力度，同时加强与沿海、内陆之间的分工与合作，推动形成沿边、沿海、内陆三线协同开放的新格局。因此在新发展阶段，"兴边富民行动"的重点将是如何衔接国内国外两个大市场，从而更好地推动边疆与内地的经济双循环。

（一）文化旅游兴边

边境旅游业是新时代兴边富民行动的特色产业之一，不仅仅对边境地区的经济发展、劳动就业起到积极作用，通过旅游还能带动边疆与内地的文化社会交流，是边疆参与国家经济双循环的重要路径。比如，广西壮族自治区的龙州县有 5 个边境乡镇、17 个行政村、59 个自然村（屯）与越南接壤，边境线长 184 公里。近年来龙州县立足于"边"的特色，2021 年共接待 1390 个红色旅游团，参观人数达 8.26 万，实现旅游收入 479.08 万元。其中，龙州起义纪念园景区被列入全国 30 条红色旅游精品线路、100 个红色旅游经典景区，"龙州红"成为广西红色旅游的重要品牌[①]。

---

① 《龙州县：做足"红色文章"书写兴边富民新篇章》，广西壮族自治区民族宗教事务委员会网，http://mzw.gxzf.gov.cn/gzyw/sxxx/t12772511.shtml。

云南省的边境县河口县近 5 年国内外旅游人数及旅游收入逐年增加，调查显示，2015—2019 年云南省的边境县河口县旅游人数（万）分别为 245.61、343.47、472.1、564.78、627.92，年均增长率分别为 56.8%、39.8%、37.4%、9.6%、11.2%。与此同时，河口县在 2015—2019 年旅游业收入也逐年增加，年收入（亿元）分别为 16.83、27.41、45.06、62.6、78.48。年均增长率分别为 81.4%、62.8%、43.6%、35.1%、25.3%[①]。

（二）开放兴边

对外开放促进了边疆地区的经济发展和民生改善。进入新时代以来，国家进一步推动制度型的开放，"一带一路"倡议、自贸区和自贸港建设促进了边疆地区发展。边境地区发生了从以往的边陲"末梢"到开放"前沿"的历史之变，万里边境线上形成了一条充满活力的沿边经济带。

新时代以来，沿边对外开放最大的成就当属《区域全面经济伙伴关系协定》（RCEP），2022 年是其正式生效之年。中国与东盟是全球重要的生产制造基地，拥有超大消费市场，双方密切的经贸往来增进了区域内 11 个国家 20 亿人民的生活福祉。中国连续 13 年保持东盟最大贸易伙伴地位，2020 年东盟成为中国最大贸易伙伴。中国与东盟的贸易直接带动了广西边境的发展。"十三五"期间，广西边境口岸基础设施建设总投资约 25.81 亿元，面向东盟口岸大通道初具雏形[②]。2021 年广西边境贸易进出口总额 1491.3 亿元，连续多年排全国第 1 位。国家对外开放口岸在广西边境县（市、区）全覆盖，陆运口岸进口整体通关时间在全国沿边地区排名第一。截至 2021 年，广西跨境人民币结算规模累计达 1.47 万亿元，在西部省区中保持第一。[③]广西的边境县也成为西部陆海新通道的节点城市，"2020 年凭祥市对东盟进出口总值 1036.2 亿元，增长 5.2%，占全区对东盟进出口总值的 43.62%"。[④]百色市 2020 年互市贸易额 45

---

① 李婷婷、穆智：《兴边富民政策下云南河口县民族旅游业发展对策研究》，《边疆经济与文化》2021 年第 6 期。

②《广西在巩固发展民族团结、社会稳定、边疆安宁上彰显新担当——兴边富民再出发》，《广西日报》，2021 年 10 月 30 日第 1 版。

③ 《广西深入开展新时代兴边富民行动成果丰硕》，中央广电总台国际在线网，https://news.cri.cn/20220411/f842204d-9aa8-45dd-64f1-41f8c6182976.html。

④《广西在巩固发展民族团结、社会稳定、边疆安宁上彰显新担当——兴边富民再出发》，《广西日报》，2021 年 10 月 30 日第 1 版。

亿元并提出今后 5 年进出口贸易总额要突破 1000 亿元①。2020 年和 2021 年上半年，广西边境贸易进出口总额继续稳居全国第一。

云南省边境县的发展也得益于与东盟的贸易。2015—2019 年云南省的边境县河口县进出口总值（亿元）分别为 92.23、106.34、144.68、168.2、230.8，年均增长率分别为 53.2%、10.3%、36.1%、16.3%、37.2%。河口县推进边民互市贸易转型升级，"互市＋加工"模式被应用到边贸实际中，互市商品落地加工的模式逐渐形成，促进当地"通道经济"转变为"口岸经济"。2017—2019 年河口县边民互市交易额（亿元）分别为 41.96、59.56、60.8，年均增长率分别为 127.2%、42%、2.1%。②

2021 年是"十四五"开局之年，西藏积极扩大对外开放，提升樟木口岸货物通道功能，推进亚东、陈塘（日屋）口岸开发开放，加快里孜口岸建设，拓展拉萨国际航空口岸功能，加快阿里昆莎国际口岸建设前期工作，推进中尼友谊工业园建设，确保拉萨综合保税区入驻企业 20 家以上，进出口额 10 亿元以上。

2019 年 8 月 30 日，中国（黑龙江）自由贸易试验区挂牌成立，成为中国最北端自由贸易试验区。2020 年以来，仅绥芬河片区互市贸易就完成过货量 6.77 万吨、交易额 3 亿元，自贸试验区已经成为投资兴业的新热土。2020 年，黑龙江省 18 个边境县（市、区）地区生产总值达到 2000 年的 6.8 倍；城镇居民可支配收入达 28273 元，比 2000 年增长 477%；农村居民人均可支配收入实现 17546 元，比 2000 年增长 627%。2020 年 12 月，新疆塔城重点开发开放试验区获国务院批复，成为西北地区唯一的沿边重点开发开放试验区。

（三）数字经济推动边疆高质量发展

党的二十大报告提出：建设现代化产业体系，坚持把发展经济的着力点放在实体经济上，推进新型工业化，加快建设制造强国、质量强国、航天强国、交通强国、网络强国、数字中国。我国边疆地区是资源富裕

---

① 《广西在巩固发展民族团结、社会稳定、边疆安宁上彰显新担当——兴边富民再出发》，《广西日报》2021 年 10 月 30 日第 1 版。

② 李婷婷、穆智：《兴边富民政策下云南河口县民族旅游业发展对策研究》，《边疆经济与文化》2021 年第 6 期。

地区，同时也是经济欠发达地区，新中国成立以来一直致力于使用行政手段进行地区间的资源配置来帮扶边疆民族地区的发展。改革开放后，边疆民族地区的发展落后于东部地区，长期以来其经济结构又以向东部地区提供自然资源为主，不仅给当地造成污染，而且这种大量消耗自然资源的方式是不可持续的，因此最近十几年以来，边疆地区一直推动经济结构和生产方式进行绿色发展转型，这不仅仅给当地创造了新的发展和就业机会，也是边疆繁荣稳定和国家的长远发展的战略性选择和必然需要。但是从中国过去十几年的发展实践来看，边疆地区的绿色发展转型进展缓慢，其原因是地理空间的客观阻碍：中国的地理版图以瑷珲腾冲线为界，96%的人口生活在36%的东部国土上。边疆民族地区基本都在瑷珲腾冲线的西面，丰富的自然资源和人才向东部地区输出，给当地留下的不是"发展的祝福"而是"资源优势陷阱"。边疆地区由于科技创新能力和人力资源的匮乏，承接东部地区产业转移进一步造成当地的环境污染，清洁生产和生产结构转型的双重矛盾使得西部边疆民族地区的绿色转型进入一个死胡同。边疆地区绿色发展转型推进缓慢，限制了国家空间格局中区域比较优势的发挥，这是中国式现代化建设必须要迈过去的一关。

工业和信息化部统计测算数据显示，从2012年到2021年，中国数字经济规模从11万亿元增长到超45万亿元，数字经济占国内生产总值比重由21.6%提升至39.8%，在网络强国、数字中国等国家战略推动下，大数据成为推动经济转型发展的新动力、提升政府治理能力的有力支撑。西部边疆省份在数字经济中的发展增速超过传统产业。

理论和实践都表明边疆民族地区依靠自身的科技创新和人力资源无法完成绿色发展转型，数字经济时代的来临和国家宏观资源配置能力和手段的提升所产生的"东数西算"国家战略部署，可以解决长期以来困扰广大边疆地区绿色发展转型的科技创新乏力和人才短缺困难，也帮助解决了东部地区资源紧缺的困难。在"东数西算"的国家战略部署下，边疆可以充分利用自身的优势来迎接"西算"，从而加快推动绿色发展转型。

1. "东数西算"给边疆绿色发展转型带来的历史大机遇

"东数西算"是继我国区域协调发展战略"南水北调""西气东输""西电东送"后又一项国家级特大工程。"东数西算"中的"数"是指数据运算，"算"是指算力包括数据存储。"算力"作为第四次产业革命的核心生产要素，如同农业时代的水利、工业时代的电力，算力是数字经济发展的核心生产力。"东数西算"简单地说就是东部地区作为数据运算中心，西部地区为东部的数据运行提供算力支持和数据存储资源。"东数西算"很好地解决了长期以来我国区域发展不平衡和资源分布不平衡的困扰，把东部密集的算力需求有序引导到西部，数据要素跨域的流动缓解了东部能源紧张的问题，也解决了西部边疆地区单纯输出自然资源和人力资源的困境，为其绿色发展转型开辟一条新路。2022 年 2 月 17 日国家发改委、中央网络安全和信息化委员会办公室、工业和信息化部、国家能源局联合印发通知，在京津冀、长三角、粤港澳大湾区、成渝、内蒙古、贵州、甘肃、宁夏等 8 地启动建设国家算力枢纽节点，并规划了 10 个国家数据中心集群，全国一体化大数据中心体系完成总体布局设计，"东数西算"工程正式全面启动。

2. "西算"如何推动边疆民族地区的绿色发展转型

"东数西算"工程是落实国家"双碳"战略的重要抓手。中共中央、国务院发布的《关于完整准确全面贯彻新发展理念做好碳达峰碳中和工作的意见》提出，将碳达峰、碳中和目标要求全面融入经济社会发展中长期规划。数据运算中心是典型的高耗能行业，我国数据中心一年的用电量相当于上海全市一年用电量，超过三峡电站和葛洲坝一年的发电量，并且还在以超过 10% 的年均增速快速增长。实施"东数西算"工程将大幅提高西部边疆地区的风能、光能等绿色可再生能源使用率，从而实现西部能源供给地的就近消纳。不仅如此，"东数西算"工程的推进还将有效带动先进绿色低碳技术变革及相关产品落地西部边疆地区。带动西部边疆地区数据中心加速增长，并带动当地数据中心上下游产业快速发展，承接东部地区的算力需求，目前华为、阿里等大型数据中心和三大通信运行商都已经加快在成都、武汉、贵阳、乌兰察布、中卫等中西部城市部署机柜。

我国的西部地区，气候凉爽，土地辽阔，人口密度较小，电力资源丰富，绿色能源利用率高，在西部地区建设大型的数据中心，不仅高效地利用了区域资源，同时也能拉动西部数字产业和经济发展。不仅促进了西部边疆地区上游云计算和数据中心的发展，同时也推动了网络设备设施的建设，包括带宽、网络结构、服务器、网络底层设备服务商等。据估算，每年可以拉动 4000 亿直接投资，三年相关市场规模合计过万亿。总而言之，"东数西算"可以使边疆地区在用地成本、电力成本上的优势将真正得到发挥，且西部存在多种清洁能源，如风力、光伏、水力等，绿色能源可以就地消纳，助力国家实现"双碳"目标。

3. 西部边疆地区根据各自特点加入"西算"

"西算"地区可用土地资源较多，人口密度较小，电力资源丰富、气候较东部地区凉爽，能够有效降低数据中心建设和运营成本。"西算"是优化区域经济布局、促进各区域充分发挥自身优势进而尽享数字红利的有效途径。比如现在推出的第一批"西算"四个基地，各个基地的经济结构和产业基础差异很大，各地充分发挥自身优势加入"西算"中，比如重庆传统制造业的根基比较厚重，重庆发展数字经济，制造业的数字化转型是一条比较重要的路径，当地现在的做法也是朝打造'智能制造'的方向发展。贵阳市则与重庆市截然相反，贵阳的制造业弱，但它在数字产业化上提前迈了一步，主动承接了数据的存储、计算相关产业，现在已经初具规模。

数字经济发展相对滞后的西部边疆地区通过算力枢纽和数据中心集群的建设，将带动相关产业上下游投资，吸引云计算、大数据、数据中心设备制造龙头企业落户，促进本地经济加速发展，充分发挥算力枢纽节点辐射带动作用，推进周边城市产业数字化转型和智慧城市建设进程，丰富数智生活方式和场景，助力西部民族地区绿色发展转型。

四、兴边富民与中国式现代建设

党的二十大报告在"新时代新征程中国共产党使命任务"部分指出，从现在起中共共产党的中心任务是团结带领全国各族人民全面建成社会主义现代化强国，以中国式现代化全面推进中华民族伟大复兴。这其中包括五方面内容：人口规模巨大、全体人民共同富裕、物质文明和精神文明相协调、人与自然和谐共生、走和平发展道路。

"兴边富民行动"在过去20年实践历程中一直践行中国式现代化的五方面内容，并取得了显著成效，边境地区综合经济实力明显增强，基础设施和基本公共服务体系不断健全，边民生产生活条件大幅改善，对外开放水平持续提高，民族团结和边防巩固效果突出，各族群众凝聚力和向心力显著增强。[1]2021全国两会期间，云南、西藏、吉林、辽宁、内蒙古、新疆、甘肃、黑龙江、广西沿边九省区党报联报，曾经的边疆"老少边穷"省区，如今边疆民族群众生活有保障、致富有渠道、守边有动力、发展有支撑。未来边疆不仅是"一带一路"的重要通道，更是祖国经济发展的新希望。

社会主义现代化是全体人民共同富裕的现代化，共同富裕是社会主义的本质要求和我国新发展阶段的重要奋斗目标，加快边疆地区的发展是实现共同富裕的重要一环。我国边疆地区过去多是集中连片贫困地区，与东部沿海发达地区存在较大差距，人民群众的生产生活条件、教育文化健康状况存在不少短板。2020年最后宣布脱贫的52个县全部属于民族地区，这也从侧面说明了边疆民族地区经济发展的滞后性。当前，边疆民族地区巩固脱贫攻坚和乡村振兴的任务依然十分繁重。

1999年"兴边富民行动"提出时最初的宗旨是"富民、兴边、强国、睦邻"，20多年的实践表明，"兴边富民行动"作为中国式现代化建设的重要组成部分不是一个完成时，而是一个需要持续努力的进行时。在建设中国式现代化的过程中，"兴边富民行动"的内涵和路径也必将随着时代的变化而与时俱进。

---

① 梁任晖：《专家学者研讨展望兴边富民行动》，《中国民族报》2021年7月20日，第6版。

后记

中国边疆研究的区隔是什么样子

在本书导论中我讨论了中国边疆研究的两类区隔，一是学科的区隔，二是研究问题的区隔。在严肃的学术讨论之外，我想在这里谈一下对两类区隔的一些个人体验。

首先，中国边疆研究的学科区隔是什么样子？

从学术史来看，从清末民初的西北史地研究到最近几十年对中国边疆的研究，尽管民国时期的"边政学"曾经是众多学科包括社会学、人类学、民族学研究的主要内容，但是总体而言研究中国边疆是历史学的"地盘"。作为社会学出身的我，对浩瀚的中国边疆历史研究一直望而却步，这些研究包括历史上不同的边疆区域的研究比如东北边疆、西南边疆、北部边疆、新疆、西藏……，还包括不同历史时期的边疆研究，比如汉唐时期的边疆、宋元时期的边疆、明清时期的边疆……，如果再做个"交互分析"的话，这里面的研究还可以细分为某个历史时期的某个边疆区域研究。实际上，中国边疆研究在历史学的学科内部对话也是困难的，何况学科之外。

鉴于此，我与中国边疆历史研究的同仁就专业的学术论文进行交流是困难的，但是日常闲聊的时候却收获很大。比如我与李大龙老师经常就"何为边疆""何以中国"这样的宏大问题闲聊，这么大的问题貌似谁都可以说两句。在这样的大问题面前，我们都放弃自己固有的学术话语和理论体系，毫无顾忌地谈天论地、指点江山、"胡说八道"，后来我发现我们对历史边疆和现代边疆的很多看法竟然惊人地相似，这是非常意外的。李大龙老师学考古出身，一直从事民族史和边疆历史研究。我大学最早学经济学，后来改投社会学和环境经济学，并一直做当代中国边疆发展和治理研究。客观地讲，在知识层面我们可以交流的共同话题几乎没有。也正因为如此，我一直止步于大龙老师那厚厚的著作之外，虽然我们都在研究中国边疆，我不认为能够理解他的想法。这就是实实在在的边疆研究领域的研究区隔。但是在日常闲聊中，我发现大龙老师用以解释"中国发生学"的"自然凝聚"的理论主张与我主张的中国边疆学的"实践逻辑"在认识论层面是一致的，即我们都不承认存在一个先验的理论，然后世界就按照理论运转。如果认为"天下"作为一个先验的理论直接产生了"中国"，这在某种意义上是思想的"偷懒"。当我看到大龙老师给我题序的题目"实践是中国边疆学存在的最高价值"时，我吃惊的程度就像看到了新大陆，我很难想象这是从中国历史学的学者嘴中说出的话，可见我的固有成见也很深。

我理解"实践是中国边疆学存在的最高价值"在哲学层面的意思是"我作故我在"，这是赵汀阳老师的哲学创见，也是我一直信奉的。在这样的哲学引领下，很多谜团都有答案了，比如作为古老文明的中国何以维持到现在还是一个整体，这是"世界历史之谜"，是黑格尔说的世界史中例外的例外。如果按照西方的理论中国早就应该解体无数次了。中国是西方不能理解的，作为中国人我们天然认为中国就应该是这样，但是作为学者则需要给出一个解释。确切地说我思考了很长时间而无解。实际上，这个貌似属于历史话语的问题对于研究当代中国边疆发展和治理的学者十分重要，因为不知来，焉知往。大龙老师给出的解释是"天下（藩属）"体系的观念及其实践对于维持历史中国的整体性发挥了核心作用，河西走廊则是维持王朝国家完整性的核心地带，经营好河西走廊，边疆治理则完成一半。坦白讲，我对于作为历史知识体系的中国历代王朝的"天下（藩属）"体系观念和河西走廊并不了解，但是如果我们都回到"实践逻辑"这个认识论的层面，就可以理解正是这套体系（"天下〈藩属〉"体系）的运转和实践中关键问题（河西走廊）的解决，使王朝中国在历史长河中反复构筑成了今天的中国，也就是说今日之中国边疆的形态是历史长河中"实践"的产物，是"作"出来的而不是"想"出来的。这里的重要性在于，理解了"天下（藩属）"体系观念和河西走廊对于"何为边疆""何以中国"的意义，解决今天的边疆之惑便有了思考的方向。

其次，中国边疆研究的问题区隔是什么样子？

进入边疆研究领域对我而言是一场"误会"。很多人站在"边疆门外"对边疆的想象是遥远的、神秘的、异质的、多样的、落后的、贫穷的、令人激动的……我也不例外。但是进入"边疆之门"后的感觉却是"穿越"，想象的边疆与现实的边疆差别巨大，以至于我经常搞不清楚自己置身何处。仍然记得第一次去喀什调研的那个冬天，我发现小朋友都赤脚玩耍，我大概是人类学的书看多了，以为赤脚是当地风俗，于是也光着脚丫在城里晃……；在云南调研时，由蒙自到西双版纳，司机告诉我坐汽车需要"七八个小时"，我感觉500多公里的路程差不多要这些时间，于是就坐上了那趟汽车，"七八个小时"以后我才知道司机说的是"十八个小时"……，现在昆明到西双版纳的高铁只要3个多小时，蒙自到昆明也只要3个小时；去云南红河州下面的村落调研时，我验证了电影《非诚勿扰》里那段台词的真实性：从北京先坐飞机，再坐火车，然后汽车，然后牛车，然后步行……三天以后就可以到；那年在兴凯湖调研时到附近的农家吃饭，老乡在院子的雪堆里刨出鱼来，看到雪堆变鱼山，那感觉真像是阿里巴巴打开了宝库之门……以至于后来每次看到雪堆，我都怀疑里面藏着什么；在新疆伊犁将军府里看到了林则徐的雕像……历史知识匮乏的我只知道他在广东的虎门销烟；在云南腾冲瞻仰远征军之墓……那些历史似乎还在当代回响；在珲春看到90后的"新地主"包了一百晌地种有机大米；还有百度辞职回来做跨境电子商务的小伙子跟我说，"这里（边境）就是诗与远方"；在巴音郭勒盟州尉犁县看到年轻的打馕人立志要把新疆的馕卖到全中国……在喀什岳普湖县艾吾再力库木村委会广场参加升旗仪式的老大爷跟我说，他最大的心愿是到北京看一次升旗……边疆这些问题的区隔最后统统落到一个研究者的身上。

这么多年来，我深深地迷恋着边疆的土地和边疆的人，在诸多杂乱甚至矛盾的现象之间、在缤纷的现实与遥远的历史之间找到联系。我希望有一天能够"走出边疆"，不再被这些多如牛毛的问题所困扰。走出边疆看边疆是我的研究期待，也是个巨大的挑战，但是这样的挑战令我保持兴奋，并让我一直坚持做下去。这本书就作为迎接挑战的一个阶段性成果呈现给大家。

这本书的出版要感谢我的同事李大龙老师，他也是给我题序的老师。按照我的脾气这本书可能永远在路上，因为我觉得自己的边疆研究还在盲人摸象的过程中，但大龙老师鼓励和督促我把这段时期的思考整理出版，还亲自为本书题序。他认为学者对于问题的探索会永远在路上，但是把每个阶段的研究发现整理并呈现出来是有意义的。也许一个阶段的研究结论还不完善，也许以后会做调整甚至做出重大修改，但是每一个阶段的思考都有意义，哪怕是幼稚的，哪怕是欠周全的，因为30岁有30岁的冲动、40岁有40岁的理解、50岁有50岁的积累，你不能否认任何一个阶段的价值，就像50岁羡慕30岁的天马行空，30岁羡慕50岁的睿智豁达……人文社会科学的传承和发展就是这样思考和反思的过程。我觉得大龙老师说的有道理，于是就有了这本书的问世。的确，我相信只要真诚发问和持久追寻，哪怕从盲人摸象开始，终有一天可以知道大象的全貌。

接下来的问题就是如何知道大象的全貌，也就是盲人摸象的方法或者说中国边疆学构建的路径问题。盲人摸象是用手摸，而不是自己去想象大象的样子，这首先是可贵的态度，且不论结果如何。同样道理，跨越区隔要走出边疆看边疆，而不是仅仅在书斋里天马行空地想象，尽管学术想象力的重要性不言而喻。实际上，不管从哪里出发最终都会到达同样的终点，即中国边疆的研究区隔并不是结构性的存在，对此我深信不疑。

本书付梓之际，收到大龙老师题序，颇为感慨。跨越区隔似乎来得太容易了。今天研究边疆的学者之间通过专业学术论文进行交流的知识障碍太大了，因为学科知识体系和话语体系的固化使得研究的问题越来越小，知识层面能够对话的同仁也越来越少。但是我发现，学者之间天南海北地闲聊天反而更容易找到思想的共鸣。实际上，区隔的大山本来就是学者自己建构的，我们当然也可以拆除。